U0916010

金融监管案例教程

JINRONG JIANGUAN ANLI JIAOCHENG

丁建臣　柴艳茹◎编著

中国金融出版社

责任编辑：张　铁
责任校对：张志文
责任印制：丁淮宾

图书在版编目（CIP）数据

金融监管案例教程（Jinrong Jianguan Anli Jiaocheng）/丁建臣，柴艳茹编著. —北京：中国金融出版社，2012. 11
ISBN 978 - 7 - 5049 - 6631 - 5

Ⅰ. ①金…　Ⅱ. ①丁…②柴…　Ⅲ. ①金融监管—案例—汇编—中国
Ⅳ. ①F832. 1

中国版本图书馆 CIP 数据核字（2012）第 242529 号

出版发行　中国金融出版社
社址　北京市丰台区益泽路 2 号
市场开发部　(010)63266347，63805472，63439533（传真）
网上书店　http：//www. chinafph. com
(010)63286832，63365686（传真）
读者服务部　(010)66070833，62568380
邮编　100071
经销　新华书店
印刷　保利达印务有限公司
尺寸　169 毫米×239 毫米
印张　20. 25
字数　284 千
版次　2012 年 11 月第 1 版
印次　2012 年 11 月第 1 次印刷
定价　40. 00 元
ISBN 978 - 7 - 5049 - 6631 - 5/F. 6191
如出现印装错误本社负责调换　联系电话（010)63263947

本书编委会

前　言

金融监管是有效维护国家金融安全不可或缺的手段。在过去的一百年间，处于金融监管领军地位的美国不断强化金融业监管，逐步建立了一套比较完整的监管体系，并为世界各国所效仿。资本的贪婪和人性的丑陋，使得金融市场主体总能想方设法突破严厉的监管防线，攫取超额利润。从早期的庞氏骗局到今天的华尔街丑闻，形形色色的金融大要案层出不穷，引发了金融市场的剧烈动荡，甚至对实体经济造成巨大冲击。本轮席卷全球的经济危机正是源于此，随着华尔街贝尔斯登的倒闭、雷曼兄弟的破产，美国次贷危机演化为银行危机，进而引爆欧洲主权债务危机，全球经济陷入了深度衰退。后金融危机时期，美国启动了全面的金融监管改革，世界其他各国开始重新审视现行金融监管制度，力图提升监管能力，适时弥补监管真空，重塑金融监管模式，强化国际金融监管协作，这些都预示着未来全球金融监管的发展趋势。

我国金融业之所以能在本次金融危机中独善其身，不是因为我国监管制度具有铜墙铁壁之功，更多的是因为金融业开放程度不深。金融业的快速发展挑战着监管者的监管智慧。据不完全统计，2011 年末我国银行业金融机构总资产 113.29 万亿元，保险业总资产 6.01 万亿元，证券业总资产 9 010.9 亿元，期货业总资产 402 亿元，基金总份额 2.65 万亿元，分别比 2006 年末增长 158%、

205%、45.3%、45%、356%，沪深两市上市公司2 342家，总市值21.5万亿元，各类企业债券余额达4.9万亿元。金融业具有极强的外部性特征，迅速扩张的金融业在促进经济发展的同时，也累积了巨大的金融风险，其对经济的冲击难以预料。如果忽视或放松对金融行业的有效监管，灾难性的经济危机将会再次降临。我国金融监管制度变迁包含从早期的金融合规监管到目前强调的效率监管，从单一的中央银行监管到多部门综合协调监管，从金融机构内控制度完善到寻求政府监管的外部支持，从确保一国金融稳定到努力寻求国际协调合作的进程，历次金融监管改革都体现了监管部门对市场违法违规乱象纠偏的动机。现行监管制度是对历史监管模式修补和对现实利益妥协的结果，除了具有与美国相似的“监管滞后于金融创新”的特点外，还存在着许多难以克服的顽疾。如金融监管法律框架设计尚不完善，金融监管的最终价值取向尚未明晰，金融监管边界尚未厘清，重复监管与监管“真空”并存，监管缺位与监管越位共生，监管方法与技术匮乏，监管效率低下，等等。事实上，与西方发达市场经济国家相比，我国金融业违法违规事件更为普遍，金融监管案例举不胜举，屡被刷新的巨额损失不断考量人们敏感的神经。

金融业经营者从来就没有孩童般的天真，有效金融监管需要监管者拥有理性与智慧。在我国金融运行中，金融监管当局应如何破解“金融机构大而不倒”的困局？怎样在承诺兑现市场开放的同时推进我国金融监管架构的重建？在开放进程中如何把握国家主权和金融安全？在经济转轨过程中为何金融业大案、要案时有发生？“温州金改”后走上前台的“草根金融”风险识别难度加大，监管者如何防止社会资金“脱实入虚”？如何整合金融监管资源，铲除特殊金融利益集团？金融监管理论与政策来源于金融监管现实，金融监管理论研究的突破与创新，必须反思与分析金融监管的现实案例。本书编者认为，随着金融业规模不断扩张，金融市场自发运行达到纳什均衡的可能性越来越小，适度监管必不可少。当监管弱化时，市场运行主体必然会违反法律获取不正当利益；而当金融业因违法违规累积的系统性风险出现时，过度的行政救助也不能使违规金融机构完全摆脱厄运。监管当局只有把握监管的合理尺度，防范和化解金融风险，确保金融机构稳健、持续经营，才能促使金融业平稳有序发展，切实维护社会公共利益。有鉴于此，本书编者本着"亡羊补牢，为时未晚"的原则，充分运用现有的文献材料，在对相关公开报道的金融监管典型案例进行系统的归纳与总结的基础上，汇集金融监管理论研究工作者、金融监管政策制定参与者和金融机构经营者的集体智慧，适时编写了《金融监管案例教程》一书，以期能对我国金融监管理论与政策研究有所贡献。

本书选编的金融监管典型案例，以本次全球性金融危机为背景，对近二十年来国内外金融界发生的典型案例进行了较为系统、全面的梳理和分析。国际部分选择了高盛内幕交易案、雷曼兄弟破产案等最新案例及十几年前的巴林银行倒闭案、安然公司破产案等经典案例。国内部分以涉案金额较大、社会危害较深、公众关注度较高为选择标准，选择了非法集资、银行业、证券业、期货基金业、保险业、信托业和金融机构高管腐败七个方面的案例。纵览全书，内容包括从国际到国内，从当前热点到过往经典，从银行业到信托业，从监管者到被监管者的相关案例。本书呈现以下五大特点。

特点一：案例素材翔实丰富。金融业案件与政治周期、经济周期相关性较高，书中选择的案例均为近二十年来国内外公开报道并具有一定影响力的案例。这些案例真实反映了国内外金融业发展的过程。

特点二：案例叙述简洁实用。本书所选择的案例，不追求面面俱到，而是在金融行业中有所侧重，重点描述了监管者、经营者和公众所关心的相关细节和法律处罚结果，对相关案例应当吸取的经验教训都作了明确提示，减少了相关读者专业理论与政策学习的枯燥性。

特点三：案例编排独具特色。金融监管案例本质上是金融创新对金融监管的挑战，金融监管者与金融经营者智慧的博弈。本书精选的案例都从金融监管理论与政策研究的角度，指出了相关案例金融监管的盲区和相关监管政策建议。

特点四：案例反思独辟蹊径。在对案件详述与分析的基础上，每章均布置了相关讨论与思考题目，旨在信息交流、思想碰撞和凝聚智慧，智慧比知识更重要。

特点五：案例评析客观公正。本书编写遵循客观原则，意在引发思考而不做出道德评判，对相关案例的是非的判断留给读者和历史。书中的一些评价与分析皆限于学术探讨的范畴，不针对具体公司与个人，所有金融违法犯罪的最终定性和裁决应由法院作出。

本书的编写历经三年，集中本科生、研究生、实务工作者和相关监管者集体的智慧，主编丁建臣、柴艳茹负责总体设计，副主编潘慧峰、张献和、崔健作为课题组成员参与讨论与相关资料整理，汪慧、孟大伟和陆桂娟负责具体编务。参编人员及具体分工如下：第一章，汪慧、李樵、朱瑶瑶、高佳遥；第二章，付东升、张锦敏、孟宪康、汪慧、屈满学、章世刚、刘亚娴、高翔、刘嘉婧、陈玉倩；第三章，陆桂娟、周逢民、李樵、黄焕周、顾礼俊、崔凯、崔健；第四章，孟大伟、张婷、郭士波、刘耀宗、刘贵珠、庞晓凤、朱硕彦；第五章，张献和、张婷、刘耀宗、孟宪康、刘天宇、季晖；第六章，潘慧峰、尹春晖、任肇珩、刘钰、吴笑菊、汪慧、门帅、马贵军、刘甜、李言赋、许塞丹；第七章，于水、刘耀宗、汪慧、张海冰、关旭、刘晓菊、徐捷、苏培科；第八章，柴艳茹、周宏宇、郭宏斌、曾强、施敏、肖丹、冀军、单颜博。全书最后由丁建臣教授和柴艳茹博士总纂并定稿。本书可作为相关高等院校专业课程教材，也可作为监管当局、金融机构、企事业单位、公检法司相关单位干部培训参考用书，也可供金融投资者和金融消费者阅读。

在编写过程中，我们参阅了包括《财经》杂志、新浪网等媒体在内的公开报道，在此深表谢意。

中国金融出版社的编辑为本书的出版付出了辛勤的劳动，在此一并致谢。

作者

2012 年 10 月

目　　录

第一章　国际金融业典型案例

第一节　高盛内幕交易案

一、案件介绍

拥有140多年历史的高盛集团（以下简称高盛）在世界各地资本市场赫赫有名。在2007年来势汹汹的金融风暴中，高盛不仅未受重创，而且成为危机中的赢家，一度被誉为“华尔街屹立不倒的灯塔”。然而，2010年4月16日，美国证券交易委员会（SEC）在事先未做沟通的形势下突然起诉高盛，称其在2007年4月发行合成抵押债务债券（Synthetic CDO）产品“Abacus 2007－AC1”时，没有向投资者透露对冲基金保尔森公司（Paulson & Co.）进行“做空”交易的事实，给投资者造成了最多10亿美元的损失。

根据SEC的诉状，事情肇端于2007年春，时值美国地产泡沫破灭前夜。高盛交易员法布雷斯·托雷、保尔森公司和一家独立CDO发起方ACA Management共同搭建了一个名为“Abacus 2007－AC1”的合成CDO交易产品。所谓CDO（Collateralized Debt Obligation），是把不同类别的债务信用（如住房抵押贷款、公司债券、MBS、项目融资等）打包组合在一起，以这些债务的现金流收入为支撑，通过内部信用增级，重新分割投资风险和回报以整体发行的债券。CDO 可分为现金型 CDO（Cash CDO）和合成型 CDO（Synthetic CDO）。现金型 CDO 是最基本的 CDO 类型，在该类 CDO 下，发起人将信贷资产的所有权转移给一家 SPV（Special Purpose Vehicle），利用信贷资产池产生的现金流为 CDO 证券还本付息；合成型 CDO 则是 CDO 的一种衍生品，它是建立在信用违约互换（Credit Default Swap，CDS）基础上的一种 CDO 形式，在该类 CDO 下，信贷资产的所有权并不发生转移，发起人仅仅通过交易 CDS 将信贷资产的信用风险转移给 SPV，并由 SPV 最终转移给证券投资者。简单地说，合成 CDO 交易是多空双方就一系列参考资产（Reference Portfolio）进行对赌的游戏。看多这些参考资产的投资者相当于向看空方售出一组保险（即 CDS），收取后者的保险费用；而一旦上述资产出现信用问题，则要向空方支付基于保险面值的巨额赔偿。CDO 与 CDS 的关系是，CDO 的风险越高，担保产品 CDS 的价值就越高。如果违约率或违约预期上升，CDS 的价值就随之升高。

在高盛引起纠纷的 Abacus 交易中，多方主要是两家机构：一为德国工业银行（IKB Deutsche Industries Bank AG，以下简称 IKB），其投资的 1.5 亿美元几乎全部亏损；另一家多方 ACA Capital Holdings（以下简称 ACA Capital）总计投资 9.51 亿美元。被牵连进此笔交易的还有荷兰银行集团（ABN Amro），它通过与高盛、ACA Capital 之间的一系列 CDS 交易，事实上取代了 ACA Capital 成为多头，因而在 ACA Capital 破产后承担了高达 8.41 亿美元的损失。由于荷兰银行后被苏格兰皇家银行收购，后者不幸成为苦主。而次贷危机全面爆发前以极低的价格购买了 CDS，在危机爆发后高价出售 CDS 的最终空方只有一家，即因金融危机一战成名的保尔森公司（其创始人约翰·保尔森也因斩获 37 亿美元而成为金融危机最大的赢家之一）。高盛作为交易的承销人，扮演着设计产品、沟通多空双方需求的角色，同时作为做市商，扮演交易所的角色，为交易方寻找匹配对手。

这笔交易的最大争议之处来自参考资产（多空双方选取的赌博对象，在此案中为一组居住类按揭资产支持证券，即 RMBS）的挑选过程。从公开资料看，ACA Capital 旗下的 ACA Management（以下简称 ACA）是参考资产的选择方，后者有着丰富的 CDO 发行经验，其资质毋庸置疑。但争议在于，作为空方的保尔森公司也作为 ACA 的顾问参与了挑选证券的过程。SEC 指称，IKB 在向 Abacus 产品项目负责人高盛集团副总裁托雷陈述投资需求时，曾提出要由一家独立第三方来选取参考资产，但托雷并未告知保尔森基金也介入了资产的挑选；ACA 虽对保尔森基金挑选参考资产所知甚详，但并不知道它同时也是自己的交易对手。SEC 称，保尔森基金挑选 RMBS 的标准为：要包含大量高风险的可调整利率按揭贷款（ARMs）；借款人信用评级要低；基础房产要集中在亚利桑那、加利福尼亚、内华达等房屋刚刚经历价格猛涨的地区。此外，SEC 还称托雷误导了 ACA，令其相信保尔森基金为多方。这意味着高盛在向投资者推销时隐瞒了保尔森公司参与这款金融产品的设计并意图做空这一产品的关键信息，其结果是保尔森公司通过做空交易赚取暴利高达 10 亿美元，并向高盛支付 1 500 万美元的设计和营销费用，而买入该产品的投资者在不足一年的时间里蒙受了超过 10 亿美元的损失。

高盛事件的最终结果是高盛于 2010 年中旬与 SEC 达成和解，高盛承认在一项次级抵押贷款产品的推销材料中没有向投资者披露关键信息，同意向美国财政部和几家潜在受害方支付 5.5 亿美元的罚款和赔偿。这一金额创下了 SEC 历史上向一家华尔街公司所开出罚单的最高纪录。但对于财大气粗的高盛而言，5.5 亿美元不过是九牛一毛，这笔创纪录的罚金仅相当于高盛 2009 年第一季度 14 天的利润。难怪有美国的观察家认为，“此次和解协议是以一种很小的代价，就平息了曾经撼动美国最强大金融企业的冲突。”但高盛事件对高盛乃至华尔街的影响都很大，表明美国政府已意识到了自己监管的缺失，监管层将加强对金融机构的监管。

二、监管思考

根据 SEC 执法部门主管罗伯特·库扎米在起诉书中的陈述，Abacus 产品是复杂的金融衍生品，但其中的欺诈和利益冲突却是简单和老旧的。

高盛错误地允许能深度影响其投资组合中抵押贷款证券的客户对抵押贷款市场做空，并隐瞒了真相，向其他投资者提供了虚假陈述：该证券的投资内容由一家独立客观的第三方机构进行选择。这违反了金融市场最基本的原则——公平原则。自由的金融主体之所以愿意交易就在于双方认为交易是公平的。公平的前提条件是双方都充分了解交易信息。在信息不对称情形下，如果外在监管弱化，则市场各参与主体的道德风险行为发生的概率将大大增强。在高盛案例中我们可以清晰地看到：金融创新的深入加剧了市场的信息不对称，多方明显处于信息劣势。在已知市场的系统性风险正在累积的情况下，中介方高盛依然设计出做多的产品，甚至还借第三方的公正性，为做空者牟利。如果监管者能充分估计到金融演化过程中金融机构巨大的道德风险，及时调整监管思路进行事前预防，或许这一违法事件就不会发生。

（一）金融衍生品与道德风险

高盛设计的这一款金融产品是典型的次贷产品，在金融危机爆发之前为各大投资银行所追捧，曾被业界看做是巨大的金融创新。但正是这些金融创新终结了世界经济的繁荣期，成为本轮经济危机的祸端。在美国，住房抵押贷款市场主要分为优级贷款、次优级贷款和次级住房抵押贷款三种级别。其中，次级住房抵押贷款产生于20世纪90年代初期，当时信贷市场竞争日益激烈，金融机构为了保持生存能力开始去挖掘那些“信用级别较低”的消费者的“潜在”消费能力，于是出现了为这些特殊客户层提供住房购置按揭贷款、私家车购置按揭贷款和个人信用卡发放等业务的专业商业信用贷款机构，“次级抵押贷款”这一高风险的信贷品种应运而生。由于次级住房抵押贷款的对象是“信用记录较差”的个人，因此，与优质贷款相比，它的风险大且缺乏足够的流动性。但是，如果次级抵押贷款通过证券化形成MBS并出售，那么商业银行和抵押贷款公司不仅可以实现债务转移而且可以提前回收现金，进一步扩大贷款业务。通过这一过程，抵押贷款公司在满足自身资本充足率的条件下，把与MBS相关的抵押资产池的风险也转移给了投资银行。接着，投资银行（如高盛、雷曼等）将其从不同抵押贷款机构买入的抵押贷款支持债券汇集成资产池重新打包成风险级别不同的 CDO，并出售给保险基金、养老基金或对冲基金等机构投资者，从而达到规避风险的目的。为了让更多的投资者心甘情愿地购买这种高风险的金融衍生品，投资银行又通过信用评级公司依据贷款人的资质、获得现金流和承担违约损失的顺序把 CDO 产品分为优先级 CDO、中间级 CDO 和低层级 CDO，其中优先级 CDO 风险最低，中间级 CDO 次之，低层级 CDO 风险最大。对于优先级 CDO，投资银行通过设立 SPV 买入，再由 SPV 销售给商业银行、大型投资基金和外国投资机构，包括保险基金、教育基金及其他各种基金。对于低品级 CDO（包括中间级 CDO 和低层级 CDO），投资银行则转手卖给对冲基金。投资银行在发现对冲基金买的高风险的 CDO 回报丰厚时，又设计出了 CDS 产品，把高风险的 CDO 作为抵押品向商业银行进行融资，进行杠杆操作。次级贷款经过 MBS - CDO - CDS 的层层衍生，其风险逐步转移到购买各级金融衍生产品的投资者身上，而抵押贷款公司则可以迅速回收现金流，持续发放次级抵押贷款。在这一复杂的金融创新过程中涉及各类金融中介机构，包括抵押贷款公司、投资银行和评级机构，它们在彼此分工相互合作的过程中，由于利益的驱使，存在着不同程度的道德风险问题。

首先，商业银行和抵押贷款公司的道德风险。在“证券化”这一金融创新工具出现之前，商业银行和抵押贷款公司作为信用中介，通过利差获得收入同时承担贷款风险。因此，商业银行和抵押贷款公司注重贷款质量，贷款之前会严格审查借款人的资信和财务状况，贷款之后会实时跟踪贷款去向和借款人的还款能力，一旦出现违约现象，商业银行和抵押公司将会采取行动，以减少市场的信用风险。“证券化”出现后，次级贷款的基础资产经过层层衍生后，贷款的最终信用风险不再由商业银行和抵押贷款公司承担，而是由购买各级金融衍生品的机构投资者承担，商业银行和抵押贷款公司的身份也由信用中介人转变成服务中间人，获取收益的同时却不用承担风险。在这种收益与风险不匹配的情况下，极易出现道德风险问题，催生自我膨胀式的风险逃避机制。商业银行和抵押贷款公司不再那么在意借款者能否按时还款，而把更多的注意力放在贷款利率、贷款种类和贷款规模上。商业银行和抵押贷款公司明知向次级信用的借款者贷款存在很大的风险，但在利益的诱惑下还是铤而走险，降低借款人的市场准入、放松对借款人的审查，并通过资产证券化把次级贷款的基础资产转化为MBS出售给投资银行，实现风险转移。资产证券化不仅为商业银行和抵押贷款公司实现了风险转移，而且使商业银行和抵押贷款公司能够迅速回收现金用于继续扩大放贷能力。这就相当于在同样的自有资本和准备金下，商业银行和抵押贷款公司能够提供更多的贷款。

其次，投资银行的道德风险。作为金融产品创新的设计者，投资银行把从商业银行和抵押贷款公司买入的次级抵押贷款打包设计成MBS以增强流动性，并在MBS的基础上衍生出CDO、CDS等各类金融衍生产品。贷款证券化可以分散和转移风险，但无法消灭风险。在没有贷款证券化时，贷款的信用风险仅仅存在于商业银行和抵押贷款公司。在实行贷款证券化后，次级抵押贷款经过层层衍生，基础资产的信用风险也从商业银行和抵押贷款公司转移并扩散到更大的空间，从银行体系逐步流向债券市场，并进而扩大到股票市场。在次级抵押贷款衍生化的过程中，涉及对抵押贷款池的结构化分离和重组，未来CDO债券的现金流只能通过复杂的金融计算模型来估计，各级金融衍生产品的风险溢价也难以确定，这必然使得商业银行和抵押贷款公司、投资银行以及证券的真实持有人之间不可避免地存在信息不对称。它们彼此之间的信息不对称则容易诱发信息占优势方的道德风险问题。比如高盛公司在已经看到市场的系统性风险积聚的情况下，却还在不断设计做多环境下的金融衍生产品，甚至为了展示自己的公正性，用第三方的判断来包装自己，为做空投资者牟利而设计产品。随着衍生产品创新链的不断延伸，各类衍生产品与基础资产之间的联系被割裂，产品结构变得更加复杂，证券的最终持有人与次级抵押贷款人之间的距离也越来越远，市场信息越来越不对称，正确评估风险的难度也在不断加大。金融市场的信息失灵导致投资银行无法发挥信用强化的功能。在创造各级金融衍生产品的过程中，投资银行并不是不知道这些衍生产品所隐藏的巨大的风险，但是在利益的驱动下，为了获取更多的佣金和手续费收入，从而达到自身利润最大化，它们仍然不断设计出各类衍生产品。这些产品表面上是为了增加信用评级和转移风险，实际上是希望更多的投资者心甘情愿地购买这些产品，从而为自己谋利。

最后，评级机构的道德风险。在贷款证券化之前，投资者的融资过程，包括从办理到后期服务都由商业银行和抵押贷款公司完成。贷款被证券化后，原本由商业银行和抵押贷款公司一个主体能够完成的过程被分为多个独立的环节共同完成，其间涉及商业银行和抵押贷款公司、投资银行和评级机构等金融中介。而且随着次级抵押贷款的层层衍生化，金融产品之间的关系变得难以理清，信用关系更加复杂，投资者无法判断这些资产的质量，只能以评级机构的评级结果作为投资决策的依据。正是因为这样，评级机构能否客观公正地评估各级衍生产品的投资价值和信用风险就起着至关重要的作用。然而，评级机构和最终的贷款质量并无利益纽带，其收入来自评级收费，评级规模越大收入越多，而评级规模又取决于投资人的多少。为了让更多的人购买各级金融衍生产品从而增加自己的收益，靠佣金生存的评级机构很有可能人为地提高信用评级。据统计，评级机构 90% 的收入来自发行方支付的评级费用，同时，由于发行方为寻求获得较高评级的方式，在构建结构性融资产品时会购买评级机构的咨询服务，以获取评级机构的建议或运用其评级模型进行预构建，这样一来，评级机构不仅评估信用风险，而且还参与结构性融资产品的构建过程，即在收取佣金的同时又对这些产品进行信用评级。这必然存在道德风险——评级机构有动机也有手段去影响最终的评估值，因此难以确保它在评估过程中能够保持客观性和独立性。在次级抵押贷款证券化和衍生化的过程中，随着信息越来越不透明，市场和监管当局对评级机构的约束作用逐渐弱化。

由上面的分析可知：次级抵押贷款的各个环节充斥着金融中介的道德风险行为，发行商和承销商由于只收取佣金而不承担风险，因此它们是整个次级贷款证券化和衍生化的受益者，也正是受这一利益的驱动，各投资银行和贷款机构乐此不疲地进行金融创新，创造出各种结构性金融产品。在监管滞后的情势下，金融创新加剧了金融中介的道德风险行为。次级抵押贷款及其衍生产品经过层层衍生，在增强了市场流动性的同时使得风险承担主体的界限也变得越来越模糊。各级衍生产品的风险在各个市场和金融中介中传递，最后转移给市场上的投资者。商业银行、抵押贷款公司、投资银行、评级机构和机构投资者等市场主体在金融衍生产品衍生化的各个环节中都存在一定程度的信息不对称。在市场监管不力的情况下，每个环节都可能产生道德风险行为，最终因得不到有效的制约和监控，从而形成系统性风险。

（二）监管不力与监管错配

高盛案件中涉及的合成式 CDO 是一种场外交易的衍生品。自 20 世纪 70 年代资产证券化在美国引入之后，伴随着资产证券化市场的繁荣和信用市场的扩张，建立在传统信用工具基础之上的金融衍生品得到了超常规的发展，但对这些衍生工具，尤其是场外衍生品交易市场则缺乏足够的监管。就高盛的 Abacus 交易而言，哪些信息应该披露、哪些信息不应该披露至今尚未形成一致观点。而高盛在美国国会听证会上的辩词则坚称其“按照股东和监管者的期望管理了相关风险”。高盛总裁劳埃德·布莱克费恩（Lloyd Blankfein）提及的抗辩理由包括：事实上在与保尔森的交易中高盛也损失了 9 000 万美元；不向 ACA 披露“对手方”是市场惯例；作为金融中介，屏蔽对冲基金参与者及 CDS 对赌的交易双方的信息“符合行业惯例”。正是由于场外衍生品交易市场的监管不足，以及合成式 CDO 可以根据客户的风险承受能力定制等原因，高盛的法律责任存在很多难以举证之处。在 CDO、CDS 这种“你情我愿”的对赌协议中，不同层次、不同风险偏好的客户都能够各取所需，在理论上有利于价格发现和市场资源的优化配置，但其带来的监管难题值得监管者深思。

从浅层上看，高盛事件只是美国现行监管制度对金融衍生品监管的缺失。进一步分析，我们不难发现，美国现行的分业监管制度与金融业混业经营之间的错配是这类案件屡屡发生的深层原因。1929—1933 年全面而深刻的大危机对美国的金融制度造成了严重的冲击，股市崩溃使众多商业银行受到牵连。据统计，当时美国有 11 000 多家银行倒闭、破产和合并，美国商业银行总数由 25 000 多家减少到 14 000 家，整个信用体系遭到了毁灭性的打击。经过 30 年代的大危机之后，人们对自由竞争的金融市场的优点产生了怀疑，认为金融体系具有内在的不稳定性。由于银行体系的脆弱带来了巨大的负外部性，对当时萧条的经济形势而言可谓雪上加霜，公众、金融业及政府都要求对当时的制度进行改革，希望能有一种新的制度安排来维系银行体系的安全和稳健，避免银行连锁倒闭带来的负外部性就成了这一次制度改革的最大收益。在这种背景下，新上任的罗斯福总统颁布了一系列旨在彻底改革现行金融体系和货币政策的一揽子金融改革措施，力图重建美国的金融制度。美国历史上最为重要的一次金融制度变迁开始了，通过确立严格的银证分离制度，美国真正开始了分业经营与分业监管历程。

然而，20 世纪 70 年代之后，随着经济形势的变化和金融环境的变迁，美国金融业的分业制度面临多方面的挑战。首先，美国金融业受到外国银行全面金融业务的竞争压力。布雷顿森林体系的瓦解使得金融领域开始向多极化方向发展，美国金融业不再独霸一方。而《格拉斯—斯蒂格尔法》又使得美国金融业一直处于分业经营的状态，造成美国的银行规模小，数量多，业务单一，规模效益难以实现，因此面对欧洲、日本的全能银行，美国的银行只能自叹弗如。其次，金融分业经营局面使金融创新难以有效实现。市场经济需要金融服务一体化的内在要求使得银行和证券公司纷纷以各种金融创新来规避法律的限制，各种新的金融产品不断涌现。新金融产品的主要特色是综合化服务，这类综合性金融服务业务的普及，模糊了不同金融业务的界线，严格区分不同金融业务已相对困难。各金融机构之间的业务划分困难迫使各种金融机构之间进行业务合作，同时各种金融机构的金融产品也在不断趋同，这对分业经营形成了挑战。美国国内因此要求金融业混业经营管理的呼声日益高涨。美国为了顺应这种金融产业日益融合的趋势，提高本国金融业的国际竞争力，从 80 年代初就开始了金融管制放松的进程，逐步改变了各金融机构的业务经营范围。经过20多年的争论，1999年11月4日，美国国会参众两院最终表决通过了以金融混业经营为核心的《1999年金融服务现代化法案》，该法案正式结束了以1933年经济大萧条时期制定的《格拉斯—斯蒂格尔法》为基础的美国银行业、证券业和保险业分业经营的历史。这也标志着美国金融业进入混业经营的新时代。

金融业进入了混业经营时代，金融监管却依然沿袭着以美联储为中心的伞形分业监管格局。具体而言，该监管模式是以联邦政府和州政府为依托、以中央银行为核心、各专业金融监管机构组成的监管体系，即双层多头金融监管体系。“双层”分为联邦层和州政府层，“多头”是联邦政府针对分业经营的需要设立了多个行业监管主体。在美国金融危机的爆发和蔓延过程中，美国双层多头监管体系并没有发挥充分有效的监管责任，美国金融监管体系的弊端暴露无遗。如美联储只负责监管商业银行而无权监管投资银行。证券交易委员会虽然在2004年获得对投资银行的监管权，但其对投资银行的监管主要集中在资本和流动性水平上，而对投资银行的业务流程操作监管严重不足。这导致次级抵押贷款及其衍生产品的定价、交易和信息披露，长期以来没有得到SEC有效的监管。美国商品交易法将场外金融衍生品定义为非商品，美国期货交易委员会无权监管。以上监管体系的漏洞使得场外金融衍生产品的市场完全不受监督。如CDS多为柜台交易，价格极不透明，价值的可调节性很大，容易被操纵。正因为各监管部门过于明晰的分工，难以对新型的跨监管领域的衍生品进行监管，混业经营企业才有可乘之机，创建出众多获利巨大却又无须担责的产品，最终酿成了次贷危机，引发了系统性风险。

（三）金融创新与金融监管

金融创新是一把“双刃剑”，虽然能够转移和分散风险、活跃交易并且带来巨大利润，但它无法消除风险，而且随着金融衍生化的深入，其风险随着杠杆效应的扩大而不断扩大。称霸华尔街的投资银行的研究能力与金融创新能力堪称世界一流，它们并不是不知道衍生品的风险，但是，出于贪婪的本性和道德的缺陷，它们借创新之名设计出各种各样的金融衍生品。这些金融衍生品表面上是分散和转移风险，实际上是为了短期利润不断把风险押后，提前透支无风险收益，而且是以高成本和金融系统风险的提升为代价的。同时，金融创新与金融监管失衡，政府部门对金融创新的监管严重滞后，监管模式还停留在巴塞尔协议的资本和风险的水平上，忽视信息不对称所引发的道德风险，对各类金融机构的同类型业务缺乏统一监管，存在监管的真空和盲区，从而使得政府部门无法对新的金融工具及金融衍生产品进行有效监管，金融创新工具的风险越来越大。金融创新没有错，它不仅提高了金融市场的效率而且还改善了市场风险的管理作用，错的是利用金融创新和政府监管缺失而上演道德风险闹剧的华尔街的精英们。美国监管部门在高盛“欺诈门”上做对了，给了华尔街金融大鳄们重重的警示。但如果不对现行的监管制度进行根本的变革，还是仅限于制度的补缺补漏，那么未来华尔街的精英们还会利用分业制度缺陷，制造出更多更复杂、更危险的衍生品。

第二节 雷曼兄弟破产案

一、案件介绍

挣钱、发财、房子、车子、家庭永远是美国梦不可或缺的物质基础。2002 年，时任美国总统的小布什在一次讲演中声称：“我们能够照亮这个国家黑暗的地方，在绝望之处点燃希望。方法就是举国同仁共同努力，鼓励人们拥有自己的住房。”在政府税收优惠和降息的鼓励下，特别是在华尔街资产证券化、MBS、CDO、CDS 等金融创新的大力推动下，2000 年以来，美国的房价一路攀升，每年大约递增 8%，面对经久不衰的需求，各家金融机构纷纷降低信用等级要求，发放了总额达到 1.5 万亿美元的次级贷款。雷曼兄弟一直是固定收益业务的“领头羊”，这一波次贷泡沫让其经历了黄金时期。2006 年，雷曼兄弟直接发放的住房贷款高达 600

亿美元，销售证券化产品 1 460 亿美元，持有衍生品合约 5 345 亿美元。雷曼兄弟的股价涨到每股 73.67 美元，股东回报率达到创纪录的 1 694%。雷曼兄弟上市以来，平均每年的股东回报率为 26%，这样高的回报率只有股神巴菲特能够媲美。

为了控制已经显现的通货膨胀，2004 年 6 月，伯南克就任美联储主席后开始连续上调利率，房价开始大幅回落，违约率不断被刷新，房产泡沫逐渐破裂。2007 年 4 月 4 日，美国第二大次级抵押贷款公司——新世纪金融宣布破产。7 月，美国最大房屋贷款机构 Country wide 出现流动性危机。8 月，贝尔斯登宣布关闭持有大量次贷的两只对冲基金，推倒了第一张多米诺骨牌，各家银行都心急火燎地奔赴货币市场借钱来弥补资金损失的窟窿。就在次贷危机愈演愈烈的关头，雷曼兄弟没有像美林、高盛和摩根士丹利一样断臂自保，抛弃次贷产品，反而加大了投资，其首席执行官理查德·福尔德（Richard Fold）从信贷市场借来巨额资金，以 220 亿美元收购了美国第二大公寓地产投资信托公司 Archstone - Smith。可惜美国的住房市场没有一丝回稳的迹象，豪赌并不能帮助雷曼兄弟摆脱险境，反而雪上加霜。2008 年 3 月 16 日，摩根大通公司收购美国第五大投资银行贝尔斯登公司，贝尔斯登的股价急剧缩水。市场开始怀疑与贝尔斯登资产结构最为接近的雷曼兄弟，并掀起了做空雷曼兄弟的浪潮。当年 7 月，雷曼兄弟到期的股票价格不到 5 美元。

雷曼兄弟在 2008 年 6 月 16 日发布的财务报告显示，第二季度（至 5 月 31 日）公司亏损 28.7 亿美元，是公司 1994 年上市以来首次出现亏损。雷曼兄弟净收入为 -6.68 亿美元，而前年同期为 55.1 亿美元；亏损 28.7 亿美元，合每股 5.14 美元，与前一年同期盈利 12.6 亿美元形成鲜明的对比。福尔德马上采取相应措施，通过发行新股募得 60 亿美元资金，并且撤换了公司首席财务官和首席营运官。6 月 16 日，雷曼兄弟股价有所反弹，但股价已经累计下跌了 60%。9 月 9 日，韩国产业银行（KDB）收购雷曼兄弟的谈判中止，雷曼兄弟股价再次重挫 45%。9 月 10 日，雷曼兄弟公布第三季度业绩报告以及数项重组战略方案，第三季度巨亏 39 亿美元，创下该公司成立 158 年历史以来最大季度亏损。第三季度雷曼兄弟已减值高达78亿美元房地产抵押证券敞口，全年总计减值172亿美元，占相关资产总额的31%。财务报告公布之后，雷曼兄弟股价应声下挫近7%。雷曼兄弟股价从当年年初超过60美元，跌至7.79美元，短短9个月狂泻近90%，市值仅剩约60亿美元。在从外部投资者获取资金的努力失败后，雷曼兄弟正式宣布将出售其所持有的英国市场上的住宅房地产抵押证券的投资组合，并期待交易将在几周内完成。同时，雷曼兄弟计划在2009年第一季度剥离250亿到300亿美元的商业房地产（Commercial Real Estate）投资组合，使其独立为一家公开交易的公司，以期在这场金融危机中生存下来。9月14日，由于美国政府拒绝为收购提供保证，美国银行、巴克莱银行等潜在收购者相继退出谈判，拥有158年历史的雷曼兄弟面临破产。9月15日，雷曼兄弟宣布将申请破产保护。雷曼兄弟声称，破产的仅是母公司，旗下的经纪业务和投资银行部门均不在破产之列。公告称，雷曼兄弟依照美国《银行破产法》第十一章，向纽约南部的联邦破产法庭提起破产保护。雷曼兄弟所有从事经纪业务的分支机构及雷曼兄弟的子公司，包括Neuberger Berman Holding和LLC等子公司，均不受此影响，将继续正常交易和营业。

这一美国有史以来规模最大的破产案，给全球金融市场投下了巨大阴影，成为这百年一遇的金融危机正式到来的标志。

二、监管启示

雷曼兄弟的破产固然与其经营管理不善相关，但回顾事件发生的前因后果，不难看出美国现行监管制度中存在的问题：过度相信市场自我监管，监管缺乏前瞻性与持续性，监管手段过于呆板，等等。要解决这些问题必须考虑以下几方面：

（一）嗜利本性与风险监控

为了应对2000年的互联网泡沫破灭和2001年“9·11”事件的冲击，美联储打开了货币闸门，试图人为改变经济运行的轨迹，遏制衰退。

2001 年 1 月至 2003 年 6 月，美联储连续 13 次下调联邦基金利率，使利率从 6.5% 降至 1% 的历史最低水平。货币的扩张和低利率的环境降低了借贷成本，促使美国民众蜂拥进入房地产领域。对未来房价持续上升的乐观预期，又使银行千方百计向信用度极低的借款者推销住房贷款。在房地产泡沫的刺激下，所有的人都预期房价只涨不跌。华尔街投资银行发现这一投资机会后积极介入。高收益率使得投资家们的贪婪发挥到了极致：在明知风险巨大时，他们依然不断追加投资，推升资产泡沫，直至泡沫破裂。雷曼兄弟是其中的典型，在 2006 年次级按揭贷款证券市场发展到顶峰的时候，雷曼兄弟在买方市场中拥有 11% 的份额，居于首位。当宏观经济环境恶化时，信用体系开始崩溃，雷曼兄弟不仅未及时减持高风险的资产，反而不断增加投资。当次级债、CDO、CDS 等衍生产品价格迅速贬值时，雷曼兄弟因大量持有这些金融头寸，不得不减计资产。随着评级的下调，雷曼兄弟的资产进一步贬值，最终资不抵债，以破产告终。

雷曼兄弟也有风险管理部门，但为何不起作用呢？风险管理部门设计初衷应是独立于业务部门的，对高风险业务有一票否决权，但雷曼兄弟的风险管理部门却形同虚设，对高风险金融衍生品无所作为。个中缘由十分简单：首先，公司业中短期激励机制过强。为了业绩，雷曼兄弟将高管的激励措施与中短期证券交易收益挂钩。在诱人的高薪驱动下，雷曼兄弟的“精英”们为了追求巨额短期回报，纷纷试水“有毒证券”，从事金融冒险而忽视了长期的巨大风险。其次，风险管理层存在过度的风险偏好。雷曼兄弟风险管理当局的最高层是由 CEO 福尔德任主席的风险管理委员会。历史上几次成功的危机处理为福尔德树立了广泛的威信，使其逐渐成为华尔街英雄，雷曼兄弟内部无人敢对其决断提出质疑。相应地，雷曼兄弟的内部风险管理委员会也就成为福尔德的一言堂。值得注意的是，福尔德是雷曼兄弟的 CEO，恰恰是中短期激励机制的制定者与受益者，他没有动力否定雷曼兄弟的这种冒险业务模式，这样，雷曼兄弟的风险控制成为摆设也就不足为奇了。雷曼兄弟风险控制暴露出来的问题在华尔街具有普遍性，要解决这一问题除了当事方具有自我监管能力外，还须要外部监管力量的介入。与内部监管者不同，外部监管者与投资银行本身是相互独立的，并不存在直接的利益纠葛与职位上的交叉，因而，在监管时更加客观有效，在监管体系中的地位不言而喻。金融危机爆发后，美国的监管者也进行了反思，连一向坚持认为“金融市场自我监管比政府监管更为有效”的格林斯潘都不得不在2008年10月23日的美国国会听证会上承认他在对某些证券领域的监管上存在“部分”过失。雷曼兄弟风险控制失败给监管当局敲响了警钟：过度相信市场的自我监管是天真的，外部监管才是遏制资本嗜利本性的利器。

（二）金融创新与前瞻监管

在现代金融体系中，金融业存在高杠杆、高风险、高外部性、高传染性的特征。因而，在技术进步、金融创新、信息不对称的综合作用下，金融业发展极为迅猛。雷曼兄弟的发展受益于金融业的快速发展，也受害于该行业的过度膨胀。如前所述，次贷危机形成非一日之功，早在政府经济政策颁布之时就已埋下了隐患。金融业借此政策，不断创造出各种金融衍生品大获其利。这些金融衍生品在诞生、发展到最后过度膨胀的各个时期都未受到有效的监管。作为华尔街知名的投资银行，雷曼兄弟在初期对这些金融衍生品的投资获利颇丰，但在无约束的监管环境中，雷曼兄弟对次贷产品利益的疯狂追逐不仅将其带上了不归路，也点燃了全球金融危机的导火索。在雷曼兄弟倒闭事件发生前，如果监管当局能在初始阶段预先评估政策可能带来的风险，及时加强对金融衍生品的管理，或可避免此次危机的发生；如果当局能在次贷危机的萌芽阶段，及时设立隔离墙，或许危机的牵涉面不会如此广泛；如果当局在危机累积阶段能够设置更高的监管门槛，或许风险能够逐渐被化解，而非集中爆发。

事实上，市场上一直不乏这样的有识之士，他们在市场发展的各个阶段都在不断提醒当局要有所作为。美国经济学家、美联储前委员爱德华·葛兰奇就是其中的一员。早在2000年，爱德华·葛兰奇就向当时的美联储主席格林斯潘指出了快速增长的居民次级住房抵押贷款可能造成的风险，希望美国有关的监管部门能加强这方面的管理。在 2002 年时他再次警告：“一些次级抵押贷款机构没有任何监管，它们的贷款行为最终会危及美国人拥有住房和积累财富的两个美国梦。”到 2004 年 5 月，他更是明确地指出：“快速增长的次级房屋抵押贷款已经引发贷款违约的增加、房屋赎回的增多以及不规范的贷款行为的涌现。”在 2007 年 9 月逝世不久前发表的文章里，葛兰奇揭示出美国的金融监管存在着严重的空白和失控问题：“次级房贷市场就像是狂野的美国西部，超过一半以上的这类贷款由没有任何联邦监管的独立房贷机构所发放。”如果美国主要货币和监管当局高层能重视葛兰奇的这种前瞻性警告，并在次贷市场发展的各阶段及时干预，次贷危机有可能避免或是缓和。葛兰奇对次贷危机的警告也让我们意识到建立事前的风险预警机制，实时监控市场的每一阶段是完全有可能的。因此，我们认为，金融监管当局应当秉持审慎监管的态度，结合金融市场的特点，选取一些预警性的指标对金融市场进行事前监控，并且在市场发展各个时期监管者都应全程实时监控，在风险初有苗头时，及时干预，真正做到防患于未然，将系统性风险拒之门外。

（三）杠杆风险与严格监管

实施高风险的高杠杆经营策略是华尔街投资银行的一贯偏好，雷曼兄弟更是如此。在 2007 年 12 月 31 日雷曼兄弟的资产负债表中，6 910.63 亿美元的资产中，净资产只有 224.9 亿美元。雷曼兄弟前首席财务官布拉德·辛茨说，雷曼兄弟那些难以估值的证券化产品约相当于其净资产的 2.5 倍。高杠杆经营和投资策略这一弊病在次贷危机中充分暴露出来。由于买入了大量的住房抵押债券和高风险资产，雷曼兄弟的杠杆系数非常高，资产中的 45% 是金融头寸，这些头寸中高收益的债券和贷款达 327 亿美元。与其他投资银行相比，同期雷曼兄弟计提的减值准备很低。根据《美国财务会计准则第 157 号》，公允价值计量按照优先程度分三个级次确定其价值。级次一的参照信息是市场信息，它反映的是在计量日，相同资产或负债在活跃市场上的报价；级次二的参照信息是指不包括在级次一中的，对于资产或负债可观察的，直接或间接的市场信息；级次三的参照信息是不可观察的资产或负债的信息，不可观察信息在可观察信息不能得到、计量日资产或负债的市场活动很少的情形下使用，因此要使用估值模型，并考虑模型的内含风险。雷曼兄弟金融工具的公允价值大部分属于级次二、级次三，因而其公允价值的判断与估计存在一定的主观性。并且公众注意到，在这段时期雷曼兄弟计提减值很低，这反映出雷曼兄弟对模型内含风险的考虑严重不足。

高杠杆往往意味着高风险，监管机构本来应当对包括雷曼兄弟在内的投资银行保持高度的关注，实施更为严厉的监管。但事实是，监管机构依然守着原有的监管规则，面对市场上不断出现的高风险金融产品作壁上观。这间接给市场参与者以暗示：监管与风险不匹配，绕过规则可以为所欲为。

分析当时美国监管当局的监管条例，不难发现监管机构对银行等金融机构的准备金要求严格。但这只是针对银行在资产负债表上的资产，而对其交易簿上持有的金融产品总量并无要求，对交易簿上产品的资金要求也十分宽松。于是金融机构纷纷通过复杂和新奇的金融产品和手段将资产负债表上的资产转移到交易簿上。作为监管者，美国监管当局并未及时关注金融主体规避监管的这种行径，不仅未能将银行的表外业务纳入监管范围，反而在其证券业务风险累积之时打开方便之门，放松了对此类衍生品的监管，使得风险高低与监管严宽极其不匹配。

除此之外，美国监管当局对券商的要求较低，给投资银行以可乘之机。在 1965 年，SEC 第一次要求证券经纪交易商的负债不超过其净资本的 20 倍。1975 年，SEC 采取了“统一净资本规则”，要求证券公司必须保持不少于 25 万美元的净资本，或者不低于全部负债 6.67% 的净资本，并以两者中要求较高的为准。1997 年，SEC 修改了净资本规则中对上市资产、指数、货币期权及相关对冲敞口的计算方法，允许证券经纪交易商使用理论期权定价模型确定资本。到了 2004 年，SEC 增加了一种新的证券经纪交易商净资本计算规则。该规则允许资本在 50 亿美元以上的券商无须缴纳估值折扣，并且其负债—净资本比例可以提高到 40 倍。此外，该方法是自愿的，而非强制性的。这意味着，金融机构可以随时退出。实际上，华尔街上的五大投资银行——高盛、摩根士丹利、美林、雷曼兄弟、贝尔斯登是受惠于此规则修改的唯一金融机构体系。从那时开始，对资金的要求就和各金融机构融资融券时的估值折扣计算有关了，几乎不受 SEC 的控制。可以说，从 2004 年起，这些大型的投资银行基本是在无监管状态下运行。从这个意义上讲，雷曼兄弟垮台反映出了美国金融监管失败的一面。

回顾雷曼兄弟公司的历史，不难注意到它曾经是一家历史久远、业绩辉煌的公司。它有着 158 年的历史，业务能力曾受到广泛认可，客户遍布全球。但在次贷危机中，雷曼兄弟深陷债务囹圄，总债务达到了 6 130 亿美元。2008 年 9 月 15 日，曾为美国第四大投资银行的雷曼兄弟公司申请破产，被誉为有 19 条命的雷曼巨人终于倒下了。从公司个体角度来讲，雷曼兄弟的破产主要是由其轻视企业的风险控制制度，过度激进的投资方式等引致的。从市场监管角度来看，在不断创新的金融衍生品面前，监管滞后是雷曼兄弟失败的关键因素。可以说进入 21 世纪以来，雷曼兄弟快速发展与快速毁灭都与市场监管的不足息息相关。

分析雷曼兄弟破产案例，评点美国金融监管不足是为了更好地借鉴其经验教训。对于相对成熟的金融企业而言，严格的内部风险控制制度、谨慎的投资理念、稳健的经营风格才是其长盛不衰的诀窍。对于监管当局而言，在今后的金融监管中，应当采取更为审慎的态度：第一，对于市场上运行主体的自我监管能力要有清醒的认识，在激励企业自我监管的同时，应当重视外部监管，守好市场风险的底线；第二，实时关注市场动态，在鼓励金融创新的同时，把好监管关，防止金融创新产品成为金融市场的毁坏者；第三，坚持风险高低与监管严宽相配的原则，对于金融机构持有的证券类产品，视其风险特点给予更高的风险折扣，而且对于大宗的金融产品还要给予额外的折扣，以确保市场应对冲击的能力，防止系统性风险的突然爆发。

第三节 贝尔斯登被购案

一、案件介绍

贝尔斯登成立于1923年，是全球最大的投资银行与证券交易公司之一，总部位于美国纽约市，在全球约有1.4万名员工，为全世界的政府、企业、机构和个人提供服务，曾是美国华尔街第五大投资银行，全球500强企业之一。贝尔斯登曾历经了美国20世纪30年代的大萧条和多次经济起落，在2008年的美国次贷风暴中严重亏损，濒临破产而于2008年3月20日被摩根大通低价收购，这个有近百年历史的投资银行就此退出历史舞台。

风起于青萍之末，从某种意义上说，华尔街的金融灾难正是以贝尔斯登旗下的两只对冲基金——高级信贷策略基金（High - Grade Structured Credit Strategies Fund）和高级信贷策略杠杆基金（High - Grade Structured Credit Enhanced Leverage Fund）的倒闭为起点。2007年7月18日，贝尔斯登告知客户，这两只对冲基金预计亏损15亿美元，即将关闭。2007年8月5日，贝尔斯登宣布，由于次级抵押贷款市场危机拖累旗下两只基金倒闭，投资人共损失超过15亿美元。当天，公司负责此项业务的共同总裁和共同首席运营官沃伦·斯佩克特辞职。

为了缓解危机力挽狂澜，2007年8月7日，贝尔斯登表示要在资本市场上募集23亿美元，期望能够寻找到合适的海外战略投资者购买其少数股权，而不少投资机构也颇有意向，甚至连中国的中信集团和中国建设银行也赫然出现在可能的投资者名单中。然而贝尔斯登的危机并未得到拯救，而是刚刚开始。2007年9月20日，贝尔斯登宣布季度盈利大跌68%。5月底至8月底，公司账面资产缩水达420亿美元。12月20日，贝尔斯登宣布19亿美元资产减记。2008年1月7日，贝尔斯登公司首席执行官凯恩迫于压力宣布离职，施瓦茨接任该职。但凯恩的离职并没有让施瓦茨充分认识公司所面临的不确定性，施瓦茨依然还在迷信账面资金（3月初，贝尔斯登还有大约170亿美元的本金）。然而恐慌的市场给施瓦茨以措手不及的打击，一个月内贝尔斯登就倒闭了。导火索是市场上做空者的流言，那些试图通过散布负面传闻，以加速股价下滑速度的做空者，不停传播着贝尔斯登面临流动性危机的说法。对于这家主要从事经纪业务，管理的客户资金超过2 000亿美元的华尔街大投资银行而言，让它持续运转下去的是信用，如果客户同时提款，则会出现挤兑。不绝于耳的负面传闻使得贝尔斯登的客户开始担心，如果贝尔斯登申请破产，自己的资金将被冻结。2008年3月4日，欧洲银行停止和贝尔斯登进行业务往来，美国银行工作人员也在当月13号接到指令，不许再和贝尔斯登交易。听闻此讯，贝尔斯登的用户纷纷撤回资金，或者干脆撤销账户。2008年3月13日、14日两天时间里，贝尔斯登被提取的现金高达170亿美元。几乎是“一夜之间”，拥有85年历史的贝尔斯登的流动性就枯竭了，公司面临破产清算的下场。金融衍生品交易高达数万亿美元，贝尔斯登在其中扮演着核心角色，制止多米诺骨牌效应就必须扶住贝尔斯登这张牌。为了防止市场恐慌情绪的蔓延，美联储不得不拯救贝尔斯登。2008年3月15日星期五，美联储通过摩根大通银行向贝尔斯登提供一笔300亿美元为期28天的保证资金。但市场上的投资者们对这一家重要投资银行的潜在风险极为不安，股市急跌。这迫使美联储不得不同当时处境较好的银行摩根大通协商，让其收购贝尔斯登。于是2008年3月15日周五下午，摩根大通的团队展开了尽职调查，准备收购贝尔斯登。

2008年3月16日，美国联邦储备局（联储局）紧急出手，同意“包底”300亿美元，贷款支持美国摩根大通公司。摩根大通公司随即宣布以2008年3月14日收盘价为基准，每一股贝尔斯登的股票交换0. 05473股摩根大通的股票。当日摩根大通股票报收36. 54美元，也就是说摩根大通将以每股2美元，总价2. 4亿美元的超低价格收购贝尔斯登。贝尔斯登的股东对该价并不认同，他们要为自己争回更多权益。在贝尔斯登股东强烈抗议下，摩根大通最终让步。2008年3月24日，摩根大通与贝尔斯登联合公布“经修订后的收购协议”：根据修订条款，每一股贝尔斯登公司的普通股将可兑换 0. 21753 股的摩根大通普通股（约是修订前 0. 05473 股的 4 倍）。以摩根大通普通股 3 月 20 日于纽约证券交易所收市价计算，收购价相当于 10 美元。两家公司的董事会已批准了修订后的收购协议。而全体贝尔斯登公司的董事会董事，均已表示他们会表决支持该修订后的收购协议。

与此同时，摩根大通与贝尔斯登达成一份股份购买协议。根据协议，摩根大通将以现金方式认购 9 500 万股贝尔斯登新发行的普通股，相当于贝尔斯登经扩大后的 39. 5% 的股权，价格与 3 月 24 日公布之经修订后的收购价相同（即每股新股作价 10 美元）。有关新股认购于 2008 年 4 月 8 日完成，款项将作为应急资金，支持贝尔斯登，应付此次金融危机。

而美国纽约联邦储备银行的 300 亿美元（与贝尔斯登收购相关）特别融资亦同时作出修订：纽约联邦储备银行将接管及控制贝尔斯登价值 300 亿美元的资产组合，为摩根大通的收购提供便利，这些资产产生的任何收益都将归联储局所有。而上述资产的任何相关损失之中，首 10 亿美元将由摩根大通承担，而剩余 290 亿美元的融资，将由联储局按目前 2. 5% 的贴现率水平，提供融资予摩根大通。

2008 年 3 月 28 日，贝尔斯登和摩根大通达成临时借款协议，以便在双方的收购交易失败时，保障摩根大通的利益。据呈交美国证券交易委员会的材料显示，对于在收购交易完成前摩根大通向贝尔斯登提供的贷款或信贷额度，以及摩根大通替贝尔斯登偿还的债务，一旦收购交易失败，贝尔斯登将会如数奉还。贝尔斯登获得上述资助，是以其接近全部的资产作为担保。交易完成后，两家公司会合为一体，而这份临时借款协议也就失去意义了。至此，美国最大的债券承销商最终被摩根大通以 20 亿美元的代价收购。

二、监管思考

（一）经营失败的内外因

贝尔斯登曾是华尔街盈利能力最强的投资银行之一，一夕之间被收购不禁让人掩卷深思。到底是什么因素导致其经营失败呢？应该说，公司在急剧扩张的同时累积的各种弱点被外部做空力量利用，现金流断裂，最终悲剧发生。

1. 公司内在原因

（1）过于激进的经营风格使得贝尔斯登忽视了风险。曾经的贝尔斯登以经纪业务为主，是华尔街的“内勤”，从事各家银行间的交易和结算，虽然这样的业务远不如高利润的自营业务诱人，但盈利稳定，甚至在经济萧条和金融危机时也是如此。很长一段时间里，贝尔斯登满足于此，节制、俭朴，被称做“华尔街的斯巴达”。但就像觊觎邻国的财富最终毁灭了罗马的质朴，对高盛那种高风险高利润自营业务的忌妒之心，使贝尔斯登经营风格由先前的稳健向激进转换。在被收购前贝尔斯登正秉持这一风格，不惜一切代价扩张。其员工的雇佣理念反映出了这一点。贝尔斯登被收购前的CEO凯恩宣称，他只雇用PHD，不是指高高在上的博士，而是贫穷（Poor）、饥饿（Hungry）和一心赚大钱（Desire for money）的人。贝尔斯登喜欢聪明、肯吃苦的员工，至于他们是哪个学校毕业的，并不重要。这种街头风格保证了贝尔斯登主营业务从经纪向投资银行转型的成功，作为一家斗志旺盛的公司，它赤手空拳从事客户交易的日常业务方式令同行张口结舌。在这种激进风格的刺激下，贝尔斯登创造出了众多的金融衍生品，CDO（抵押相关产品打包。这项产品是将债券、贷款和其他资产再次打包成新债券，由于其结构复杂，市场很难准确定价，因此往往会有高额利润，但同样意味着高风险）正是其中之一。贝尔斯登的前王牌经理人拉尔夫·奇奥斐（Ralph Cioffi）将CDO产品的设计发挥到了极致。他的团队发明了一种众多CDO中最激进的产品，命名为“Klios”。Klios 提供一种回购条款，免除了货币市场的经理们对购房者是否偿还贷款的担忧。通过这种产品，奇奥斐在 2004—2005 年间共集资 100 亿美元。在次贷危机爆发前夕，他还在一次与对冲基金经理的电话会议上大赞这种产品的好处，称其不受市场波动的影响。这种奇妙产品很快就在金融机构中流行，包括巴克莱银行、美国银行、法国兴业银行等金融巨头都争先恐后加入进来。从2004 年到2007 年，华尔街借助这种 CDO 共集资约 1 000 亿美元，创造了一种全新的为高风险次级贷款融资的方式，并激发了无数仿效者，比如结构性投资工具（SIV）的诞生。然而市场变化无常，次贷危机的爆发让贝尔斯登两只基金倒闭，奇奥斐一手炮制的生钱机器成了罪魁祸首。奇奥斐创造的 Klios 从在华尔街广受追捧到最后无人问津前后不过三年，贝尔斯登激进的管理风格可见一斑。可以说，正是这种风格使得贝尔斯登在华尔街异军突起，但也导致了其最终失败。

（2）财务方面，资产流动性不佳、过高的财务杠杆使公司难以应对市场的波动。根据资产质量状况，可以分为三类资产。第一类资产质量最高，市场的流动性最强；第二类次之；第三类无论是质量还是流动性都最低。目前来看，贝尔斯登持有大量的第二类与第三类资产，第三类资产的比重尤其巨大；相反，流动性最好的第一类资产数量则较少。由于第三类资产缺乏良好的二级市场，其价值评估往往须依赖市场有效假设下的估值模型。而业务部门的交易员与高层者具有将此类产品高估的动机。并且贝尔斯登第三类负债的量是第三类资产的 5 倍之多，资产负债严重不匹配。这就意味着，贝尔斯登高流动性的负债远高于高流动性的资产，在市场环境恶化时，贝尔斯登无法通过迅速变现资产来弥补负债方面的流动性压力。

高风险资产规模过大、持有与负债不匹配的低流动性资产，使贝尔斯登的流动性已存在严重的隐患，然而更危险的情况还在于经营杠杆。从公司的资产负债比率看，公司的杠杆比率一直以来都处于较高水平，从 1990 年以来其负债/净资产保持在25 倍以上。随着 2001 年美国网络泡沫的破灭，其杠杆比率有所下降，但从 2006 年起这种比率开始大幅攀升，至2007年，更是达到了惊人的32.8倍。如此高的财务杠杆，再加上资产结构中以公允价值计量的证券比例过高，在货币政策紧缩的信用回收期，面对市场的反向波动，公司极易陷入困局。贝尔斯登主要依靠证券回购市场和短期融资债券等方法获得流动性，当次级贷款抵押债券危机浮现，贝尔斯登旗下基金倒闭后，银行和对冲基金开始拒绝在短期融资证券回购市场上给贝尔斯登提供周转资金。流动性支持的丧失等于对贝尔斯登判了死刑。一方面，资产负债表上的资产价格不断下降，公司的实际资本也在下降，迫切需要资本注入；另一方面，市场无法提供有效的融资，而公司账面的资产流动性很差，不能有效变现。最终，贝尔斯登无法突破流动性困局，不得不被摩根大通低价收购。

2. 外部市场原因

（1）金融市场信心的崩溃使公司难以支撑。在2008年3月10日开始的一周内，贝尔斯登经历了过山车般的急速下滑。周一时，贝尔斯登的股价还为60美元/股，之后就开始一路下行。信用评级公司迅速将贝尔斯登信用调低。调低评级意味着贝尔斯登背书的众多衍生品证券也将被集体下调评级，相关证券持有者的资产将会缩水。由此，贝尔斯登的许多交易对手恐慌开始加剧，挤兑风潮开始出现。到周五晚，贝尔斯登在华尔街已是孤家寡人了，从证券回购市场上无法拿到周转资金。场外，即便贝尔斯登以高评级债券作为抵押，昔日往来的银行与基金也丝毫不愿放款。而更多的对冲基金等大交易客户纷纷弃贝尔斯登而去，甚至向投资人公告与贝尔斯登划清界限来安抚投资人。在机构间的短期融资市场与场外交易市场两相作用下，贝尔斯登在一周内遭受最严重的流动性短缺，最终不得不在美联储与美国财政部的催促下，无可奈何地接受摩根大通的收购要约。

（2）市场做空力量推波助澜。就在贝尔斯登流动性出现枯竭一周前几日，市场上押贝尔斯登股价骤跌的空头仓位迅速增加，新开卖出期权合同数快速上升。这些突然涌现的大量期权交易认为10天内贝尔斯登股价会从60美元下跌至二三十美元以下。结果证实，从周三至周四一晚，贝尔斯登股价成了从60美元到30美元的自由落体运动。证券市场有着自我证实的功能，如果持有悲观态度的投资者占多数，他们的卖出或卖空行为就会造成股价的下跌，这种下跌反过来又加剧市场的恐慌情绪，造成更大的抛压。市场做空力量使股价的下跌速度大大加快，在贝尔斯登基本面并未糟糕到无可救药的情况下，市场这种表现无疑反映出恐慌心理的杀伤力。从某种意义上说，贝尔斯登是这种做空力量促成的恐慌情绪的牺牲品。

（二）相关的监管启示

1. 审慎监管必不可少

很久以前，所有人都认为天鹅是白的，以至于白色成了鉴别天鹅的重要标志。后来人们在澳大利亚发现了黑天鹅，这一出乎意料的发现一夜之间改变了所有人对天鹅的看法。后人将那些很少发生，但一旦发生就能产生革命性影响的事件称为“黑天鹅事件”。计算机的发明、两次世界大战、“9·11”事件、长期资本管理公司（Long Term Capital Management）的溃败等，都属于黑天鹅事件。贝尔斯登因市场信心崩溃流动性枯竭而不得不廉价被购的事件也是这种黑天鹅事件的典型。

一直以来，贝尔斯登都是美国固定收益证券市场上的“领头羊”，2007 年为美国第二大抵押证券承销商，是国债、市政债券和公司债券最大的交易商之一，同时还是大型对冲基金管理人。然而，就是这样一个公司在次贷危机中率先倒下。金融机构经常利用回购市场（Repo）来满足自身的短期资金需求。回购就是短期抵押贷款（大多为 1～30 天），借款方以有价证券为抵押物向放贷人借款，在回购期结束时，借款方将本金与相应利息还付给放贷人，同时取回抵押物。贝尔斯登是在所有投资银行中最依赖回购市场的。通常的情况下，总有银行会接受其抵押物，贷出资金。然而，在特殊的情境下这种拆东墙补西墙的格局会被打破。这种情境就是市场对拆借主体——贝尔斯登失去信心。中国有句古话叫“众口铄金”，意思是说舆论力量之大，连金属都能熔化。这句话放在金融界里丝毫不差，当华尔街有关贝尔斯登流动性问题的谣言四起时（2008 年 3 月 13 日左右的几天），绝大多数银行开始拒绝贝尔斯登的抵押物，甚至包括一些风险较低的优质抵押贷款证券。之后贝尔斯登不得不竖起白旗向现实投降。贝尔斯登的这种结果恐怕无人能料及。贝尔斯登是个有着 85 年历史的投资银行，在此期间从未亏损过。一夕之间众银行弃之而去，速度之快令人瞠目结舌。

贝尔斯登事件乃至后来的雷曼兄弟事件都一再验证了这个道理：黑天鹅事件会一再发生。由此，对监管当局提出了要求：应当及时关注金融市场的变化，对市场严格监管，切不可因风险发生的概率小而不作为。第一，应按照审慎监管标准，建立金融风险的早期预警系统，及时、准确地监测和评价金融风险，以实现对金融风险的早期预警。金融风险的早期预警系统应包括预警指标生成系统、预警信号传导系统、预警跟踪与反馈系统以及风险控制与纠正系统等。预警指标应包括不良资产比率指标、流动性指标、市场风险暴露指标、资本充足率指标及财务比率指标等。在观测前，应对上述指标的水平及变化设定一个正常值的区间。在正常值的区间内，可视为金融风险处于正常水平；如果上述指标值超出了正常区间，可根据超出的水平划分出关注区和预警区，或者称之为“黄灯区”和“红灯区”。当上述指标值进入“红灯区”时，监管当局就要发出预警信号，要求金融机构及时采取控制和纠正措施。一段整改期后，监管当局应对其风险发展和纠正的情况进行跟踪监控。第二，注重加强对大型金融机构的风险管理，也就是，在宏观审慎监管框架下，应强调对具有系统性影响的金融机构监管的重要性。2004 年 SEC 犯了一个致命的错误：抓小放大。对于影响巨大的包括贝尔斯登、雷曼兄弟在内的五大投资银行没有实行严格监管，反而放松了监管，允许其自愿选择通过内部的数学模型来计算市场和衍生品相关的信用风险。结果是贝尔斯登、雷曼兄弟倒闭与破产，引起了金融海啸。前事不忘，后事之师，宏观审慎监管部门应重点加强对大型金融机构的风险管理，严防其杠杆率过度上升，确保大型金融机构的安全性，以降低系统性风险发生的概率。

2. 全面监管势在必行

反思贝尔斯登的案例，其倒闭可以归结于流动性的枯竭。作为华尔街五大投资银行之一，在正常的市场环境中，贝尔斯登因流动性而贱卖是不可想象的。但在因管制真空所引发的次贷风险累积的情境下，事件的发生又显得合乎情理。追溯次贷危机的根源，我们注意到一个事实，美国监管体系是一个分业监管的伞状系统。这意味着，在混业经营的市场上，监管可能出现“三不管”的地带。并且之前的规则监管方式又使得监管者在某一项具体法条遭到破坏之前，无权对某个问题作出及时反应。1999 年通过《金融服务现代化法案》之后，这种监管模式的弊端便暴露无遗了。根据该项法律，金融机构可以进行混业经营。监管沿袭了传统的分业规则监管模式，众多商业银行开始混业经营，并通过衍生品的创新来规避监管。2000 年后，美国政府鼓励“居者有其屋”，CDO、CDS 等金融衍生品产生了，但分业监管模式下对这类产品难以监管，最终市场系统性风险逐渐显现。当投资者恐慌情绪逐渐蔓延开来时，贝尔斯登也就成为这种情绪的又一个牺牲者。由此，要防范此类事件发生，监管当局应当通过适当限制行业混业经营模式与逐步推行全面监管两方面来进行。首先，逐步拆分金融机构的高风险业务，适当借鉴分业经营模式。在商业银行业务与高风险投行业务之间建立有效的风险隔离机制。金融危机后，美国金融监管新政中的“沃尔克法则”就体现了这种分离的原则。“沃尔克法则”禁止银行从事高风险套利的诸如衍生证券的交易买卖，跨时间、地区、行业、产品的操作等的自营账户交易，也就是将投资银行业务的高风险部门与商业银行业务分开，对金融机构的高风险业务加以限制，从而降低系统性风险和金融危机爆发的可能性。其次，加强分业监管当局合作，逐步消除监管真空。金融混业化经营以来，金融机构的资本金要求一直处于比较宽松的状态。这为金融机构开展各项表外业务提供了便利，也增大了资本市场的系统性风险。此次危机后，美国为改变多头监管下的“监管重叠”和“监管空白”痼疾，通过了史上最严厉的金融监管法案。从内容上看，该法案主要强调四个方面，即注重宏观审慎监管、严格金融监管标准、扩大监管覆盖范围以及强调跨机构协调监管。法案着重强调了宏观审慎的监管理念，提出要根据机构规模、传染程度、关联程度等指标，把所有具有系统重要性的金融机构纳入宏观审慎的监管框架之下。对有系统性风险的金融机构，法案提出了更高的资本充足率、杠杆限制和风险集中度要求。法案对银行自营交易及高风险的衍生品交易进行了更为严格的限制，旨在减少银行的高风险活动，避免用纳税人的钱去救助这些银行。法案将之前缺乏监管的场外衍生品市场、对冲基金、私募基金等纳入监管视野，进一步扩大监管范围，消除监管死角。根据法案，现有各金融监管部门官员将组成新的金融稳定监管委员会，负责监测和处理威胁国家金融稳定的系统性风险，实现不同监管机构之间的信息共享与协调监管。具体而言，该委员会由财政部牵头，成员包括 10 家监管机构在内的 16 名成员，主要职责在于识别和防范系统性风险。在此框架下，现有的货币监理署（OCC）和储蓄机构监理署（OTS）合并，以监管全国性的银行机构；美联储负责监管金融控股公司和一些地方银行；美国联邦储蓄保险公司（FDIC）负责监管非美联储成员的州注册银行和储蓄信贷机构。引人注目的是，金融稳定监管委员将获得“先发制人”的监管授权，即在 2/3 多数投票通过后，可批准美联储对大型的金融机构强制分拆重组，或资产剥离，以防范可能的系统性风险。

3. 对我国金融监管的借鉴意义

后金融危机背景下，优化金融监管乃当务之急。美国金融监管当局对监管模式的及时改进稳定了该国金融市场。我国与美国的金融实务和系统性风险水平虽然处于不同层次，但美国金融改革法案设定的相关规则及其优质内核，对于我国防范系统性金融风险具有极大的借鉴意义。

首先，慎重缓行金融机构的混业经营，提早预防“太大而不能倒”问题。我国金融行业混业经营趋势明显，金融控股集团已初具规模，金融市场的份额集中度偏高，加强对金融混业经营监管势在必行。当前应当全面贯彻巴塞尔新资本协议，加强资本充足率监管和金融控股集团的规模控制，以尽早形成有效的系统性危机预警机制。

其次，在现有微观审慎监管基础上完善宏观审慎监管框架。确立中央银行在宏观审慎监管框架中的作用，赋予中央银行对重要金融机构的监管权，建立不同宏观经济管理部门之间及时有效的宏观信息共享机制与预警机制。进一步完善各监管部门间的协调机制，明确职责，提高监管效率，维护金融系统的整体稳定，防止个别危机演变成系统性危机。

第四节 法国兴业银行欺诈案

一、案件介绍

（一）主要人物

热罗姆·凯维埃尔，法国人，出生于1977年，巴黎法国兴业银行（以下简称法兴银行）前交易员。1999年在南特大学获得金融学学士学位。之后进入里昂大学深造，2000年9月毕业于法国里昂第二大学，获金融市场运营管理硕士学位。毕业后在巴黎国民银行当受薪的实习生，2000年8月加入法兴银行。2005年，凯维埃尔晋升为交易员，负责欧洲股市指数期货交易——法兴银行最擅长的衍生品交易，也是风险最大的品种。2008年凯维埃尔被指控对造成法兴银行49亿欧元（71.6亿美元）损失的欺诈性股指期货交易负责。这次欺诈事件是银行史上造成损失数额最大的一次。

（二）案件回放

凯维埃尔在后勤办公室主任的职位上工作了5年，在那里他得以对监督交易员的各种程序和技术手段有了透彻了解。2005年，他调转至一线职位担任交易员，开始了在市场上进行各种高风险的资金赌博活动。直至案发前，凯维埃尔一直在巴黎法兴银行的Delta One产品组工作，这个组的业务包括程序化交易、ETF、掉期、指数和定量交易。按照规定，他只有进行对冲头寸的权限，但他凭借过往5年的工作经验，对银行监督系统的了解，用一系列非法的虚假文件和手段，把银行的钱拿到欧洲股市上搏杀。他的第一次违规操作正是发生在他刚刚升为交易员级别的2005年。他把赌注押在了Allianz SE股指期货，并赢得了50万欧元的入账。此后，他开始频频作假、伪造文件。不过最初凯维埃尔的未授权交易只是偶尔为之，交易金额也不大。2006年，凯维埃尔的未授权交易头寸仍然较小。

2007年1月，当股市上涨时，凯维埃尔在德国DAX股指期货的投资却遭遇了失败。由于当时法兴银行内部对这些交易尚无有效的监管措施，这次失败的投资并没有引起太大的关注，并未给他带来什么麻烦。在成功绕过风险管理墙之后，凯维埃尔决定大干一场。从2007年3月到2007年6月，凯维埃尔逐渐建立起280亿欧元的欧洲股指期货空头和6亿欧元的股票头寸。凯维埃尔在2007年11月将这些头寸进行了平仓，实现利润15亿欧元。凯维埃尔的巨额盈利约占法兴银行2006年利润的28%，如果凯维埃尔就此罢手，急流勇退，他极可能成为法兴银行的功臣，因为此时法兴银行正被20亿欧元的次级债损失所困扰。但是知易行难，凯维埃尔并未收手而是在违规的路上越走越远。在2008年1月2日之前的一个多月时间里，凯维埃尔转而做多，迅速建立了500亿欧元的股指期货多头仓位，其中欧洲股票指数（EuroSTOXX）300亿欧元，法兰克福指数（DAX）180亿欧元，英国金融时报指数（FTSE）20亿欧元。

事后，法兴银行的报告承认，在此期间——2007年11月，全球最大的衍生品交易所——欧洲期货交易所就凯维埃尔投资战略提醒过法兴银行，但这并未引起银行管理层的足够注意。

2008年1月8日，IT风控系统显示交易对手可能因这些交易而暴露在高风险之下，由此凯维埃尔被有关部门“请去”调查了一个星期，最终谎言被戳穿。2008年1月19日，在对凯维埃尔质询并对他所声称的交易对手进行核实之后，法兴银行高级管理层确信用于对冲凯维埃尔投资组合的大量交易都是虚构的。具有讽刺意味的是，是法兴银行而不是交易对手，正暴露在巨大的风险之中。

2008年1月20日下午，法兴银行终于查清了所有暴露头寸，董事长溥敦将此事通报了审计委员会，审计委员会当天召集起来开会对银行

2007 年盈亏进行评估。溥敦向审计委员会表示，他决定对这些头寸进行快速平仓，而在这些头寸未完全平仓之前，暂不对外发布这一消息，因为这将招致市场恐慌，从而给法兴银行带来更大的损失。与此同时，溥敦向法国中央银行行长、法国银监会主席和亚洲货币基金秘书长汇报了欺诈交易的情况。

2008 年 1 月 21 日，星期一，法兴银行开始对凯维埃尔的股指期货多头仓位进行平仓，其交易量占到当天欧洲股指期货总成交量的 8.1%，法兰克福股指期货总成交量的 7.8%，金融时报股指期货总成交量的 1.7%。受法兴银行抛盘影响，欧洲三大股指均跌幅超过 5%，创下“9·11”事件以来最大的单日跌幅。

1 月 22 日，星期二，法国银监会代表与法兴银行代表会谈，讨论紧急平仓可能对市场产生的影响，了解平仓的具体进展，探讨补充银行资本金的股票增发计划。当天法兴银行抛售股指期货量占欧洲股指期货总成交量的 6.8%，法兰克福股指期货总成交量的 5.7%，金融时报股指期货总成交量的 3.1%。

1 月 23 日，法兴银行将凯维埃尔其余仓位悉数抛售，成交量占欧洲股指期货市场成交量的 5.9%，法兰克福股指期货市场成交量的 6.1%。受法兴银行抛盘和欧洲中央银行行长暗示不降息的影响，欧洲三大指数重挫，德国法兰克福 DAX 指数、法国巴黎 CAC40 指数与英国金融时报 100 指数分别下跌 4.76%、4.18% 和 2.94%。在法兴银行平仓完成之后，溥敦召开董事会会议，简要通报了紧急平仓的相关情形。法国中央银行也将此事向美联储、欧洲中央银行和欧洲各国监管当局进行了通报。

1 月 24 日，法兴银行向所上市的各交易所申请停牌，向市场公告了 49 亿欧元的交易损失，但表示 2007 年仍然盈利，并由 JP 摩根和摩根士丹利承销金额 55 亿欧元的新股增发，增发价格仅为此前法兴银行收盘价的 60%，使银行资本充足率达到 8%。

（三）案件影响

受案件影响，法兴银行的股票阵脚大乱，市场上传出了许多银行希望收购法兴银行的消息，此消息甚至惊动了法国的政治家们，他们纷纷跳出来打气，坚决支持法兴银行，防止这个国家第二大银行被外资收购。法兴银行的总裁也面临下课的尴尬局面，虽然董事会暂时拒绝了他的辞职申请，也成立了紧急委员会处理凯维埃尔事件，但凯维埃尔这个名字会永远让他脸上无光。

2008 年 2 月 21 日和 22 日，法国调查机构 Ifop 对近千人进行了电话抽样调查，调查对象包括法国 13 家保险公司和 7 家大银行。调查结果显示，几乎在所有领域，法兴银行排名都垫底。在被调查者中，对法兴银行整体形象持“支持态度”的比例比一年前减少 10 个百分点，对其表示“信任”的比例骤降 17 个百分点，对其“创新能力”持肯定态度的比例则下降 9 个百分点。

同样受影响的还有美联储。现在看来，美联储 1 月 22 日历史性的紧急降息，正是被凯维埃尔激起的。这也是凯维埃尔的故事中最有趣的部分。法兴银行在 1 月 18 日对凯维埃尔的交易产生怀疑，1 月 19 日凯维埃尔坦白说出一切，1 月 20 日讨论了处理办法，然后 1 月 21 日，当交易工作将在周一重新开始的时候，进行了紧急平仓操作，大量抛售凯维埃尔违规操作的股指期货合约。法兴银行监事会成员罗伯特·戴和他的基金会在 1 月 18 日得知出问题的那一天卖出了 4 500 万欧元的银行股份。所有这些行动都给欧洲以及世界股市带来了深远影响，1 月 21 日一天，欧洲股市跌了 7%。美联储显然受到了震动，第二天，美联储紧急降息，因为“金融市场情况持续恶化”。法兴银行向公众公布其“流氓交易员”事件却是在 1 月 24 日，显然，美联储 1 月 22 日在作出降息决定时，并不知道法兴银行内部发生的事情。有人认为，正是凯维埃尔在 1 月 21 日的大规模平仓，促使美联储下定决心激进降息 75 个基点。

（四）审判结果

2010 年 10 月 5 日，凯维埃尔交易欺诈案时隔两年后在巴黎宣判，巴黎轻罪法庭判决法兴银行前期货交易员热罗姆·凯维埃尔违反信托责任、造假和使用欺诈数据等罪名成立，凯维埃尔被判处 5 年监禁（其中 3 年不可缓刑）。除监禁之外，法庭还判处凯维埃尔向原告法兴银行赔偿 49 亿欧元。

二、监管分析与启示

（一）法兴银行暴露出的问题

十几年前，把巴林银行搞垮的 28 岁交易员里森曾经预言："今后还会发生类似的事件。"不幸，被里森言中，相似的错误仍在重复。从巴林到法兴，无疑再次敲响了金融业风险管理的警钟。两个案件的根源均在于内部监管制度的不完善和外部监管惩处的力度不足。

1. 内部监管制度不完善

内部监管的漏洞使交易员可以凭借自身技术和条件之便，规避银行监管系统，达到非法目的。调查发现，凯维埃尔未获授权的真实交易是通过以下虚构交易掩盖的：提前预售或预购股票或权证，这类交易通常在交割日几天前完成；与未确定的交易对手进行期货交易，这类交易不用提交给后台系统；与集团内部公司进行远期合约交易，这类交易不会触发追加保证金的结果；与外部交易对手进行远期合约交易，通过伪造确认书，避免集团内会计账目之间矛盾的暴露。

法兴银行表示，凯维埃尔之所以能够长期实施未授权交易而未被发觉，原因是他曾在中台系统工作过 5 年之久，对风险控制程序十分了解。利用丰富的经验，侵入银行安全系统，设计虚构交易，隐藏巨额的违规头寸对他而言易如反掌。他在股指期货市场进行一笔交易的同时会虚构另一笔交易，两笔交易的头寸相抵，以躲避内部控制系统的"雷达"。为了确保虚假的操作不被发现，凯维埃尔利用处理和控制市场交易的经验，屏蔽了所有的监控，其中包括检查交易真实性的监控。由此可见，再强大的安全系统也有漏洞。按照规定，银行的证券或期货交易员实行交易时，都会受到资金额度的严格限制。创建于拿破仑时代的法兴银行，内部风控不可谓不严，但凯维埃尔硬是闯过五道电脑关卡，获得使用巨额资金的权限，违规操作近一年没有被发现。这也警示我们，再严密的规章制度，再安全的电脑软件，都可能存在漏洞、死角。对银行系统的安全风控，绝不可掉以轻心，特别是在市场繁荣之际，更应警惕因盈利而放松正常监管。

2. 金融衍生工具监管缺陷

金融衍生品市场的法则，可以概括为阿基米德式的以小博大。它能成倍放大收益，也能成倍放大风险，因此也更具有投机性和不可预测性。股指期货等金融衍生品，是市场深化的产物，有助于提高市场效率，对冲风险。但是，当年的巴林银行丑闻及今天的法兴银行悲剧，无不向我们敲响了警钟：股指期货是一柄“双刃剑”，它既有积极的一面，也蕴含了巨大的风险。特别是在从宏观到微观各项监管措施并不完善的情况下，其风险的一面很可能放大，甚至由个人和所在机构的风险演变为系统性风险。具有良好声誉和悠久历史的法兴银行的教训又一次证明：场外交易由于没有固定场所，没有规定成员资格，没有严格可控的规则制度，没有统一的交易产品和限制，最容易出现问题。监管机构更应该深思，在金融衍生工具泛滥的今天，应当如何提高对场外交易的衍生工具的监管效率。

3. 风险监管意识不到位

2008 年 2 月 20 日，法兴银行特别委员会向法兴银行董事会提交了一份名为《绿色任务》的针对交易员凯维埃尔欺诈事件的中期调查报告。报告显示，从 2006 年 6 月到 2008 年 1 月，法兴银行的大多数风控系统自动针对凯维埃尔的各种交易发出了 75 次报警。其中，2006 年凯维埃尔的交易引起了 5 次警报，而 2007 年发现的可疑交易更多，达到 67 次。随着交易量的膨胀，警报越来越频繁，平均每月有 5 次以上。在 2008 年 1 月的 3 次警报的最后一次，欺骗才终于败露。

这 75 次警报分别由包括运营部门、股权衍生品部门、柜台交易部门、中央系统管理部门等 28 个部门的 11 种风险控制系统发出，其中由运营部门和衍生品交易部门发出的警报就高达 35 次。这 11 种风控系统几乎是法兴银行后台监控系统的全部，涉及经纪、交易、流量、传输、授权、收益数据分析、市场风险等风险控制流程和方面。难以置信的是，2007 年 5 月，一个负责监控交易和流量的系统竟然发现某个星期六有一笔交易，而且这是一笔没有交易对手和经纪人姓名的交易。但这些警报都没能及时揭穿凯维埃尔的欺诈交易。特别委员会在报告中说：警报的解除是因为这些风险控制部门负责调查的人员相信了凯维埃尔的谎言。如果遇到较真的风险调查人员，凯维埃尔就编造虚假邮件来发布授权命令。共有 7 封来自法兴银行内部和交易对手的邮件，对凯维埃尔的交易进行授权、确认或者发出具体指令，但调查人员却并未对这些邮件的真实性进行核实。法兴银行工作人员风控意识的薄弱可见一斑。

（二）监管启示

1. 监管系统化

金融机构在监测市场交易的相关各方时应更加系统化，虽然这方面已有成熟的实践，但应当确保能够在每笔交易中得以落实。具体措施包括：（1）监测交易员的净仓位的同时，也要监测其名义仓位，因为前者只揭示了部分市场风险，后者可以比较全面地反映出市场的全部风险。（2）监测现金流向，包括保证金追缴、付款、原始保证金等。（3）监测同一交易员对交易的删除和修改，对每一位交易员的每笔交易进行合理的审计跟踪，对异常交易、程序出错和交易删除应当认真识别和分析。（4）交易须经各方确认，交易确认书应当通过核对程序予以确认，无论交易对手是否属于集团内部单位，与外部交易对手交易的期限和条件应当详细备案。（5）遵守前台、中台与后台隔离原则，避免三者之间的相互交叉；交易室应当谨慎管理以确保前台与控制单位中后台的严格分离。（6）信息系统安全和进入密码的保护。信息系统应当恰当维护以阻止黑客侵入，数据模式应当包含在高级管理层审批的程序之内。（7）监测不寻常的个人行为，比如长期不休假等。（8）交易室监控流程应当有效组织，使每个交易员对交易状况有个总体把握，从而更容易发现异常的交易行为。每个交易员允许的交易类型应当清楚地用文字表述出来，从而确保所投资的金融工具性质和数量与所授权范围和公司战略一致。

2. 风控全覆盖

根据巴塞尔新资本协议对资本充足率的要求，银行资本应当覆盖所承担的操作风险。银行业和金融监管委员会关于内部控制的规定应当补充操作风险的定性规定，从而要求所有金融机构对操作风险管理系统进行完整的记录，包括对每个部门、业务线操作风险的描述和对公司管理层及银监会的报告要求。明确防止内部欺诈是内部控制不可或缺的一部分，其内容应当包括定期向银监会就违反内部规则进行汇报。对于超过一定规模或具有特定风险特征的金融机构，应当鼓励它们建立专门的机构执行这项任务。

金融全球化与混业经营已经是不可阻挡的世界潮流。法兴银行 2007 年相继获得世界权威《风险管理》杂志的“证券衍生产品年度最佳银行”和英国《银行家》杂志的“资产负债管理年度金融机构”的称号，头顶耀眼光环，但仍没躲过无名小卒凯维埃尔的暗算，49 亿欧元的巨亏使这家公认的风险管理权威声誉扫地。目前我国金融业涉足衍生品还相对较少，但衍生品投资是中国所有金融机构国际化竞争必不可少的。“打工皇帝”陈某做空石油期权使中航油亏损 5.5 亿美元，堪称中国的里森、凯维埃尔，可见衍生品投资蕴藏的操作风险离我国并不遥远。中国金融业应吸取法兴银行的沉痛教训，严格实行前台与中后台之间的分离管理，尽量杜绝两者之间的交叉任职。完善风险监测系统，使交易、风险管理、结算部门之间形成有效制衡。

第五节　巴林银行倒闭案

一、案件介绍

（一）案件梗概

巴林银行（Barings Bank）于 1763 年由弗朗西斯·巴林爵士在伦敦

创建。它是世界首家“商业银行”，既为客户提供资金和有关建议，自己也做买卖。由于经营灵活变通、富于创新，巴林银行很快就在国际金融领域获得了巨大的成功。其业务范围也相当广泛，无论是到刚果提炼铜矿，从澳大利亚贩买羊毛，还是开掘巴拿马运河，巴林银行都可以为之提供贷款。但巴林银行有别于普通的商业银行，它不开发普通客户存款业务，故其资金来源比较有限，只能靠自身的力量来谋求生存和发展。1803 年，刚刚诞生的美国从法国手中购买南部的路易斯安那州时，所有资金就出自巴林银行。彼时，巴林银行是各国政府、各大公司和许多客户的首选银行。20 世纪初，巴林银行荣幸地获得了一个特殊客户：英国皇室。由于巴林银行的卓越贡献，巴林家族先后获得了五个世袭的爵位。这奠定了巴林银行显赫地位的基础。在 20 世纪初，公司进一步拓展。截至 1993 年底，巴林银行的全部资产总额为 59 亿英镑，1994 年税前利润高达 15 亿美元。其核心资本在全球 1 000 家大银行中排名第 489 位。然而，这一具有 233 年历史，在全球范围内掌控 270 多亿英镑资产的巴林银行，竟毁于一个年龄只有 28 岁的毛头小子尼克·里森手中。里森未经授权在新加坡国际金融交易所（SIMEX）从事东京证券交易所日经 225 股票指数期货合约交易失败，致使巴林银行亏损 6 亿英镑，这远远超出了该行的资本总额（3.5 亿英镑）。1995 年 2 月 26 日，英国中央银行英格兰银行宣布：巴林银行不得继续从事交易活动并将申请资产清理。10 天后，这家拥有 233 年历史的银行以 1 英镑的象征性价格被荷兰国际集团收购。

（二）案件回顾

里森于 1989 年 7 月 10 日正式到巴林银行工作。这之前，他是摩根士丹利银行清算部的一名职员，进入巴林银行后，他很快争取到了到印度尼西亚分部工作的机会。由于他富有耐心和毅力，善于逻辑推理，能很快地解决以前未能解决的许多问题，工作有了起色，因此被视为期货与期权结算方面的专家。伦敦总部对里森在印度尼西亚的工作相当满意，1992 年，总部决定派他到新加坡分行成立期货与期权交易部门，并出任总经理。

当时，巴林银行有一个金融体系运作过程中正常的错误账户，账号为“99905”，专用于处理交易过程中因疏忽所造成的错误。1992 年夏天，伦敦总部全面负责清算的工作人员要求里森另设立一个“错误账户”，记录较小的错误，并自行在新加坡处理。于是里森选择了数字 8，创立了“88888”的“错误账户”。

几周之后，伦敦总部又打来了电话，要求新加坡分行还是按老规矩行事，所有的错误记录仍由“99905”账户直接向伦敦报告。“88888”错误账户刚刚建立就被搁置不用了，但它却成为一个真正的“错误账户”存于电脑之中。“88888”这个被人忽略的账户，为里森提供了日后制造假账的机会。

1992 年 7 月 17 日，里森手下一名交易员金姆犯了一个错误：当客户（富士银行）要求买进 20 张日经指数期货合约时，此交易员却卖出了 20 张。这个错误在里森当天晚上进行清算工作时被发现。欲纠正此项错误，须买回 40 张合约，如果以当日的收盘价计算，其损失为 2 万英镑，并应报告伦敦总部。但在种种考虑下，里森决定利用错误账户“88888”承接 40 手日经指数期货空头合约，以掩盖这个失误。然而，如此一来，里森所进行的交易便成了“业主交易”，使巴林银行在这个账户下，暴露在风险部位。数天之后，更由于日经指数上升 200 点，此空头部位的损失便由 2 万英镑增为 6 万英镑，此时里森更不敢将此失误向上呈报。

1993 年 1 月，交易员乔治买进了 100 份本应该卖出的期货合约，这笔交易也记入了“88888”账户，当天损失高达 800 万英镑。

此后，类似的失误都被记入“88888”账户。里森不想将这些失误泄露，因为那样他就只能离开巴林银行。但账户里的损失数额像滚雪球一样越来越大。如何弥补这些错误并躲过伦敦总部月底的内部审计以及应付新加坡国际金融交易所要求追加保证金等问题，成了里森头疼的事情。

为了赚回足够的钱来补偿所有损失，里森承担愈来愈大的风险。里森当时从事大量跨式部位交易，如果日经指数稳定，交易者可以从此交易中赚取期权权利金。如果日经指数变动剧烈，交易者将遭受极大损失。

里森在一段时日内做得还极顺手。到 1993 年 7 月，他已将“88888”账户亏损的600 万英镑转为略有盈余，当时他的年薪为 5 万英镑，年终奖金则将近 10 万英镑。如果里森就此打住，那么，巴林的历史也会改变。

然而里森并未收手，他继续隐蔽交易。在 1993 年下半年，接连几天，每天市场价格破纪录地飞涨 1 000 多点，用于清算记录的电脑屏幕故障频繁，无数笔的交易入账工作都积压起来。因为系统无法正常工作，交易记录都靠人力，等到发现各种错误时，里森在一天之内的损失便已高达将近 170 万美元。在无路可走的情况下，里森决定继续隐藏这些失误。

1994 年 7 月，“88888”账户的损失已达 5 000 万英镑。此时的里森成了一个赌徒，他一边将巴林银行存在花旗银行的 5 000 万英镑挪用到“88888”账户中，一边造假账蒙蔽巴林银行的审计人员。他幻想着以一己之力影响市场的变动，反败为胜，补足亏空。

里森买卖的是一种最简单的衍生金融工具——日经指数 225 的期货指数。这是日本 225 种股票的价格指数，类似于美国的道琼斯指数。这种交易并不复杂，里森对价值几十亿美元的日本股票和债券设定一个可随时兑现的赌注，而在期货市场，交易者只需拿出一个很小的比例压在桌上，所以得失可能超出赌注的许多倍。

1994 年 11 月下旬或 12 月，里森决定要赌日经指数不会掉到 19 000 点以下，这似乎是一个安全的下注，因为日本经济在 30 个月的萧条后已开始复苏。

然而，人算不如天算，1994 年12 月和1995 年1 月，日经指数225 向 19 000 点下跌。1995 年 1 月 17 日，7.2 级地震毁坏了日本城市神户，以往曾坚如磐石的日经指数在一周内下跌了 7%。里森一方面遭受更大的损失，另一方面购买更庞大数量的日经指数期货合约，希望日经指数会上涨到理想的价格范围。1 月 30 日，里森以每天 1 000 万英镑的速度从伦敦获得资金，已买进了 3 万手日经指数期货，并卖空日本政府债券。2 月 10 日，里森以新加坡国际金融交易所交易史上创纪录的数量握有 55 000 手日经指数期货及 2 万手日本政府债券合约。交易数量愈大，损失愈大。

所有这些交易，均进入“88888”账户。账户上的交易，因里森兼任清查之职权而被隐瞒，但追加保证金所需的资金却是无法隐藏的。里森以各种借口继续转账。这种松散的程度，实在令人难以置信。2月中旬，巴林银行全部的股份资金只有47 000万英镑。

1995年2月23日，是巴林银行期货交易的最后一日，这一天，日经指数下跌了350点，收盘降到17 885点，而里森却买进了市场中所有的合约，到收市时，里森共持有61 039份日经指数期货的多头合约和26 000份日本政府债券期货的空头合约，而市场走势和他的操作完全相反，里森带来的损失达到8.6亿英镑，这是巴林银行全部资本及储备金的1.2倍，最终把巴林银行送进了坟墓。2月24日，巴林银行因被迫交保证金，才发现里森期货交易账面损失4亿~4.5亿英镑，约合6亿~7亿美元，已接近巴林银行集团本身的资本和储备之和。26日，英格兰银行宣布对巴林银行进行倒闭清算，寻找买主。27日，东京股市日经指数再急挫664点，又令巴林银行的损失增加了2.8亿美元。截至1995年3月2日，巴林银行亏损额达9.16亿英镑，约合14亿美元。3月5日，荷兰国际集团与巴林银行达成协议，接管其全部资产与负债，更名为“巴林银行有限公司”；3月9日，此方案获英格兰银行及法院批准。至此，巴林银行230年的历史终于画上了句号。

1995年2月23日傍晚，已经赔光了整个巴林银行的里森踏上了逃亡之旅。4天后，里森在德国法兰克福机场被捕。1995年11月22日，里森从德国被引渡回新加坡，11月29日，里森因欺诈罪被判处有期徒刑6年半。1998年7月，里森因癌症被保外就医。1999年，里森因在狱中表现良好被减刑释放。

二、监管分析

（一）经验教训

巴林银行事件发生后，英国监管当局进行了全面深入的调查，形成了一份300余页的研究报告——《巴林银行倒闭的教训》（*Lessons Arising from the Collapse of Barings*），对改善跨国银行的内部控制，提高其风险防范能力提出了具体的建议和要求。

巴林银行的倒闭看起来像是因为个人的越权行为所致，实际不然，巴林银行事件反映出现代跨国银行管理和内部控制体制的缺陷。巴林银行的管理层可谓在各个层面、各个步骤都存在失职现象。英国银行监管部门总结了以下五条重要的经验教训。

1. 充分认识经营管理的业务

在巴林银行中，最高管理层和日常管理层都没有充分理解新加坡分行所从事的衍生业务的性质，他们只注意到新加坡分行每年账面上的盈利，却没有发现这些巨额盈利背后的风险。管理层对业务风险的清醒认识是内控机制建立和完善的前提。这种认识必须是对银行内每种业务的盈利和风险有客观的分析，必须分清各种业务之间的关系，以及每种业务所要求的内控程序有何不同，以减少发生业务错误或舞弊的可能性。对于风险较大的业务，不能因为其收入和盈利较高就回避其面临的风险，而应对其适用更严格的避险和内控措施。金融业的多次危机证明，盈利收入越高，尤其是收入增长最快的业务，往往也是风险最为集中的领域。巴林银行的教训在于高级管理层与业务操作人员的信息沟通渠道严重脱节，高级管理层对巴林银行所从事的业务缺乏足够的了解，即使是在一些危险的信号出现时，管理层也对此缺乏足够的重视。建议相关管理人员定期巡视从事相关交易的海外分支机构。巡视包括向交易员、风险管理人员、后勤人员了解情况，进入交易所进行实地调查，对分支机构和交易员的具体业务情况有所了解。

2. 明示各项业务的职责

无论银行的分支机构采取何种组织形式，都必须建立起明确的责任机制。所有的管理人员和雇员必须明确自己的职责，在各个职责之间必须做到不疏不漏。报告特别指出，对于“矩阵”组织结构的银行，即由一名业务人员负责多项业务的部分或全部的情况下，必须特别注意管理职责的明晰。巴林银行无疑就是采取“矩阵”模式的典型，它的主要教训有三个：(1) 在跨国银行组织系统内，当地分支机构的管理层必须承担一线监管责任。尽管业务人员可能不直接对当地分支机构的管理层负责并报告，但当地分支机构的管理人员必须对其所从事的业务情况及其后果有清醒的认识。(2) 对于银行的非主流业务，即所谓的创新或表外业务，银行管理层必须有足够的并表和监控措施。(3) 在“矩阵”模式下，可能存在着“多头汇报”的信息沟通体系，即业务人员可能既向当地管理层汇报，又向总部业务管理部门汇报，因此在接纳信息的管理层之间必须要有充分的信息沟通渠道。

当银行对其组织结构进行重大调整时，尤其是当将几个业务性质完全不同的业务合并时，应注意防范利益冲突和权责不清所造成的风险。巴林银行在倒闭前两年就进行了类似的业务结构调整，巴林银行总部允许里森同时负责交易和清算、前台办公和后台稽核等性质完全不同的业务，使得新加坡分行的业务完全操控在里森一人手里，为其舞弊交易提供了便利，酿成不可收拾的局面。因此，报告要求银行在对其组织结构和业务结构进行调整时，应注意保持核心业务和监控业务的有效隔离，在交易的各个阶段必须确保内部控制机制的独立性，避免“一言堂”式的管理模式。

3. 有效隔离利益冲突业务

巴林银行最惨痛的教训在于没有实现“前台职务”和“后台职务”的有效分离。所谓前台职务，主要指交易业务；所谓后台职务，包括清算、稽核和业务准入。尽管后台业务与前台业务往往是并行发生，一一对应，如一笔交易必然伴随着相应的清算交割和业务稽核，但并不等于说，后台业务是从属于前台业务的，巴林银行显然混淆了前台业务和后台业务之间的关系，将后台业务作为前台业务的附属品，这种以交易盈利作为重心的做法必然导致对风险因素和稽查工作的忽视，造成严重的危机隐患。实际上，二者之间应当是互相制约、互为犄角的一种协作关系，一般情况下二者应当严格分离，甚至后台职务不同性质的业务也应实现有效隔离（如清算与稽核应当分离），如此才能实现内控机制的“牵制”作用。就业务性质和地位而言，前台与后台业务没有主次之分，只有业务分工的区别，前台主要服务于银行的盈利性，后台主要服务于银行的安全稳健性，当清算或稽核部门发现前台业务的不正常征兆时，应及时报告银行的高级管理层，以便其及时采取处置措施。

4. 建立专门的风险管理机制

缺乏专门的风险管理机制是里森能够顺利从事越权交易的主要原因。巴林银行案件的一个关键线索是巴林银行伦敦总部向新加坡分行提供的巨额资金的去向，巴林总部的官员相信这笔钱是应客户要求的付款，而实际上该资金转移是里森用来拆东墙补西墙的伎俩。由于缺乏专门的风险管理机制，琐事缠身的总部官员根本没有对这笔资金的去向和用途作审查。

英格兰银行的报告认为，风险管理部门的主要职责是对银行的各项业务设定限定风险值。限定风险值反映了各个业务部门所能承担的风险极限。同时，风险管理部门还负责监督业务部门是否遵守限定风险的相关政策，审查收益和损失的账实相符情况，根据不同的风险采取不同的风险管理策略等。与传统财务风险部门关注信用风险和市场风险的做法不同，报告强调风险管理部门应关注所有类型的风险，除信用风险、市场风险外，还应关注流动性风险、集中风险、操作风险、法律风险和名誉风险。风险管理部门是专事风险管理的职能部门，它通过对风险因素敏感的察觉和缜密的调查，来及早发现危机隐患，达到预防和控制风险的效果。

5. 内外审计配合快速反应

对于从事多种业务的金融机构而言，必须建立一个统一的内部审计机构对金融机构整体业务进行监督检查。英格兰银行认为，内部审计机构的设置有助于将重大事项和业务弱项及时反馈给最高管理层，并有助于金融机构研究和计划在整个集团内资源的合理配置问题。金融机构的规模越大，业务越复杂，地域扩张程度越高，其风险来源就越多，银行遭遇危机的可能性就越高，就越有必要建立强势的内部审计机构对业务进行统一的内部审计。在倒闭前几个月，巴林银行新设了内部审计部门，分别对所从事的银行业务和证券业务执行内部审计职能。这本来是一个能够有效防范风险的举措，但由于其内部审计机构是分别设置的，并且内部审计师之间及其与管理层、外部审计之间缺乏有效的信息沟通机制，内部审计的效果并不明显。

吸取了巴林银行的教训，英格兰银行认为，内部审计功能不应单独存在，而应与外部审计相配套、互沟通，并与管理层之间保持畅通的联络渠道。例如，内部审计负责人应能随时向首席执行官（或总裁）、审计委员会主席等重要管理人员汇报工作，或至少保持不被任意干预的联络渠道。拥有长期自律传统的英国银行监管部门认为，内部审计应成为英国银行内部控制系统的核心环节，银行的审计委员会必须对内部审计机制的建立和完善负全责。

在内部审计机制提出问题之后，管理层必须在一定时限内作出及时反应，如提出补救措施或责令业务部门整改，甚至撤换业务部门负责人和舞弊人员等。完善的内部审计机制还应包括“回访”（Return Visit）安排，即由内部审计部门在内部审计结束之日起若干日内对被审计单位再进行突击式的现场或非现场检查，以确认管理层和业务部门是否已采取了必要的整改措施。如果管理层和业务部门没有及时采取措施，内部审计人员应及时将情况报审计委员会，由审计委员会责令管理层和业务部门进行补救或整改。

（二）启示及对策

通过对巴林银行倒闭案的反思，我们得到以下几点启示：

1. 建立严格的衍生品内管制度

随着国际金融业的迅速发展，金融衍生品日益成为银行、金融机构及证券公司投资组合中的重要组成部分。金融衍生品包括一系列的金融工具和手段，买卖期权、期货交易等都可以归为此类。具体操作起来，又可分为远期合约、远期固定合约、远期合约选择权等。这类衍生产品可对有形产品进行交易，如石油、金属、原料等，也可对金融产品进行交易，如货币、利率以及股票指数等。从理论上讲，金融衍生产品并不会增加市场风险，若能恰当地运用，如套期保值，可为投资者提供一个有效降低风险的对冲方法。但在看到其积极作用的同时，也应看到其巨大的风险。现实中，投资者往往纯粹以买卖图利为目的，无视交易潜在的风险。如果控制不当，那么这种投机行为就会招致不可估量的损失。新加坡巴林公司的里森，正是对衍生产品操作无度才毁灭了巴林银行。里森在整个交易过程中一味盼望赚钱，在已遭受重大亏损时仍孤注一掷，增加购买量，对于交易中潜在的风险熟视无睹，结果使巴林银行成为衍生金融产品的牺牲品。

实践经验表明，衍生工具一旦脱离了贸易保值的初衷而成为投机手段时，风险是极大的，尤其是交易员的孤注一掷可能会招致无法挽回的损失。银行管理层应当建立起严密的风险防范机制，经常审查资产负债表中的表内及表外业务，及早发现问题，堵塞漏洞。从巴林银行事件来看，里森用开立虚假户头进行衍生工具交易，造成代客买卖的假象，但巴林银行管理层如果切实核实该客户的身份、财力就能从或有资产的不正常增加中发现问题。有鉴于此，金融机构在制定有关从事衍生性金融商品交易的内控制度时，应该考虑自身从事该类交易的目的、对象、合约类别、交易数量等。较完善的内控制度应包含交易的目标价、交易流程、坐盘限额、权责划分、预立止蚀点、报告制度等。

2. 强化关键岗位人员的监管

在金融发展史上，银行倒闭屡见不鲜。一般说来，一家银行的倒闭是长期以来银行内部机制不健全，从经营到管理诸方面弊病积累的结果。作为一个历史悠久并在英国金融史上曾经发挥了重要作用的巴林银行集团，照理说应有一套完善的内部管理制度和有序的监管措施，但事实上它的内部管理存在严重的弊病。

大多数银行，交易与清算业务是分立的，但巴林银行允许里森既作为首席交易员，又负责其交易的清算工作。这是一种制度上的缺陷，因为让一个交易员清算自己的交易会使其很容易隐瞒交易风险或交易损失。巴林银行容许里森身兼双职，既担任前台首席交易员职务，又负责管理后台清算，说明了该行的管理制度极不健全。巴林事件提醒人们加强内部管理的重要性和必要性。

3. 增强金融机构的外部监管

除了巴林银行内部存在的原因外，新加坡国际金融交易所、新加坡金融监管当局、英国金融监管当局都负有不可推卸的责任。新加坡曾被认为是金融监管很完善的国家，但是巴林事件的发生使人们对新加坡监管体系产生了疑问，也给世人极大的启示，警戒人们必须注意金融业风险及其可能造成的后果，警戒国家相关部门必须重视金融风险的管理。增强金融体系的稳定性是金融业监管的核心问题；保证市场运行的公开、公平和公正是资本市场监管的关键。金融监管当局应当充分认识到二者的重要性，对市场进行严格的监管，才能保证金融市场的健康发展，切实降低金融风险发生的可能性。

4. 加强对跨国金融机构的监管

现今跨国银行的业务正日益复杂和多元化。以前在同一国家内以同一实体经营的业务现在可以在多个金融中心以不同法律实体的形式经营，这意味着以前仅受一国监管机构管辖的业务现在必须由多个监管当局联合管辖。银行交易业务的不断拓展使银行的利润来源日益多元化，同时也改变了银行业务的性质，使银行的风险来源日益多元化。金融产品创新和信息技术的飞速发展使银行内舞弊和欺诈行为变得更加隐蔽和快捷，造成的损失也更大。巴林事件促使人们认识到对从事跨国业务的金融机构施以更加严密监管的必要性。

第六节　安然公司破产案

一、案件介绍

安然公司的前身是休斯敦天然气公司。20 世纪 80 年代末之前的主业是维护和操作横跨北美的天然气与石油输送管网络。80 年代后期美国政府解除对能源市场的管制，天然气价与油价的波动给人们制造了能源交易的商机的同时，也增加了许多能源消费商对控制能源价格风险的需求。这两种因素构成了能源期货与期权交易勃兴的契机。安然于 1992 年成立了“安然资本公司”（Enron Capital），成为这一新市场的开拓者和霸主。

为进一步实现从“全美最大能源公司”变成“全球最大能源公司”这一目标，安然创造市场的领域远远扩展到能源证券之外，安然似乎越来越相信，为任何一种大宗商品创造衍生证券市场都是可能的，这种商品可以是水权，也可以是带宽。安然在金融衍生品市场的创新为其赢得了巨大的收入。到 1995 年，安然的收入有 22% 来自安然资本公司。之后几年安然以惊人的速度扩张。其销售收入也从 1996 年的 133 亿美元增加到 2000 年的 1 008 亿美元，净利润从 1996 年的 5. 84 亿美元上升到 2000 年的 9. 79 亿美元。

安然董事会曾总结成功的经验，认为安然最主要的创新成就，来自对金融工具的创造性“运用”。通过新的金融工具使本来不流动或流动性很差的资产或能源商品“流通”起来，其主要的方法有二：

第一种方法，是为能源产品（包括天然气、电力和各类石油产品）开辟期货、期权和其他复杂的衍生金融工具，以期货、期权市场和衍生金融合同把这些能源商品“金融化”。

在世界各国的能源证券交易中，安然占据着垄断地位。比如，为了避免三年以后的汽油价格风险，一家公司可能希望买进一种汽油合同。如果三年后汽油价每升超出 40 元，可以以每升 40 元的价格买进 100 万升汽油；如果三年后汽油价低于 20 元，则愿意以每升 20 元买进 100 万升汽油。那么，交易对手在哪里呢？到哪里去购买这种特定的汽油衍生证券呢？更重要的是，这一合同本身值多少钱呢？安然在任何时候都愿意卖给任何公司这种或其他任何能源衍生证券，它可以成为所有这类合同的交易对手，在这个意义上，它为这些需求创造了市场。

为诸如此类的合同定价并参与交易，不仅极度复杂，而且风险极高。安然研制出一套为能源衍生证券定价与风险管理的系统，这构成了它的核心竞争力。这些定价技术、风险控制技术以及财力资源上的优势，使安然垄断了能源交易市场，并从一个天然气、石油传输公司变成一个类似美林、高盛的华尔街公司。如果说有什么差别的话，可能是安然交易的品种是能源证券，而美林和高盛主要交易金融证券和股票。1990 年，安然收入的 80% 来自天然气传输服务业，而到 2000 年，其收入的 95% 来自能源交易与批发业务，这完全是两个安然。

第二种方法，是将一系列不动产（如水厂、天然气井与油矿）打包，以此为抵押，通过某种“信托基金”或资产管理公司，对外发行债券或股权，以此把不动产“做活”。

以不动产抵押发行证券本身不足为奇，关键在于，在此过程中，安然建立了众多关联企业与子公司，之间隐藏着多种复杂的合同关系，从而达到隐蔽债务、减税以及人为操纵利润的目的。这一手法也恰恰是导致安然破产的主因。这些错综复杂的关联企业架构，加上安然的报表操作手法，使安然的收入与利润逐年猛升，成功地成为华尔街的宠儿。随着安然收入和利润的“稳定”增长，其股票价格在 1995 年后开始剧烈上涨，从 15 美元左右升至 2000 年底 90. 75 美元的顶峰。

在一片繁荣景象的背后，投资者和媒体开始对安然模式产生怀疑。最初的质疑声起源于 2001 年 3 月 5 日，《财富》杂志发表了一篇题为《安然股价是否高估?》的文章，首次指出安然的财务有“黑箱”。该文指出，安然 2000 年度股价上升了 89%，收入翻倍，利润增长 25%，18 位跟踪安然公司的卖方分析师中有 13 位将其推荐为“强力买进”，它的市盈率为竞争对手杜克能源公司的 2. 5 倍，也是 S&P500 指数市盈率的 2. 5 倍。《财富》质疑道：“为安然欢呼的人也不得不承认：没有人能搞得清安然的钱到底是怎么挣的！原因是安然历来以‘防范竞争对手’为由，拒绝提供任何收入或利润细节，把这些细节以商业秘密名义保护起来。而其提供的财务数据又通常过于繁琐和混乱不清，连标准普尔公司负责财务分析的专业人员都无法弄清数据的来由。不管是极力推荐安然的卖方分析师，还是想证明安然不值得投资的买方分析师，都无法打开安然这只黑箱。”针对《财富》的质疑，安然财务总监法斯托反击道：“安然共有有关不同商品的 1 212 本交易账本，我们不希望任何人知道这些账本上的任何东西，也不希望任何人知道我们在每个地方赚多少钱。”

《财富》文章进而质疑：在安然的年报中，“资产与投资”项目的利润数总是一个谜。年报对该部门的注释是“在世界各地兴建发电厂项目，完工后投入运营，最终卖出获利；此部门也参加能源与通信企业的股权和债券买卖等业务”，该部门1999年第二季度的利润为3.25亿美元，2000年第二季度跌至5 500万美元。如此大的变化从何而来？《财富》怀疑，安然在通过“资产与投资”项目的资产出售金额来操纵其利润。这样，当任何季度的利润达不到华尔街分析师的预期时，安然总可以通过增减项目资产的出售来达到或超过预期利润额。

在2000年的头三个季度，安然又新发行了39亿美元债券，使债务总额在2000年9月底达到130亿美元，其负债率（债务对总资产比）由1999年底的39%升至近50%。另外，它的营运现金流在1998年为16亿美元，1999年为12亿美元，而2000年的前9个月仅为1亿美元。尽管安然的营运现金流在逐步下跌，但它所公告的净利润却在年年上升，这本身就说明，安然的利润不是来自主营业务，要么来自非经常性收入，要么来自造假。

在《财富》质疑安然的盈利模式之后，越来越多的机构开始怀疑安然有可能做假。2001年5月6日，波士顿一家名叫“Off Wall Street”（以下简称OWS。其客户均为各类机构投资者与基金公司，所以属于“买方分析师”阵营）的证券分析公司发表了一份安然分析报告。该报告建议投资者卖掉安然股票，或者做空，主要依据是安然越来越低的营运利润率。安然的营运利润率从1996年的21.15%跌至2000年的6.22%。按照OWS公司的分析，安然在2000年第四季度的利润率为2.08%，到2001年第一季度进一步降到1.59%。此外，OWS公司对安然的关联交易与会计手法也持消极看法。比如，它发现，2000年第二季度，安然以高价把一批光纤电缆出售给一家关联企业，这笔交易收入使安然每股净利润比华尔街分析师的预期超出2美分。如果没有这笔关联交易，实际的每股净利润却要比预期的低2美分。因此，OWS建议投资者不要轻信安然公布的财务利润。

在2001年7月12日的电话会议上，安然的投资者关系部门主管称，其“资产与投资”项目的1/3利润来自经常性营运收入，而剩下的2/3来自安然不动产投资项目的价值重估。这一点让众多分析师觉得不可思议：在2001年第一季度结束时，安然称这些不动产价值大跌，时隔仅三个月，安然又说这些不动产价值大升，如此大的变化从何而来？安然的新任CEO、长期担任公司营运长的杰夫·斯格林和其他高级管理人员在电话会议上语焉不详。当一位分析师问到安然与其众多关联企业之一的LJM资本管理公司的几笔交易对第二季度利润的贡献有多大时，CEO斯格林以“我们和LJM只有几笔微不足道的交易”搪塞了过去。然而实际上，LJM的总经理是安然的财务总监，与LJM的交易是导致安然最后崩溃的导火线之一。这次电话会议，引起了媒体和多位买方分析师的进一步怀疑。

2001年8月中旬，安然才上任8个月的CEO杰夫·斯格林突然辞职，这更加剧了媒体、分析师与其他多方的质疑。但安然断然否认斯格林的辞职说明任何问题。斯格林辞职后，安然董事长肯尼思·雷重新接任CEO时向员工们宣称：“安然没有任何会计问题，没有任何能源交易问题，也没有任何资金短缺问题。”他保证安然将改进财务报表的透明度，增加信息披露。

2001年8月30日，著名投资网站华尔街发表分析文章，认为安然第二季度利润很大一部分来自两笔关联交易。华尔街相信，安然在通过关联企业间的高价交易人为制造利润。如果不靠这两笔“对倒”交易，安然第二季度每股利润可能只达到30美分左右，而不是公布的45美分。

2001年10月16日股市收盘之后，安然公司发布了第三季度财务报告，虽然该季度的经营收入较上一年第三季度增长了59%，达到了476亿美元，但是令投资者大跌眼镜的是，安然公司居然一次性冲销了高达10.1亿美元的税后投资坏账，这笔巨额的坏账冲销不仅抵销了安然公司在该季度的所有经营盈利，而且造成了6.18亿美元的净损失（折合0.84美元/股）。更令投资者震惊的是，在这笔坏账冲销中有3 500万美元是由安然公司与两家分别名为“LJM CAYMAN LP”和“LJM2 CO－INVESTMENT LP”的有限合伙（以下简称LJM合伙）之间的套期交易所造成的，而这两家 LJM 合伙直到当年 7 月一直是由安然公司的首席财务官法斯托（Andrew S. Fastow）所经营和控制的。在稍后举行的与证券分析师讨论季度财务报告的电话会议上，面对证券分析师们的质询，安然公司又进一步承认，由于法斯托先生的 LJM 合伙所投资的一家结构融资实体与安然公司之间所进行的一系列复杂交易，公司回购了 5 500 万股普通股股票，因此股东权益减少了 12 亿美元。

2001 年 10 月 17 日，美国证券交易委员会致函安然公司，开始就可能存在的关联交易问题进行非正式的查询。10 月 18 日，《华尔街日报》获得了一份由法斯托先生作为一般合伙人签署的 LJM 合伙内部财务文件，并据此在头版刊登独家文章，披露法斯托先生所经营和控制的 LJM 合伙在 2000 年实现的利润超过 700 万美元，资本权益增长约 400 万美元。LJM 合伙的主要业务就是与安然公司进行各种涉及安然公司资产和股票的复杂套期交易，法斯托先生和其他几家投资人在 1999 年 12 月创办 LJM 合伙时最初投资不到 300 万美元。同日，安然公司董事会召开紧急会议，就 SEC 的查询进行讨论。

2001 年 10 月 22 日，安然公司向投资者公开承认，SEC 已经与安然公司进行了接触，开始着手调查安然公司存在的关联交易问题，特别是安然公司与安然公司的首席财务官法斯托先生所经营和控制的 LJM 合伙之间的关联交易。安然公司的董事长兼首席执行官肯尼思·雷宣布，安然公司将全力配合 SEC 的调查以尽快消除投资者对关联交易问题的疑虑。消息发布之后，安然公司股价应声下挫 20%，当天损失近 40 亿美元的市值。

2001 年 10 月 23 日，安然公司的财务主任承认公司将出售一部分资产并有可能被迫发行股票。安然公司通过所控制的一系列投资工具向投资者出售了约 33 亿美元的商业票据，如果这些投资工具出现坏账，这些票据将在未来 20 个月内陆续到期。尽管安然公司目前相信自己有能力偿还这些商业票据，但并不能完全排除届时需要发行额外的股票来筹集资金的可能性。

2001 年 10 月 24 日，安然公司的股价又下跌了 17%，跌到 16.41 美元/股，一周以来股价已经下跌超过50%。在当天股市收盘之后，安然公司宣布首席财务官易人，接替法斯托先生的是年仅40岁的工业市场部主管麦克马洪先生。董事长兼首席执行官雷先生依然坚持法斯托先生并无过错，但他承认撤换首席财务官是为了重建投资者和金融界对安然公司的信心。

2001年10月25日，安然公司动用了约30亿美元银行信用额度，以提高公司的财务水平和增强流动性。据称安然公司将用其中一部分来回购价值18.5亿美元的短期商业票据。同时，信用评级机构也就安然公司事件作出反应，惠誉宣布将重新评估安然公司的信用等级并有可能作出降级决定，而标准普尔则宣布将安然公司的信用前景从“稳定”调低至“负面”。对安然公司来说，一旦信用等级降到可投资级别以下，会立即造成数十亿美元债务提前到期。

2001年10月28日，安然公司的发言人承认公司正在与银行进行接触，寻求获得10亿到20亿美元的额外信用额度支持。10月29日，穆迪宣布将安然公司的长期债信等级从“Baa1”降至“Baa2”，并且表示不排除进一步的降级。同时，有消息称SEC已经将对安然公司的调查从其在得克萨斯州的地区办公室移交到华盛顿总部进行。在双重坏消息的打击下，安然公司的股票当天又下跌超过10%，跌破了14美元/股。

2001年10月30日和10月31日，安然公司承认SEC已经决定将对安然公司的调查升级为正式调查，这意味着SEC的执行部将组建一个五人调查委员会，而且在调查中可以使用正式的传讯权。此时，安然公司宣布任命得克萨斯大学法学院院长鲍尔斯教授为公司董事会成员，负责领导董事会下一个四人特别委员会对关联交易等问题进行内部调查。当日安然公司股价在连续第十天下跌后首次反弹，涨幅超过20%。

2001年11月1日，安然公司宣布，JP摩根和花旗银行已经承诺提供10亿美元的信贷额度。安然公司将用其中2.5亿美元来偿还即将到期的债务，余下的7.5亿美元将用于提高公司的短期流动性。不过，为了获得这笔信贷承诺，安然公司需要将其最优良的资产之一的天然气管道作为抵押。尽管如此，标准普尔还是宣布将安然公司的长期债信等级从

"BBB+"调低到"BBB"，将短期债信等级从"A-2"调低到"A-3"。

2001年11月4日，又一起可能存在问题的关联交易被媒体曝光：安然公司在2001年3月时曾经向一家名为Chewco Investment的有限合伙（Chewco合伙）支付了3 500万美元。据称安然公司支付这笔款项是为了进行一系列极其复杂的衍生交易，而通过这些交易，安然公司可以在过去3年中把数亿美元的债务不列入其资产负债表。经营和控制这家Chewco合伙的考佩先生（Michael Kopper），在2001年7月离开安然公司前任北美业务部的主管，而且他曾经和前首席财务官法斯托先生一起创办和经营LJM合伙。

2001年11月5日，惠誉宣布将安然公司的债信等级从"BBB+"降至"BBB-"，离垃圾债券的等级只有一步之遥。随着其财务危机的进一步加深，安然公司开始与私人投资机构和同行业的能源交易公司进行接触，以寻求至少20亿美元的注资。2001年11月6日，安然公司的前任首席执行官斯格林先生被传讯到SEC作证。当天安然公司的股价跌破10美元。2001年11月7日，标准普尔宣布将安然公司信托的商业票据信用等级从"BBB+"降级到"BBB"，而且持"负面观望"。在此消息打击下，安然公司的股价大幅下降27%，盘中一度跌至7美元/股，是1991年5月以来的最低价。

2001年11月8日，安然公司在向SEC提交的一份报告中承认自己过去三年的财务报告中多有不实之处，从1997年到2001年第三季度的所有财务报告都需要重做。根据初步的重新计算结果，从1997年到2000年，安然公司的实际盈利比原先的数目减少了5.86亿美元，实际债务上升了6.28亿美元，股东权益实际上减少了22亿美元而非安然公司在10月16日所宣布的12亿美元。安然公司在这份报告中同时宣布解雇公司财务主任和公司北美业务的首席法律顾问。另外，安然公司和迪奈基公司也承认两家公司正在就合并进行磋商。当日安然公司股价收盘于8.41美元/股，差不多是其52周内最高价的十分之一。

2001年11月9日，穆迪再次宣布将安然公司的债信等级调降一级，距垃圾债券的等级只有一步之遥，不过当天市场的注意力一直集中在安然公司和迪奈基之间的并购谈判，当日安然公司股票的收盘价较前一天上涨22美分，收于8.63美元。在股市收盘之后，迪奈基正式宣布已经与安然公司达成协议，由迪奈基通过价值约70亿美元的股票互换来并购安然公司，而迪奈基公司的最大股东Chevron Texaco公司将即时向安然公司注资15亿美元，并在并购完成时再向安然公司注资10亿美元。如果此项并购能够通过司法部的反垄断审批，并购后的新公司将成为全美最大的能源交易商。

2001年11月20日，安然公司承认其核心业务——能源交易受到此次事件的冲击，第四季度的盈利很可能出现大幅下滑。随后几天安然公司的股价一路下滑，从每股6~7美元下跌到4美元左右。2001年11月28日上午，考虑到产生安然公司90%盈利的核心业务——能源交易出现下降，以及安然公司所面临的可能高达数十亿美元的法律责任，标准普尔宣布将安然公司的长期债信等级从“BBB-”降至“B-”的垃圾债券等级。安然公司的股价应声下跌超过70%，跌到1.20美元/股。11月28日下午，迪奈基公司宣布中止与安然公司的并购协议，因为标准普尔对安然公司降级构成迪奈基与安然公司的并购协议中所规定的具有“重大负面影响”的事件。安然公司随后宣布关闭除核心业务以外的其他所有业务，以便尽量减少开支，保持手中的现金持有量。结果当天安然公司的股票收盘于0.65美元/股，当天跌幅超过85%。

这样，从2001年10月16日开始，安然公司的股价几乎像自由落体一样下跌，跌幅超过70%，几乎将安然公司在整个20世纪90年代的增长彻底抹去。此外，安然的公司债被降为“垃圾债”后，触发了安然与关联企业马林二号和清道夫（Whitewing）信托基金签订的合同条款，安然必须立即清偿通过这两个关联公司贷来的34亿美元债务。2001年12月2日，安然向破产法院申请破产保护。

随后，美国司法部门展开一系列刑事调查。2002年10月2日，美国司法部门起诉安然财务总监法斯托，罪名包括欺诈、洗钱和阻碍司法等。2003年5月1日，美国政府对9名安然前高管提出欺诈罪指控，其中7

人在休斯敦自首。2003 年 9 月 10 日，安然前财务主管本·格里尚被判处 5 年监禁，成为安然首个被抓入监狱的高级管理人员。2004 年 1 月 14 日，安然首席财务官安迪·法斯托认罪，并被判处 10 年监禁。2005 年 12 月 28 日，首席会计师理查德·考西认罪，被判处 7 年监禁。2006 年 5 月 25 日，美国休斯敦法庭的陪审团作出判决，安然两位前高管——董事长肯尼思·雷以及前总裁杰夫·斯格林被判总计有 29 项罪名成立，其中，肯尼思·雷被判 6 项共谋和欺诈指控全部成立，其他 4 项银行欺诈指控也全部被判有罪；而杰夫·斯格林被控的 28 项涉及共谋、欺诈和内部交易的罪名中有 19 项罪名被判成立。之后，由于杰夫·斯格林的共同被告、安然的创始人、公司主席肯尼思·雷于 2006 年 7 月因心脏病发作去世，杰夫·斯格林成为最后一个被宣判的安然公司高层管理人员。2006 年 10 月 24 日，休斯敦地区法院宣判，判处杰夫·斯格林入狱 24 年零 4 个月，罚缴 1.83 亿美元财产。

二、监管分析

（一）警惕金融创新，处理好金融创新与金融监管的辩证关系

问题公司存在共性，案发前的很长一段时间里，安然公司非正常运营已有了种种迹象：（1）汇率影响公司效益；（2）财务报表完成前不久有大额交易；（3）不是正常商业过程中发生的重大交易；（4）会计方式重形式而轻实质；（5）公司利润快速增长，尤其是在同行业中快速增长；（6）资产负债表异常；（7）公司过度复杂的组织结构，包括重叠的众多子公司；（8）管理层对财务报表闪烁其词；（9）年年超额实现 15% ~ 20% 的高增长；（10）公司盈利但无法增加现金流；（11）拒不采纳审计员的意见。既然如此，为什么各方人士视而不见呢？一个重要原因是安然打着金融创新的金字招牌。安然曾经被评为“美国最有创新的公司”，被视为重新界定了美国商业的运作模式。创新掩护了安然的造假。上述问题公司的十一大迹象大多成了创新的必然产物，是正常情况，而不是

异常表象。在创新的光环之下，安然的领导者成了超级偶像，创新成了挡箭牌。分析师对安然公司不是没有疑问，但每当他们稍稍表示疑虑，安然的领导人便摆出一副不屑一顾的样子，言外之意是：你连这个都不懂吗？结果，提问者连忙缩了回去，真的以为安然研制出了什么战无不胜的新式武器。

从美国金融创新史上看，金融创新的一个首要目标就是规避法律、规避监管。今天各国遍地都是金融创新产品，其中很多躲过了监管。比如，各种金融衍生产品经常就不在监管机构的视线之内。这种创新在绕过了监管机构视线的同时，将券商自己也绕进去了。券商也搞不清楚到底有哪些风险。当这些风险相互连接累积时，有可能产生连体爆炸。安然事件之后世通、施乐再爆丑闻就是这种连环游戏的延伸。以史为鉴，要特别警惕金融机构借“创新”之名进行虚假信用活动，搞投机式的泡沫经济交易。

从监管层面来看，在盈利动机的驱使下，创新行为有可能是金融机构规避监管条例获得暴利的行为。因此，监管当局要加强对金融创新主体行为的监督，对其进行有效的业务经营约束。在放松直接管制的同时，应强化以促进审慎经营为目的的风险控制；扩大监管范围，适时调整原有的法律框架，以便将那些在“灰色地带”活动的金融机构纳入金融监督网之内。

此外，在开放经济条件下，加强金融监管的同时依然要关注金融创新，防止因噎废食。由此，金融创新与金融监管必须保持协调：其一，开放条件下的金融创新，其具体内容的实施都是以一定的条件为依据，如果金融监管没有到位，公司贸然进行一些金融创新有可能会产生不利的后果；其二，因为顾及金融监管，而不去进行金融创新，原地踏步或继续实施金融管制，同样会有严重的后果。我们要以安然为前车之鉴，加强对金融风险的控制与预防，协调好金融创新与金融监管的关系，保持金融稳定。

（二）重构会计职业监管体系，改进对信息披露和财务报告系统的监管方式

安然案暴露出监管系统在会计职业监管中的众多漏洞。监管部门要在保护公众利益当中扮演领导角色，对会计职业的监管进行改革，重新安排会计行业的着眼点及前瞻顺序。在新的监管系统中，领导层和管理层必须高度独立，对会计师履行职责的方式，能够进行完善的、经常的监控。

职业纪律方面，可以由以公众成员为主导的新机构来负责实施运行。监管机构判定行为的性质是属于违法还是违反职业道德。如属违法行为，由证监会直接处理，如属专业能力不胜任，则由民间自律机构进行调查，包括对之提起危机控诉、公开处理结果以及限制个人和事务所从事公司的审计业务等，其调查、查处违纪行为应接受证监会的监督。

质量控制方面，应该对现行的互查制度进行改革，用新的质量控制程序取代每三年进行一次的所对所的互查制度。新程序将更频繁地审查事务所的审计质量和专业胜任能力。另外，还应配备专职的质量控制人员，这些人员应具备丰富的专业知识，并不从属于任何一家会计师事务所，质量控制人员接受新机构的监督。

（三）构建五层监管体系，适时加强财经媒体和市场参与者的监督监管作用

通常对上市公司的监管分成五层：董事会、证券市场参与者、媒体、行政监管、法庭诉讼。这五层监管缺一不可，但监管效率与成本各不同，越靠前的监管渠道，起的作用越直接，成本越低，越有“纠错”效果；越靠后的渠道，“最后补救”的性质越强。就董事会监管而言，安然事件显示，董事会成员常以公司管理层和当事人为主，实践中这一层监管有效性可能较低。就政府行政监管与法庭诉讼而言，这两者通常在事件尾声或事态极端严重时才介入，其举证责任重，成本最高，主要起“最后补救”作用。相比之下，市场力量和媒体监管的效率较高。对上市公司的监管往往比行政监管与法院更重要、更直接。往往在问题刚发生或正

在发生时市场与媒体监管就开始发挥作用。安然事件中，财经媒体在发现、披露安然问题方面起到了至关重要的作用。安然能在最后承认作假，首席财务官和总裁相继辞职，并不是由于美国证券交易委员会的介入，也不是因为法院的介入，而是因为财经媒体和市场参与者不断给安然施压进而迫使安然惩罚责任人。在财经媒体的压力下，安然股票不断下跌，风险一个个暴露，最后不得不选择破产。安然事件中媒体所起的作用，给我们一个启示：舆论监督威力巨大。监管部门应该明确认识到财经媒体与市场参与者对证券监管的贡献，对其合理质疑有一定的宽容度。为此可以通过设计更好的机制激励媒体与市场参与者在法律框架内积极监督上市公司，发挥舆论监管的作用，以降低公众公司的违法侵害公众利益的动机。

讨论与思考

1. 试述金融机构信息披露的重要性。

2. 监管者应当如何防范金融市场中的道德风险？

3. 如何平衡金融创新与严格监管之间的关系？

4. 在金融机构混业经营的趋势下，监管当局应当如何变革？

5. 监管者应当如何破解金融企业“太大而不能倒”的困局？

6. 监管当局应当如何防范系统性风险？

7. 在全球泛金融时代，各国应当如何切断金融风险的多米诺骨牌传导链？

8. 如何看待美国金融监管制度的缺陷？金融危机后美国金融监管改革对我国监管的借鉴意义何在？我国未来金融监管的取向是什么？

第二章　非法集资典型案例

第一节　浙江东阳 7.2 亿元集资案

一、案件介绍

从出名到被刑拘不足半年，26 岁的浙江东阳女子吴某上演了一个财富传奇的短剧。在民间资本极为充足的浙江，私人借贷早已形成了庞大而私密的网络，各种“地下钱庄”为主体的“地下货币市场”一直存在。当吴某打破“网络”的私密性成为公众人物后，隐藏于地下的民间金融逐渐显露出来。

东阳位于浙江省中部，与知名小商品市场义乌相邻，同是隶属金华市的县级市，两个小城市中心的客运站仅相距 18 公里。东阳的木雕和建筑比较出名，这两年也在建立小商品市场。而义乌的经济能量显然大大超出东阳，这个闻名中国甚至中东地区的小商品市场，对资本有着超常的吸纳能力，成为全国民间金融的中心之一。

吴某曾是东阳市歌山镇西宅村的一名普通女孩，但在义乌、东阳当地经济氛围的熏陶下，吴某开始了商业之旅。早年吴某辍学去学美容技术，后开了一家女子美容院做起了生意，之后因发展需要在西街开设了美容美体中心。紧接着，她又开了东阳最大的足浴店。看到了汽车租赁业商机，她就利用原先积累的资本一口气买下了十多辆车。当“韩流”袭来，她又开出了韩品服饰店。此后，她又接收了一家娱乐城。在短短的几年内，她用2亿元现金买下东阳世纪贸易城三层700多间铺面，500万元捐助东阳扶贫开发项目，一次购入高档汽车二十多辆，等等。东阳市工商局的资料显示，从2006年8月10日到10月12日，吴某在东阳市工商局完成了15项公司及分公司设立登记、备案，在注册成立了本色商贸有限公司、本色车业有限公司、本色广告传媒有限公司、本色网络有限公司、本色概念酒店等12家实业公司之后，又注册成立了浙江本色集团。在本色集团公开披露的材料里，当年上半年，吴某成功收购了东阳最大的公园——博大世纪公园55%的股权和浙江博大新天地广场100%的股权。在吴某产业大幅扩张的背后是民间借贷的影子。早在开美容院时，吴某就经人介绍进入了义乌的民间借贷圈子。由于是东阳本地人，加上性格比较豪爽，吴某很快就融入了义乌十分隐蔽的地下借贷圈子。这种民间借贷以人际关系为基础，大部分民间借贷只打借条。借据上只列出借贷双方的姓名和金额，利率口头协商或随行就市，期限大多不确定，债权方可随时收回贷款。短期拆借如一两天的应急，在朋友间基本不计利息，但时间长的话，就会按几分利算一算。在浙江金华一带，这种地下借贷圈十分普遍，其金字塔层级特征也十分鲜明。塔基底层是一级，基本上是上一层级掮客的亲朋好友，其利率一般高于银行的存储利率，在2分左右。塔中是二级，主要是一些小掮客，其利率一般在三分至五分之间。再上一层是塔顶，主要是大掮客，其利率一般在六分至八分之间。最后一层是塔尖，是资金使用者，每月都要向大掮客支付高息，一旦周转困难，资金链就有可能断裂，整座金字塔就有可能坍塌。金字塔的层级视塔尖资金使用人对资金需求的紧急程度而定，需求量越大，层级有可能越多，而利率也有可能越高，有的甚至年率达到100%。

吴某在这个民间地下金融异常发达的故里融资是如鱼得水。根据浙江省金华市中级人民法院浙金刑二初字第1号刑事判决书（2009），吴某向11人集资38 462.5万元：2005年5月至2006年11月，从毛某处实际“集资诈骗”762.5万元；2005年8月至2006年11月，从周某处实际

"集资诈骗" 262.5 万元；2005 年 11 月至 2006 年 11 月，从杨某处实际"集资诈骗" 676 万元；2006 年 1 月至 9 月，从龚某处实际"集资诈骗" 238 万元；2006 年 1 月至 10 月，从叶某处实际"集资诈骗" 315.5 万元；2006 年 1 月至 11 月，从杨某处实际"集资诈骗" 1 135 万元；2006 年 3 月至 2007 年 1 月，从林某处实际"集资诈骗" 32 565 万元；2006 年 6 月至 11 月，从杨某某处实际"集资诈骗" 1 172 万元；2006 年 8 月 15 日，从蒋某处实际"集资诈骗" 250 万元；2006 年 10 月，从任某处实际"集资诈骗" 750 万元；2006 年 11 月，从龚某处实际"集资诈骗" 300 万元。

起初吴某借贷之路十分顺畅，她按期支付利息，到处投资实业，名气越来越大，甚至出现有人争相请其吃饭，主动向其借贷资金的情形。然而 2006 年吴某与其下线杨某出现了纠纷，正是这次纠葛使得吴某的资金开始出现周转不灵。2006 年 12 月 21 日，杨某跟吴某谎称"有一笔 20 多亿美元的业务"，将她骗至温州王朝大酒店后，逼迫她签署了大量空白文件，取走了本色集团的营业执照及公章。这次事件直接导致了本色集团的崩盘。2006 年 12 月 28 日晚，吴某获得自由。当天某媒体报道，吴某所有的浙江本色集团被指资金链紧张，工商银行东阳市支行"正在向本色集团催要一笔约 1 000 万元的贷款"。本色集团不得不提前还了这笔贷款。当时的本色集团资金的链条已越转越紧，吴某在这样的形势逼迫下，开始铤而走险，四处举债。正在此时，上海一家公司答应借吴某 5 亿元，以汇票形式支付。然而吴某融资所得的是一张假票据，该消息迅速向外界扩散。一直关注吴某财富来源的媒体记者纷纷向工商银行东阳市支行求证。此次假汇票风波加速了吴某与她的本色集团资金链断裂的进程。2007 年 2 月吴某因涉嫌非法吸收公众存款罪被刑拘，本色集团以及下属的本色一条街在吴某被抓不久后被查封。同年 3 月，吴某被批准逮捕。与此同时，与吴某紧密相关的债权人林某等人也被批捕。

2008 年 2 月，浙江省东阳市人民法院正式受理了浙江省东阳市人民检察院对东阳亿万"富姐"吴某、本色集团及林某等 7 人的起诉。东阳市人民检察院在起诉书中称：本色控股集团有限公司（原名东阳市本色商贸有限公司），成立于 2006 年 4 月 13 日，下属有浙江本色酒店管理有限公司等8家子公司。至2007年2月，其法定代表人吴某在不具备吸收公众存款业务资格情况下，采取书面或口头承诺还本付息的方式，以借款、投资、资金周转等名义，变相吸收公众存款，在义乌、东阳、宁波等地向社会不特定对象吸收资金共计7.2亿余元。被告人吴某明知本色公司不具备吸收公众存款业务资格仍策划、决定本色公司变相吸收存款，系直接负责的主管人员，被告单位及被告人的行为已触犯《中华人民共和国刑法》第一百七十六条、第三十条、第三十一条的规定，检方认为应以非法吸收公众存款罪追究刑事责任。同时，林某、杨某等7人的行为也均已触犯《中华人民共和国刑法》第一百七十六条第一款的规定，应当以非法吸收公众存款罪追究刑事责任。

浙江省东阳市人民法院受理审查后认为，应将林某等7人案件与吴某案分开审理。2008年11月25日，浙江省东阳市人民法院第一刑事审判庭公开审理了林某等7名债权人的非法吸收公众存款案件。2009年1月，林某等7人被浙江省东阳市人民法院以非法吸收公众存款罪一审判处有期徒刑六年至一年十个月不等的刑罚，并处30万元至2万元不等的罚金。其中林某等5人不服一审“东阳市人民法院（2008）东刑初字第790号”的刑事判决，提起上诉。2009年4月，浙江省金华市中级法院二审审理，最终维持了原判。

由于吴某案案情重大且十分复杂，浙江省东阳市人民法院请求将案件移送金华市中级人民法院审判。经浙江省金华市中级人民法院同意，2008年8月浙江省东阳市人民法院通知浙江省东阳市人民检察院改变管辖，并退回全部案件材料。之后，浙江省东阳市人民检察院将案件材料报送浙江省金华市检察院，由其向浙江省金华市中级人民法院提起诉讼。2009年12月，金华市中级人民法院依法作出一审判决，以集资诈骗罪，判处被告人吴某死刑，剥夺政治权利终身，并处没收其个人全部财产。一审判决后，吴某表示不服，提起上诉。2011年4月，浙江省高级人民法院开始二审吴某案，但法院并未当庭作出判决。2012年1月，浙江省高级人民法院对被告人吴某集资诈骗一案进行二审判决，裁定驳回吴某的上诉，维持对被告人吴某的死刑判决。由于死刑案件除经过第一审、第二审程序以外，还必须经过死刑复核程序，浙江省高级人民法院将吴某案报送最高人民法院。最高人民法院受理被告人吴某集资诈骗死刑复核案后，依法组成合议庭，审查了全部卷宗材料，提讯了被告人，于2012年4月依法裁定不核准吴某死刑，将案件发回浙江省高级人民法院重新审判。2012年5月，浙江省高级人民法院经重新审理后，对被告人吴某集资诈骗案作出终审判决，以集资诈骗罪判处被告人吴某死刑，缓期二年执行，剥夺政治权利终身，并处没收其个人全部财产。

二、监管分析

（一）全面提升监管能力，完善相关法律制度

吴某案迫使我们思考，究竟应当如何监管不断涌现的非法集资违规行为？我们认为主要从以下两方面来进行：

1. 提升监管能力，弥补监管真空

近年来，我国不断涌现的非法集资案例引起了中央的高度重视。2005年之后，国务院多次下发专文加大对非法集资的查处力度。由于非法集资涉及面广、工作量大，2007年国务院批文成立由18个部委组成的处置非法集资部际联席会议，并先后数次发文对各部的职责范围进行明确，希望能够建立一个打击非法集资的联动协作机制。不过单线多头的监管模式造成了实务中每个部门都有牵涉、每个部门都不负责的局面，除了民间借贷乏人监管，融资性担保机构这种较为明确的行业也存在监管混乱的情况，有的是工信部门负责，有的是工商部门负责，还有的是金融办负责，多头监管弊端明显。整治非法集资，首先要明确非法集资的主要参与机构如非融资性担保公司等的监管主体，对银监会等主要牵头机构的派出机构赋予实权，强化它们在地方的监管能力。地方政府应切实做到“建立专门机构、设专人、拨专项经费做好处置非法集资工作”的规定，必要时还可设置专门的可以协调银行、工商、税务等各部门的特定监管机构，使协作联动打击机制真正发挥实效。

政府要通过各种手段加强对非法集资的监管，建立健全非法集资监测机制。首先要完善信息系统，加强信息监测，健全民间融资信息采集机制。其次要完善备案制度，从政府备案制度、登记备案信息查询制度到登记备案利率保护制度、登记备案税收优惠制度，全面构建民间融资的政府监管平台。最后，加快建立非法集资风险预警机制、定期磋商的沟通协调及金融风险救助制度等。广泛开展民间融资服务中心的试点工作，建设民间融资的服务平台。可以借鉴日本、美国等国家和地区的做法，由政府主导建立民间融资服务机构，定期披露和上报有关资金借贷的基本情况，资产负债比例及构成情况，以便监管部门进行检测和管理。另外，还需完善民间融资监测通报系统，监管部门需要定期开展调查、统计，及时检测辖区内民间融资的总量、利率水平、资金主要来源及运用情况，适时进行信息披露和风险提示，加强银行、工商、税务等部门的信息沟通与协作，对有问题的民间金融机构，及时运用经济、行政、法律等手段强制其退出市场。除此之外，还应建立和完善民间融资市场的征信系统，制裁失约，改善民间金融的生存土壤，防范金融风险。

2. 强化法制与完善法律并举

我国民间融资长期以来不能规范有序发展，一个很重要的原因就在于相关法律政策不够完备，法律地位并不明确。严格来说，非法集资并不是一个法律概念，我国现行法律中关于民间借贷与非法集资，非法吸收公众存款和集资诈骗之间没有很清晰的法律界限，法律定刑的依据通常融合了很多类比推理的实务经验。由于相关立法不健全，在司法实践中罪与非罪、此罪与彼罪不易区分，对非法集资犯罪的司法认定存在着难以界定的灰色地带。许多类似的案件究竟是作为民间借贷纠纷还是非法吸收公众存款，甚至集资诈骗罪处理，法学界都有很多争议。到目前为止，我国仍缺乏关于民间融资的专门立法，关于民间借贷的法条存在于各类法律之间，其中有认可类的，如《合同法》承认意思表达真实的民间借贷的法律地位；有引导类的，如《最高人民法院关于人民法院审理借贷案件的若干意见》规定，民间融资的利息可适当高于银行利率，但最高不得超过 4 倍；还有禁止类的，如《非法金融机构和非法金融业务活动取缔办法》对非法发放贷款等非法金融业务活动予以取缔。法条之间界限不清，合法与非法界定模糊，让民间融资进退失据，不知道自己的一些融资之举，是创新还是犯罪。

在改革开放历史上，像“投机倒把”等曾经属于违法但之后完全合法的事情并不少见，或许在不久的将来，非法集资也会经历这样的路径，不再是非法的，而只是民间金融的创新形式。但是不管在哪个阶段，尽快出台系统规范民间融资的法律法规和实施办法，明确民间融资的法律地位，界定其形式、范围、利率水平、融资主体、准入条件、管理机构、风险防范等内容，指导和规范民间融资行为，做到有法可依，依法监管都迫在眉睫。尤其在我国日益强调建设法制社会，依法治国的同时，在对非法集资等社会案件进行严厉打击时，更应有法有据清晰明确。因此，应尽快重启《放贷人条例》，明确非吸收存款类放贷人主体的法律地位，通过明确民间金融的身份，引导民间金融参与金融市场竞争，完善多层次信贷市场。

（二）反思现行金融制度，鼓励民间金融创新

在强调监管的同时，更应关注本案产生的缘由与各种争议。与之前许多的刑事案件社会舆论一边倒不同的是，吴某案审理过程中，有许多的专家学者为吴某喊冤，请求政府宽容看待吴某案，为民间金融松绑。长期以来，我国一直强调金融稳定与金融安全，对金融行业向民营资本开放持谨慎态度。吴某案反映了现行金融监管体制难以适应经济发展需求的现状。一方面是小微企业贷款难，一方面是监管层对民间金融的压制。对该类案件的再认识，决定了我国未来金融制度改革的方向。

吴某案所处地正是中国民营经济最发达的地方——浙江。此地本来就有较为深厚的中国传统根底，由私人产权和自由竞争所构成的市场体制，向来相当健全。20 世纪 50 年代之后，这个地区较少受到自上而下构建的集中计划经济体系的扭曲，民众对于私人产权、自由竞争等市场制度还有比较全面的记忆，并且始终保持着强烈的企业家精神。由于这些先天优势，20 世纪 70 年代后期，外部的控制松动之后，市场就率先在这里自发地恢复、发育、壮大，并形成了一整套比较合理的经济运行规则与执行体系。但落后的金融制度制约着经济的发展，为了突破该限制，

当地的企业家自发产生了民间金融创新，为迫切需要资金的工业、商业企业家提供资金和服务。这些金融产品和金融服务的价格可能高于官方价格，但是，这种交易是双方情愿的。当地社会也发展出了执行合同、契约的有效机制，从而确保了民间金融市场的稳定，并且其风险控制能力与稳定性，不亚于非民间的金融市场。如果政府希望金融制度改革能有所突破，更好地为经济服务，那么，就应当宽容看待民间企业家自发创造出来的种种制度。对于局部已形成了民间市场秩序的地方，政府完全可以创造一种宽松环境，让这种秩序向外扩展。如果民间金融出现问题，政府不应当一味打压而应当首先让当地的规则执行机制发挥作用；如果当事人需要市场规则之外的救济，而向金融监管机构或司法机关申诉，后者当然应向其提供及时有效的救济。

不可否认，民间金融的确存在许多问题，其衍生出的高利贷有损社会秩序。但长期扭曲的刚性存贷利率制度将公众的存款利率压低在接近于零的水平，遏制了民间资本进入正规金融机构的积极性，而对中小企业的金融歧视加大了民间经济的存贷缺口。如果这种状况不能改变，公众存款等同于财富缩水，中小企业贷款无门，那么民间非法集资就不会消失，我国的金融制度就不可能健全起来。

第二节　浙江丽水7亿元集资案

杜某，案发前任浙江溢诚投资管理有限公司董事长、美容业主，在2003年到2006年7月以高额利息为诱饵非法集资7.09亿余元。

一、案情回放

（一）关系网

尽管美容院的生意并不是很好，但凭借其连锁美容院，杜某结识了地方实权人物的太太。在很多人眼里，这是杜某“成功”的起点。就是在这里，杜某结识了与其以“干姐妹”相称的杨姓局长夫人。通过杨夫人，杜某进入了“官太太们”的圈子。

2003 年，杨某调任丽水市某局副局长。许多人认为，杜某在丽水的出名也是从这一年开始。就是从那时起，杜某开始到处吹嘘要做房地产项目。2006 年 7 月，一份丽水受害人联合上交浙江省委的举报材料中显示，杜某跟缙云、青田、丽水政府、公安以及金融系统的多名官员有经济来往。而这些官员大多是杜某通过美容院以及“官太太们”认识的。

（二）资金黑洞

杜某的借款最早始于2000 年。当年缙云县百货公司改制，她参加投标，并以 65 万元的价格购买了百货公司仓库，同时还投资去做化妆品生意，又亏了 50 万元，这两笔巨款中有 90 万元是以月利率 2% 向别人借的。而杜某经营的美容美体中心生意并不是很好，每月营业收入还不够员工工资，经常要杜某另外拿钱支付。到 2005 年 12 月 25 日美容美体中心停业，大约亏损了 60 万元。因此，单靠美容生意甚至不够支付杜某借款的利息，杜某选择向他人借款去归还这 90 万元的本金和利息，这些钱中的部分是以每月 3% 的利息借来的，至此，一个资金黑洞开始形成。

起初，杜某还曾想通过投资赚钱来偿还债务，因此，她在杭州买了房子，还在丽水新开了美容院，但还没到这些投资有所回报时，债务就又到期了。为了保住自己的面子和取得别人信任，她只能不断借钱去支付前面的利息和本金。杜某案的受害者说，在资金链断掉之前的几年，杜某的信誉一直很好，本金和利息总能按时归还，他们也确实从出借现金中得到了回报。但对于杜某来说，良好信誉的背后是资金缺口越来越大，她发现自己已经无法停手了，维持下去最好的办法就是编造投资矿产、房地产之类的理由，不断借钱。

在丽水和缙云这样的地方，做生意资金周转不开向朋友借钱是很平常的事，杜某给出的利息也符合“市价”，一般借款都是 2 分利，如果是短期借款投资房地产或矿山，利息给到 3 分、5 分也可理解：这样的项目利润高，在债主们的眼里，要凭借关系才可以拿到，而杜某从来不缺这个。因此，每每有这样的项目，债主甚至会积极主动地借钱给她。杜某的商业才能其实并不突出，但她总能给人一种“非常会搞关系、能办成事”的印象。

杜某的第一次危机发生在2004年，社会上有人传说她的钱都是借来的，为化解危机，给人们她真的赚了很多钱的印象，杜某用高息借来的钱密集购买房产，但是雪球越滚越大，资金链总有断掉的那一天。在亲朋好友、朋友的朋友都借遍的情况下，杜某开始以火柴厂房地产项目的名义向社会集资，她的借款圈子越来越大。

2005年，杜某找到了丽水市某银行信贷科科长李某要求借款。李某之前并不认识杜某，但看到此人“上头有人，手里有项目”，不仅把自己的钱借给她，还把不少客户介绍给她。当年，杜某成立浙江溢诚投资管理有限公司，由杜某控股61%。这个公司的成立，标志着杜某疯狂集资的开始。

随后，杜某放出风说，就在她的美容连锁店斜对面，市中心的火柴厂地块要重新出让，可以通过内部关系投到暗标，谁借给她前期费用，月息3分，将来买房产还可以优惠。2005年8月，丽水市国土资源局果真推出了原火柴厂地块，公开挂牌出让。而杜某出示给借款人看的手续齐全，相关文件也显示其确实占有26%的股份。“杜某很有政府关系”，就此得到了丽水人广泛的认可。当时丽水的炒房现象十分猖獗，像市中心火柴厂这样的地皮，被认为是一块大肥肉。这样的地产开发都能赚取暴利，一般轮不到没权没势的小老百姓，所以人们听到消息后蜂拥而至，争相借钱给杜某。

然而就在2005年下半年，事情开始有些异样，杜某的密友和官员朋友跟她不再来往。2005年底，杜某将26%的股份悄然转让给其他股东。号称4 000多万元的开发款，杜某最终也仅仅交了1 300万元。同时，有人发现了杜某的秘密：杜某用来抵押担保的单据是假的。发现真相的借款者开始找杜某还钱。

到了2006年上半年，觉醒的债主越来越多，他们紧紧跟着杜某，但是互相间又要装作什么都没发生。因为不能撕破脸，撕破脸什么都没有了，所以直到杜某被抓，信用道具之一的宝马车也没被卖掉抵债。由于很多借款者是银行工作人员、杜某的朋友介绍投资的，借款时所打的旗号是“建房集资，两分利，一年后收回成本。”因为建房集资款期限是一年，所以到事发前才发现钱回不来了。

2006 年 7 月 24 日，那位银行信贷科科长李某找到杜某时，她已经无力偿还 200 多万元的投资，无奈之下，李某报警。杜某的吸金黑洞到此为止。

（三）判决结果

2008 年 3 月 21 日，丽水市中级人民法院对杜某非法集资一案作出一审判决，被告人杜某犯集资诈骗罪，判处死刑，剥夺政治权利终身，并处没收个人全部财产。被告人杜某当庭表示上诉。2009 年 1 月 13 日，杜某集资诈骗案终审宣判，浙江省高级人民法院裁定驳回上诉，维持原判，杜某被判处死刑。

二、监管分析

尽管骗子终于被绳之以法，得到应有的惩罚，但案件留给我们的思考却远不止于此。非法集资的行为缘何屡禁不止呢？监管当局应当如何防范非法集资的再次出现？

（一）非法集资的原因

第一，暴利使得投资者忽略了背后的巨大风险，甘于上当受骗。非法集资一般具有两个特点：首先是承诺高额回报。上当者也正是在这种虚假承诺下一步步进入陷阱。本案中最高利率甚至达到月息 5 分，远高于银行的利率。在当前我国银行利率水平整体偏低的大背景下，以高利益、高回报、低风险为诱饵进行非法集资，是非常具有诱惑力的。其次是花样繁多。开始之初，非法集资者往往会按时还本付息，给人以诚信印象。本案中，据受害者说，在资金链断掉之前的几年，杜某的信誉一直很好，本金和利息总能按时归还，他们也确实从出借现金中得到了回报。然而这种靠后款支付前款的传销式模式也遭到了人们的怀疑，此时非法集资者往往会通各种花招来掩饰自己真实的情况。本案中，杜某正是通过结交当地实权人物，拿下了一些常人不能拿到的土地来向外界证明自己的能耐，给人以生意红火、投资可靠的印象。不过谎言终有被戳穿的一天，当资金链断裂后，多米诺骨牌效应就出来了，所有的受害者方才恍然大悟，向公安机关报案。高额的回报使得受害者上当时失去了理智，而繁多的花样又蒙蔽了他们的双眼，于是这种原本十分拙劣的骗子诡计一次次得逞。

第二，中小企业融资难、民间投资渠道较窄，给予一些不法分子可乘之机。中小企业融资渠道相对狭窄而民间资本缺乏有效的投资渠道是非法集资高发的一个重要原因。尽管近 10 年来，国家从宏观政策上扩大信贷的供给量，扶持中小企业的发展，但商业银行都有盈利目标，需要规避风险，这使得中小企业在银行贷款中处于天然的劣势地位。中小企业本身抗风险能力低，信用贷款基本不可能，只能以房地产等不动产作为抵押物来获得银行贷款。与此同时，我们注意到民间流动性资本过剩而国内投资渠道还相对不足，难以满足民众日益增长的投资需求。一面是可供选择的融资、投资产品种类少、渠道单一，不能满足人们日益增长的投资需求；另一面是非法集资人对百姓许以超出银行利息数倍的高额回报。资金供需的错位给非法融资预留了空间。案件所在的丽水民间资本涌动，钱存在银行几乎没什么增值，甚至连银行的工作人员都愿意把钱借给杜某而不愿存入银行，民间中小企业私下拆借也十分盛行，鱼龙混杂之际，人们在高利的诱惑下就将钱投入杜某所谓的项目当中，心甘情愿成了受害者。

（二）非法集资的防治

首先，要通过宣传，帮助社会公众识别和防范非法集资。一要认清非法集资的本质和危害，提高识别能力，自觉抵制各种诱惑。坚信“天上不会掉馅饼”，对“高额回报”、“快速致富”的投资项目进行冷静分析，避免上当受骗。二要正确识别非法集资活动。识别标准主要有以下几个方面：第一，看主体资格是否合法，其从事的集资活动是否获得相关的批准；第二，观察其是否是向社会不特定对象募集资金，非法集资一般在资金募集时没有特定的目标群体；第三，是否承诺回报，非法集资行为一般具有许诺一定比例集资回报的特点；第四，是否以合法形式掩盖其非法集资的性质。三要增强理性投资意识。高收益往往伴随着高风险，不规范的经济活动更是蕴藏着巨大风险，因此，一定要增强理性投资意识，依法保护自身权益。四要增强参与非法集资风险自担意识。非法集资是违法行为，参与者投入非法集资的资金及相关利益不受法律保护，因此，当一些单位或个人以高额投资回报兜售高息存款、股票、债券、基金和开发项目时，一定要认真识别，谨慎投资。

其次，要通过制度改革，为民间资金供需双方构建良好的融资与投资平台。就民营企业的融资而言，政府可以通过以下几个方面来改变其融资难的现状：一是要创造多种渠道，使社会资金从源头直接进入中小企业，多方面解决中小企业融资渠道单一、融资手段缺乏的问题；二是鼓励设立支持中小企业发展的风险投资基金、创业投资基金等，健全、发展资本市场，扩大中小企业直接融资的范围；三是尽快建立支持中小企业发展的多层次、多渠道的信用保证体系，降低银行的金融风险，消除其对中小企业贷款的后顾之忧。就民间资本投资问题，政府宜疏不宜堵，应拓宽投资渠道，将地下灰色的民间投资合法化、规范化。第一，政府可以给民间借贷合法定位，通过出台一些条例来规范一些民间借贷行为，使其有法可依，可以光明正大地进入商业领域。例如出台《民间借贷管理条例》，将民间借贷行为由“地下”转为合法公开的活动。第二，政府可以允许银行开办“个人委托贷款”业务，为民间借贷公开化提供平台，把“体外循环”的民间借贷资金纳入“体内循环”，这样银行既可在风险较低的情况下收取中间业务手续费，也能聚集大量闲散资金，让民间借贷尽快浮出水面，使更多的民间资本充实资金融通空间。当然，在促进民间借贷合理化的同时，政府也应当加强对民间借贷市场利率的监控，加大对非法高利贷行为的打击力度，取缔非法金融机构和非法金融业务，引导利率根据资金市场供求情况，形成合理化的市场利率水平，引导资金的合理流向。

第三节　北京亿霖木业16.8亿元集资传销案

一、案件介绍

（一）案件背景

2003年秋天，一家名为“阳光森工林业”的公司在北京成立。当时这家公司的规模并不大，但却已经具有了类似亿霖的经营模式，而这家公司也正是亿霖的前身。它和其他造林公司一样，都是在国家合作造林的政策大门敞开后成立的。2003年6月25日，《中共中央国务院关于加快林业发展的决定》发布，出台优惠政策鼓励个人投资造林，这些造林公司便如雨后春笋般冒出地面，“托管造林”的模式也一度被有关部门看好。公司对外号称可以从河北的固安、霸州、廊坊等地购买到林地，以吸引投资者出资。成立之初的阳光森工创立者和负责人原为一北京籍人士，其时基本已立下后来亿霖公司使用的经营模式。阳光森工的骨干成员，包括负责培训的谷某、销售骨干黄某等，很多是东北籍，这为后来赵某等辽宁籍传销者进入阳光森工埋下伏笔。2004年三四月间，赵某高调进入公司，并对外召开了一个大会，宣布了所谓的“强强联合”。“阳光森工林业”正式更名“北京亿霖”。赵某刚刚出狱就重操传销旧业。在这之后，亿霖迅速成立了一系列关联公司。北京市工商局的信息显示，亿霖在北京注册成立的关联公司有12家之多，但这些公司很少由赵某亲自出任法人。联系到赵某的牢狱案底，亿霖的这种注册安排也就不难理解了。事实上，亿霖的关联公司更多的是以赵某的亲信之名来注册的。

记者从上海市工商局查询到的信息显示，亿霖上海分公司就是以屠某之名注册的，屠某正是赵某的亲信。赵氏入主阳光森工、成立亿霖的更多细节尚不得而知。可以肯定的是，一批资深传销者，以托管造林为名，具备了制造北京最大的传销案的初始条件。

但在当时，投资者显然无法得知这么多内情。于是，这场骗局维持了整整两年的时间，在鼎盛时期，亿霖在北京、上海、重庆、沈阳等地设立了 5 家分公司，传销链条遍布全国。直到 2005 年，越来越多的投资者和媒体对亿霖公司提出质疑，托管造林的骗局终于浮出水面。

（二）案情回放

1. 营销黑幕

（1）公开集团化销售。最初，亿霖与其他小公司一样，只是在小区里支张桌子，摆上些宣传材料，有人咨询就讲解一番。随着公司队伍的壮大，亿霖投入重金，在繁华的长安街沿线租下豪华写字楼，各个销售部部长分头在媒体上刊登招聘、招商广告。以往传销是在地下秘密进行的，而亿霖打广告等销售活动都是大规模公开的、集团化的。亿霖的广告词里声称：“公司在全国八个省市经营五十多万亩的林地，并分别建有管护基地。通过林木种植、科学管护和板材生产，逐步形成了林板一体化的产业链发展格局。”在亿霖的宣传材料上，有这样的话语：“中国的木材资源业已濒临枯竭，而随着经济的飞速发展，我国对木材的需求量却在急剧增加，我们现在每年投在进口木材上的用汇量相当于新建一个三峡大坝……”一些来看过亿霖宣传材料的老干部，甚至当场痛哭流涕，立即回去取钱购买了林地。2004 年初，几乎是一夜之间，“合作造林，首选亿霖”的口号，不知疲倦地占据了电视、报纸的黄金时段和版面。客户出钱，公司帮着种植、管护、销售林子，这一“托管造林”的概念被灌输到很多人的脑子中。亿霖的广告在电视台反复播出，报纸上的宣传也铺天盖地。亿霖还有细致的宣传文案，什么是合作造林，每亩地收益多少，都一目了然。赵某对其宣传攻势津津乐道。亿霖的内部杂志定期大肆宣传公司的飞跃发展。就连亿霖的员工，也在反复的宣传中迷信于公司的神话。

（2）高额收益+贴身帮助。一批几乎可以把亿霖的业务资料倒背如流的“讲师”分散在各个经营部，不厌其烦地对前来应聘者进行着“洗脑”的工作。

每当一个人来到亿霖，马上就会有人“贴身帮助”，无论听课还是上厕所，都寸步不离，防止与其他人交谈被“传染”，即防止业务员的说法互相对不上。

亿霖的“培训期”一般是7天，除了一天安排到河北参观“示范基地”外，其他的时间都要听课。“项目会”上，讲师的讲课内容包括林业改革的背景、沙尘暴的危害、投资的收益等方方面面，其中高回报、低风险是亿霖公司吸引投资者的最大卖点。在这个名为“托管造林”的项目中，公司会事先承包或者收购某个地方已有的林地，或者自己造好林地，再将林地按单位面积出售给投资者，同时林木的所有权也会流转给投资者，而投资者则可以再委托造林公司进行管理维护和经营，到一定年限后，公司会统一将树木砍伐拿到市场上兑现，最后，双方将按照合同约定进行利益分配。由于种植的是速生杨，不仅市场前景看好，而且生长周期较短，五六年后投资者就可以获得超过15%的高额回报。

为了吸引投资者，亿霖公司还算了这么一笔账：以每位投资人购买1公顷也就是15亩林地来计算，每亩4 500元，总投入为6.75万元；而一亩地的出材量在15立方米左右，1公顷可以产出225立方米木材，每立方米以保守价1 100元计算，木材销售收入超过24万元。也就是说，今天投入了6.75万元，5年后可以稳收24万元。亿霖公司给出的这种计算方式，在不少专家眼里近乎荒诞。首先，受制于国际纸浆价格的影响和国内的供需关系，谁也无法保证5年后速生杨的市场价格可以达到每立方米1 100元的售价；其次，速生杨的产量根本就无法达到每亩15立方米。

（3）金字塔式全员销售、分级提成。来亿霖咨询的人被分为四种：第一种，年岁比较大，曾有过一定的职务，有钱、有关系，觉得要为绿化尽一份力；第二种，有钱、有关系，但对造林兴趣不大；第三种，一般退休职工，无职无钱，但口才好，有一定的宣传能力；第四种，下岗工人，纯粹是为了找份工作。

亿霖的策略是：第一种人，一定要“拿下”；第二种人，要帮助他们提高造林的兴趣；第三种人，则要利用他们的口才发展更多的人；对第四种人，基本上放弃。

普通投资者购买林地 10 亩以上，就可以成为“销售代表”，购买或销售 30 亩以上，则可成为“销售主管”，再向上是“销售经理”、“销售部长”，从而形成一个 4 级的金字塔结构。每销售一亩林地，从销售代表往上，逐级可以获得提成，但每个人获得的提成数字绝对不允许互相透露。

据赵某介绍，“生意最好时，投资者都得排队交钱。每天数钱都数到很晚。因为涉及领取当天提成的问题，一些和收款员关系好的业务员甚至走后门让自己的客户插队交钱。连我的朋友，都拿着几百万元现金来走后门买林地。”

从2004 年到2006 年短短两年的时间里，亿霖公司从最开始的十几名骨干，迅速发展，至被查封时，仅任销售部长以上级别的高管就达 117 人，而销售主管和销售代表的数量一时间难以统计，大约 6 000 人。根据警方调查，在亿霖案件涉及的 16 亿余元资金中，共有 4.5 亿元作为提成发给了各级营销人员。而赵某在办亿霖公司的两年里，购买了价值 700 万元的别墅；公司培训部主管黄某，仅个人提成就达 5 000 余万元；公司讲师团骨干谷某，更是将上千万元的提成款挥霍一空。

2. 亿霖究竟造了什么林

亿霖的确是有一部分林地，但却与承诺的以及投资者在河北示范基地看到的样本林大相径庭。

警方调查显示，亿霖集团在河南某县办理了近 15 000 亩林地的林权证，然而实际上有一半林地的树已经死掉；而在四川某地购买的 18 000 亩林地，一直没有取得林权证；其他一些林地，按照林权证上的地址，有的实际位置竟是一片湖水，有的林地在种植两三年后，树苗还不如旁边的野草高。

相关部门证实，从国内现状看，速生杨树每亩最多成材 8 ~ 10 立方米，基本不可能达到亿霖许诺的 15 立方米。而且，亿霖的林地管护队伍至多不过数十人。

按照我国目前的林业法规，每年砍伐树木的数量、种类等，国家都有规划，各地都有相应的指标。这也就是说即使亿霖的林子都长起来了，如果没有指标，这些林地也是禁止砍伐的。

（三）案件结局

2005 年 5 月 31 日，北京市公安局对亿霖立案调查，亿霖各省分公司全部停业整顿。2005 年 12 月，广州市工商局天河分局再次发现亿霖集团广州分公司利用传销手段诱骗群众购买林地。2006 年 5 月，广州市公安局彻底摧毁了这个涉案金额二十多亿元的非法传销公司。2006 年 6 月 9 日，5 名投资者向北京市朝阳区法院起诉亿霖木业，亿霖公司因涉嫌非法经营被北京警方调查。2006 年 9 月 28 日，北京市工商局发出紧急通知，该公司涉嫌广告欺诈和非法集资经营，要求各广告经营单位停止发布"亿霖木业"任何形式的广告。通知同时要求，广告单位慎重发布其他"托管造林"项目的广告。2007 年 2 月 9 日，北京市公安局正式对外通报，因涉嫌传销，亿霖木业 18 名高管中 9 名被批捕、9 人被刑事拘留。2009 年 3 月 23 日，北京市第二中级人民法院作出一审判决，法院认为，赵某等 28 人违反国家规定，为获取非法利益，组织、领导传销团队，从事传销活动，其行为严重影响了市场经济的正常运行，扰乱了市场秩序，侵犯了国家对市场的管理制度，情节特别严重，已构成非法经营罪，依法均应惩处。赵某等 28 名被告人因非法经营罪分别被判处 15 年至 1 年不等的有期徒刑。其中 39 岁的主犯赵某被法院依法判处有期徒刑 15 年，并处罚金人民币 30 034 万元。

2009 年 6 月 17 日，北京市高级人民法院对赵某等 28 名被告人非法经营上诉案作出终审判决。北京市高级人民法院经审理认为，原判认定赵某等 28 名被告人犯非法经营罪的事实清楚，证据确实、充分，定罪及适用法律正确，审判程序合法。被告张某因揭发他人重大犯罪，在二审期间查证属实，具有重大立功表现，且系投案自首，积极退还大部分非法所得，依法应减轻处罚。杨某在二审期间真诚悔罪，主动退交巨额款物抵赃，且系从犯，依法在原判减轻处罚的基础上，再予减轻并适用缓刑。李某和于某在案发后能够自首，且均系从犯，在二审期间能够积极退赃，悔罪态度好，依法可免于刑事处罚。法院对赵某等其他 24 名被告人，维持原判。

二、监管启示及建议

当一个骗局得逞的时候，可能只有两个可选择的解释：不是民众太容易上当，就是骗子太多。呼吁民众冷静投资是必要的，有关部门和地方政府对此都敲过警钟。但仅仅警告羊小心狼只是一种消极作为，如何管住狼，别让狼四处为祸才是保护民众利益的关键。亿霖木业被揪出来了，让人欣慰之余也留下更多担忧——面对行走在监管相对真空地带的托管造林，有多少骗局还会重来？

非法集资形式多种多样，托管造林仅是其中的一种。如何才能加强对非法集资的监管？我们提出以下几点对策与建议供参考。

（一）健全法制，弥补真空

随着经济、金融的发展，非法集资活动出现很多新变种，其名目种类繁多，手段五花八门，在形式和内容上都与正常集资有相似之处，而依据现在的法律条令准确区分正常的民间融资与非法集资存在一定的难度。政府监督部门的监管缺失，也是导致托管造林行业无序发展的重要原因。如在托管造林出现问题之后，其他部门认为是林业部门的事情，而林业部门认为是市场的事情。谁都说拿不准，谁都不去管，这就导致托管造林成为法律和管理的真空地带。亿霖集团就是钻了这样的空子，造成了人民群众权益的损失。因此我们首先要健全立法，明确界定非法集资活动，制定各项处理措施，以使我们处置各种非法集资的行为有法可依；其次，要完善中国林业协会的行业自律机制，履行自律、维权、协调、服务职能，维护林业托管市场秩序，提高林业公司整体经营水平，促进林业的健康发展；最后，在监管上要细分职责，把监督的责任落实到各个具体单位，弥补监管上的不完善。

（二）严格把关，保证安全

经侦查，赵某等人在销售林地时，以管护林地为名向投资者收取了3亿余元的“林地管护费”。但该集团既未按与投资者签订的合同将这笔资金真正交银行监管，也没有作为管护费用专项管理，更没有用于林地管护的专项支出，而是被混入销售林地款，用于给各级销售人员发放提成和挥霍。其资金流动从不走公司账，而是直接进入公司高层以个人名义开设的账户。虽然其募集到的总资金达16亿元之多，但被警方查封的亿霖公司在银行的资金才2亿元，造成了投资人资金大量流失。因此银行部门要首先通过各种渠道了解林业公司的基本经营状况及发展前景，确定其资金来源及资金使用情况；其次，建立严密的资金监管账户，对账户交易信息严格保密；最后，切实行使好资金监管职责，银行要本着对投资者负责的态度，密切关注资金监管账户的资金流向，确认林业公司合理的资金支出，对于账户的异常情况要提高警惕，认真分析，及时处理，防止资金大量抽逃，保护投资者利益。

（三）加强预警，及时监管

托管造林这种模式存在很多漏洞，给人民群众带来很多潜在风险和隐患。很多造林公司以托管造林为名，行非法集资之实，具有很大的隐蔽性。而且这些造林公司不属金融监管部门监管范围，金融监管部门对于它们的经营活动没有监管职能，在非法集资活动刚刚开始时无从发现其苗头，往往等到集资活动已形成一定规模、造成不良影响、引发群众上访后，监管部门才得到有关信息，存在监管上的滞后性。亿霖集团从2004年开始，以高额回报为饵，吸引投资者高价购买林地，短短两年内其非法营业额就达到16亿多元。因此，监管部门要通过对林业公司定期与不定期的现场检查与非现场检查、及时信息披露、确认资金监管账户的真实存在、群众举报、信访、广告或媒体披露以及行业监管等多种渠道，建立日常信息沟通渠道和工作协调机制，做好对这些造林公司的监测预警和风险排查，实现针对林业托管的全方位监管。一旦发现非法集资苗头或动向，要及时依法依规进行甄别，果断处理，克服监管滞后性。

第四节　北京长城公司10亿元集资贪污案

一、案情简介

有关非法集资的案件最早可以追溯到20世纪80年代改革开放初期，曾经轰动一时的北京长城公司非法集资案就是一例颇具特色的典型案例。该案开辟了我国“非法集资”案例的先河，当时，我国甚至还没有“非法吸收公众存款”和“集资诈骗”等相关罪名。

1986年，由于当时国家制度限制，沈某在北京成立的长城机电技术开发公司虽属高新科技型企业，但企业性质仍为集体性质，企业的研发方向为当时比较新颖的节能技术。1990年前后，沈某从一个搞技术的朋友手中买到了一项已经失效的节能电机专利，改头换面之后重新注册，并以技术开发的名义向银行贷款5 000万元，但由于后续研发进程不顺，投资迟迟无法转换为收益，在债台高筑且通过银行再贷款无门的情况下，沈某想到了以“技术转让”为名进行集资。当时正值1992年邓小平发表南方讲话之后，经济开始复苏，民间资本蠢蠢欲动，各种民间借贷活动盛行。在这种背景下，沈某的集资活动展开了。规则很简单：投资者与公司签订“技术开发合同”，公司按季支付“补偿费”，年“补偿率”24%，是当时银行储蓄率12%的两倍，收益十分诱人。果然，在当时投资项目匮乏的环境下，这个项目一推出，就引发了一场集资热潮，沈某的集资活动也由发起地海南开始扩散到全国，在不到半年的时间内，募集资金超过10亿元，吸引投资者近10万人。众多的投资者并不知道，他们与沈某和长城公司签订的所谓“技术开发合同”，只不过是用来蒙骗人的招牌，在沈某的眼中如同几张废纸。合同中明确规定公司在一年内将产生1亿元的产值，但是，从第一份技术开发合同签订之日起到第二年3月的半年时间里，全公司只售出电动机五六十台，价值仅600多万元，所谓的电机开发只是一个幌子。为了使资金链不致断裂，沈某先后在全国设立了20多个分公司和100多个分支机构。这种盲目扩张的结果是，几个月下来，经营额微不足道，利润只以负数在增长。投资者的资金大笔大笔地被蚕食，钱款一天天地在减少，沈某希望争取让投资款变成公司的股票以规避债务。这样，即使公司破产倒闭，骗局败露，作为股民的投资者只能自担风险。

为此，沈某先后指使有关人员开出2亿元的假发票，频繁地向某市分公司调拨资金，制造某分公司经营效益好的假象，并在没有一分钱销售额，没做一笔电机生意的情况下，在两个月时间里，向税务部门主动交纳了1 100多万元的税金，以证明自己强大的经营实力，欺骗投资者和有关管理部门，以争取公司的股票早日上市。

1993年相关部门意识到“长城模式”中蕴含的巨大风险。当年3月6日，中国人民银行发出了《关于北京长城机电产业集团公司及其子公司乱集资问题的通报》，指出长城公司“实际上是变相发行债券，且发行额大大超过其自有资产净值，担保形同虚设，所筹集资金用途不明，投资风险大，投资者利益难以保障”，要求限期清退所筹集资金。与此同时，为了避免有更多的人投资、受骗，也为了保护投资者的利益，防止长城公司转移资金，有关部门冻结了长城公司及其分支机构的银行账户。对此，沈某置若罔闻，非但不执行，反而到处散布流言，欺骗纷纷要求清退集资款的群众，并向法院起诉，状告中国人民银行，索赔1亿元。3月29日、31日，沈某连续在北京举行中外记者招待会，声称因政府干涉，公司难以经营，要向国外拍卖。他还将投资者的年利息由24%提高到闻所未闻的48%，舆论一片哗然。为了保护广大投资者的利益。4月6日，国家工商行政管理局会同有关部门成立检查组，开始对长城公司进行经济检查。与此同时，长城公司所涉及的22个省、自治区、直辖市相继成立了检查组，对其所属的100多个分支机构实施全面检查。在检查过程中，检查人员发现，集资款项流失十分严重。集资额高达两亿多元的北京市，银行冻结账户时，发现资金不足3 000万元，不到集资款的七分之一。经过细致缜密的清查，沈某及其长城公司非法集资、侵吞集资款的重大诈骗事实基本上查清。有关部门随即解冻存款账户，由长城公司按存款、现金及变卖资产情况，陆续按比例分批偿还投资者。同年4月沈某被捕，由于我国当时还没有此种案件判刑的先例，相关法条还很不健全，沈某最终以“贪污罪”被判处死刑。

北京市中级人民法院的判决书称，沈某多次以借款的名义，从自己公司的集资部提取社会集资款，构成了贪污罪；他还先后向国家科委副主任等多名国家工作人员行贿25万余元，构成了行贿罪，两罪并罚，决定执行死刑。

二、监管分析

（一）非法集资的负面影响

尽管沈某最终被以贪污罪与行贿罪定案，但沈某是因非法集资被捕的。沈案开启了改革开放后我国政府整顿金融秩序，打击非法集资的先河。从沈某案件中不难看出非法集资对经济的负面影响。

1. 侵蚀国民经济机体

非法集资游离于正规金融之外，因其“体制外”的属性，极难控制，天生具有冲抵货币政策效果的作用，因为越是国家加大调控力度，实行紧缩性货币政策的时期，市场对资金的需求越是旺盛，此时非法集资、高利贷等民间借贷就愈发活跃，而非正规金融的交易量越大，对国家货币政策效果的抵消作用就越明显。1993年正值通货膨胀高涨期，国家希望通过调高利率来遏制经济过热，但沈某却通过高达24%的资金收益率将本应回笼到银行的资金又吸引到自己手中，部分抵消了国家调控的作用。

此外，非法集资等民间借贷活动以其逐利的本性，经常会投向一些暴利、过热行业，很多是国家宏观和货币调控的对象，如煤炭、房地产等，不仅投资风险较大，对于产业结构调整和信贷结构调整也会产生很大不利影响。

2. 造成巨大经济损失

非法集资类似庞氏骗局，犯罪嫌疑人往往用后款返还前款，持续时间越长，涉案面就越广，经济损失就越大。沈案中，为了支付高额的利息与个人的挥霍，沈某不得不通过快速的扩张，在全国设立众多的办事处来吸纳资金，到案发时其募集的资金已多达10亿元，涉及民众达10万人。而真正能追回的集资款不到1/3，集资者损失巨大。近年来，这种情况有愈演愈烈之势。仅在2011年底为期三个月的整治非法集资问题专项行动中，各地公安机关侦破的非法集资案件涉案金额就高达73亿余元，而能挽回的经济损失仅8.87亿余元。此外，由于非法集资案件案情复杂，涉及行业广泛，调查过程中通常涉及多个部门，国家必须投入大量的人力、物力和财力，除了要调动大量公安民警、刑侦专家，还要聘请审计、财务、会计等专家，其他辅助型人力物力占用更是不计其数。

3. 加大社会维稳成本

非法集资活动的参与人很多是处于社会基层的普通群众，属于社会弱势群体，有强烈的致富愿望，但缺乏法制观念和风险意识，容易跟风，辨别能力较弱。在“低风险、高回报”的诱惑下跟风参与非法集资活动，最终造成严重的经济损失。在沈案中，许多投资者听闻高额回报，甚至将自己的养老钱投入其中，由于无法拿回全款出现了不理性的行为。近年来由于集资款无法收回，群体事件频发，给社会造成了极大不稳定因素。如2008年9月湖南吉首的群体事件、2012年1月河南安阳的群体事件均与当地非法集资案紧密相连。

（二）非法集资产生的原因

从1993年北京长城公司起，非法集资不仅未因沈某的死刑而息止，反而愈演愈烈。这不得不引人深思，这类违法违规乱象之后有着深刻的制度原因。

1. 体制内银行贷款制度对中小企业融资限制

大部分中小企业都属于劳动密集型产业，固定资产比率较低，债务比率较高，动产和不动产抵押不足，无法满足银行条件。银行与企业之间的信息不对称，以及由此产生的“逆向选择”与“道德风险”问题，使得中小企业的贷款天然较难。而在以国有银行为基础、有严格牌照限制的中国金融体系中，中小企业贷款更是难上加难。从历史上看，银行是政府的附属机构，一直以来是政府扶持国有企业发展的金融机构，国有企业从银行可以轻而易举地获取廉价信贷资源。中小企业大部分是私营企业，传统上具有原罪，过去政府对其的态度总是十分模糊，近年来虽然有所改善，但“玻璃天花板”让这些企业从正规的金融机构获取贷款支持依然十分困难。当这些企业的金融需求无法得到满足时，它们只能转向民间借贷以及非法集资。当年和长城公司一样从民间融资的企业众多，大名鼎鼎的民营企业华为也曾通过高息进行过类似的集资，当时其允诺的收益率甚至高达36%。可以说沈案并非个案。值得注意的是沈案用了重典，可这并没有吓退民间资本家们，近年来的非法集资倒是愈演愈烈。非法集资的出现，本质上是由于我国正规金融供给严重不足所致。要做到“依法打击非法集资”和“鼓励、支持合法融资”，必须攻破金融资源垄断，加大对中小民营经济的金融供给，只要正常融资渠道不可多得，非法集资就难以阻挡。

2. 中小企业融资制度的匮乏

我国中小企业“融资难”，倾向于民间借贷的一个重要的制度原因，就是民营经济的融资渠道不畅。除了向银行借款这种传统的间接融资方式外，一个完善的资本市场应当能为各类中小企业提供一个有效的直接融资渠道。但就目前来看，我国的资本市场主要是为大型国企融资服务的，大量处于高速发展，急需资金支持的企业仍无法获得银行贷款的支持。另外，由于商业银行已不再为融资性债务融资工具出具担保，中小企业普遍面临信用级别过低的难题，我国的企业债券审批制又在发行主体和发行规模两方面对企业发债进行规定，大大抑制了中小企业参与债券市场融资的能力。

正是强势的银行融资结构导致了我国直接融资发展严重滞后，公司债券市场发展缓慢，比重微小，高度集中的融资格局不仅严重阻碍我国中小企业的发展，也会威胁我国银行业的安全性。也正因为融资制度上的缺陷，导致数额巨大的资金需求缺口的存在，形形色色的非法集资才会屡禁不止。

3. 政府部门职能行使的错位

我国中小企业融资困难，非法集资案频发，反映出了政府职能行使错位的现状。可以说，政府对经济过多的干预和越俎代庖造就了非法集资的盛行。

一方面，政府推行的金融垄断制度限制了民营资本在金融领域的发展。在中国为数不多的商业银行里，绝大部分为国营背景，民营资本想要进入金融领域受到严格管制。在这种背景下，即使民营资本想要合法进入银行领域，为广大中小企业服务也基本不可能。在政府维护的金融垄断机制下，我国银行业一直处在暴利阶段。在中央银行低存款率高贷款率的管制下，我国银行对国有企业的息差达到3%～3.5%，对民营企业的息差更是高达7%，远远高于发达国家的0.5%～2%。这种低风险高利润对体制外民营资本形成了极大诱惑，民营资本试图进入该行业分享利润。当其无法得到正规的牌照时，非法集资便出现。可以说，非法集资这个名词是政府干预下的特有名词。在真正的市场经济中，金融机构处于一种自由竞争状态，任何符合条件的个人都可以开银行，也就不存在非法集资一说。例如，美国八千多家银行中80%以上是中小银行，特定为一座城市甚至一个社区服务，合乎条件的中小企业可以从这些银行中迅速贷到所需款项。

另一方面，政企不分的隐性制度制约了中小企业的融资。到目前为止，我国国企中高管的任免仍然由政府控制，政企远未彻底分开。并且，政府为了所谓的经济安全和赢得国际竞争，着力培育一大批“具有国际竞争力”的大企业，在上市融资、信贷投放以及资源要素上都给予了极大优待。这些企业的实质就是垄断国企，在资源要素价格改革尚未完成之际，政府和国企之间的利益捆绑和权力寻租，大量占有了稀缺的金融资源和融资权，侵犯了民营经济的利益，扭曲了市场，导致体制外金融的日渐繁盛和非法集资的愈演愈烈。

4. 家庭理财的困惑

庞大的民间资金没有合适的投资去向，为骗局的实现提供了充足的资金来源。当前个人投资的渠道狭窄，普通民众缺乏合法、稳定、收益较高的投资渠道。这无形中给非法集资之徒从事违法行为创造了条件。随着经济的发展与人们教育水平的提高，公民对个人财富的保值增值越来越关注，家庭参与金融投资和理财的意识大大增强。但是，如前所述，在利率市场严格管制的高利差金融体制，以及国有银行业垄断性存款机构的地位下，人们不得不承受极低的存款利息。由于我国居民人均收入较低，而社会保障制度尚不完善，客观上倒逼居民家庭渴望通过理财实现财富的累积、增值和传承。因此，在实际利率为负、存款缩水的情况下，越来越多的人不满足于将存款放于银行贬值，开始寻找其他投资渠道。

综观国内合法的几种投资方式，能给投资民众带来正收益的较少。证券市场方面，目前我国股票市场、债券市场投机性强，发育不够成熟，经常出现“庄家坐庄，散户买单”的情形，股票价格无法完全反映企业价值，投资性较差，众多个人投资者在股市中被套，损失惨重。理财市场方面，由于银行的创新不足，开发的理财产品多带有“拉存款”的性质，理财产品发展极不规范，不仅收益率不保，还隐含各种隐性收费如服务费、托管费、管理费等各种费用，成为银行剥削消费者的又一暴利来源。当家庭投资需求无法从正规途径得到满足时，这部分资金在逐利的引导下就会流入各种社会集资、借贷当中，使得各种形式的非法集资活动盛行。

（三）非法集资的防治

解铃还须系铃人，非法集资因政府限制而起，最终其解决也在于政府对金融垄断制度的改革。为此，要从以下几个方面着手来治理当前民间借贷的各种乱象。

1. 拓宽中小企业的融资渠道

非法集资屡禁不止，是由供需两方面决定的，民间流动性资本过剩但国内投资渠道相对不足，是很多非法集资活动盛行的重要原因。杜绝非法集资，从企业需求的角度来说，就要提供给它们足够多的其他融资渠道。这一点上很多国家和地区都有规范的路径可参考，综观发达国家，普遍具有直接融资比例较高，股票、企业债券等金融市场较为发达的特点。在这些国家，中小企业有很多规范的路径可以选择来满足它们的资金需求，非法集资自然销声匿迹。因此，整治非法集资必须要培育一个完善的资本市场，满足各类企业不同数量的融资要求。当前，丰富多层次的融资渠道，尽快建立一个多元化的资本市场迫在眉睫。

2. 以居民家庭理财挤压非法集资

遏制非法集资，除了缓解资金需求外，更要釜底抽薪，为巨额的流动资金找到一个投资出路。在藏富于民的浙江，庞大的民间资本一直面临“投资无门”的境况，这为非法集资提供了可乘之机。在民间金融合法化的同时，资金供给的出路也十分重要。老百姓对资本市场认识不够，有存款却不知该如何投资，找不到投资渠道，导致“信任借贷”十分普遍。民间投资具有局限性，缺乏切实的权益和地位保障，存在不能进入、不想进入、不知进入等一些问题。要解决这些问题需要多方面同时努力：首先，对于家庭部门理财来说，转变理财观念、矫正理财目的，消除逐利性动机至关重要。不管是证券市场、股权投资市场、艺术品投资市场，还是其他金融市场，要建立规范的资金流入渠道，引导群众回归理性投资。其次，政府和金融机构应把居民家庭金融理财与社会保险、居家养老、人生规划、构建和谐社会紧密结合起来，在重塑居民家庭理财价值取向的同时，普及理财专业知识，提高居民家庭对理财产品和投资组合的风险识别能力与风险承受能力。最后，规范商业金融机构理财业务，促进理财产品市场多元化发展，拓宽居民家庭投资渠道。另外，商业性金融机构应审慎尽责地开展理财业务，积极了解居民理财偏好，细分客户群体，针对不同家庭收入、生命周期、性别、理财经验群体，努力开发新型理财产品和差别化理财产品，合理搭配风险与收益，丰富居民家庭理财选择。

3. 打破垄断，鼓励民间金融创新

解决非法集资问题的关键，还在于正视我国正规金融创新严重不足的状况。现阶段的金融供给无法满足高速发展的中小企业的资金需求，以及人们日益多元化的投资需求。而要使金融机构有动力进行金融产品创新，必须打破银行“不劳而获”的现状，快速推进利率市场化的改革进程。当前我国严格的利率管制，不仅使人们被迫承受贬值损失，还造成信贷资源配给的扭曲和银行进行改革创新的惰性，导致目前的情况下，银行体系的官方利率并不能代表资金供求的实际价格。从这个角度说，一定程度上游离于正规金融之外的民间资金的价格，更具有充分市场化的特征。因此，放开利率上下限管制，使资本自由决定进入方向，才能充分体现资本风险和收益的匹配；同时，打破金融垄断，引入竞争机制，放宽民营资本设立银行的限制，使民营银行和国有银行充分竞争，以开放倒逼改革，才能够使我国现在畸形的银行体系不得不进行转型升级，加快产品创新，将更多的中小企业和家庭作为服务主体，向真正的现代化银行转变。

讨论与思考

1. 概述目前非法集资的主要特征。
2. 列举非法集资的几种方式。
3. 如何区别民间借贷与非法集资？
4. 如何突破社会上中小企业融资难与民间资本投资渠道窄的困境？

第三章　银行业典型案例

第一节　北京某商业银行7亿元骗贷案

一、案件介绍

（一）案情概述

2007年前后，胡某和北京某商业银行的一位高管搭上了关系，并由此结识了北京某商业银行CBD支行行长田某、行长助理刘某，授信审批部经理闫某，副经理张某。恰巧，北京某商业银行此时开始“试水”房贷业务，正在寻找合作伙伴，双方一拍即合。为成功骗贷，胡某不惜重金拉拢CBD支行行长田某，仅在他身上就花了710万元，其中包括一部最新款的宝马车。而其他的七个人，他也一路打点，行贿额近千万元。

在田某的安排下，胡某开始在CBD支行的下属支行大郊亭支行办理按揭业务，并在田某的介绍下认识了大郊亭支行行长孙某、副行长李某。银行按揭有严格的业务流程，其中的面签环节要求放贷员必须与房屋买卖双方见面，查实之后才可放贷。但在田某等人的“关照”下，胡某的华鼎公司的按揭业务最后可以做到免面签。在做了40笔左右房贷后，胡某嫌大郊亭支行手续繁琐，转向CBD支行下辖的另一个支行——十八里店支行。在十八里店支行，行长朱某、副行长史某对胡某大开绿灯，甚至还派银行员工上门提供“房贷服务”，数亿元虚假贷款的发放畅行无阻。由此，在2007年12月至2009年2月间，田某、刘某、闫某、张某、朱某、史某、孙某、李某8名银行管理人员，违反相关贷款规定，违法为胡某发放贷款共计人民币7.08亿余元。

（二）案件回放

2002年胡某成立了北京九鼎泰和信用担保有限责任公司，从事担保、拍卖等业务经营。2007年，全国楼市交易持续增长，二手房生意更是火暴，这让敢想敢干的胡某看到了生财之道。按照银行规定，个人贷款的信用额度不高，如果找到担保公司担保，则能贷出更多的钱。看到这个“商机”，胡某开始做二手房贷款担保。当年，他将公司更名为北京华鼎信用担保有限责任公司（简称华鼎公司），他出任董事长，做起了二手房贷款生意。

起初，胡某在中国建设银行某支行（以下简称“建行”）做担保贷款业务，做的生意都比较正规。建行当时在二手房贷领域的监督力度比较大，胡某暂时不敢大张旗鼓地行骗，只是偶尔用点假手续从银行骗贷，他向建行贷款时提供虚假客户信息，贷出数千万元。从建行弄到的虚假贷款，用于收购、倒卖一些二手房，后因经济形势亏损，形成四五千万元的资金亏空。因为骗取的贷款多了，每个月需要偿还的月供也多，胡某除了做二手房贷款的担保之外，并没有其他挣钱的途径，只能东挪西凑想办法填补“贷款”，不久，胡某的资金链发生了断裂。建行及时发现了这一情况，立刻停止放贷，并要求胡某还贷。情急之下，胡某将目光投向了别的银行。

2007年，胡某开始把目标转向北京某商业银行。由于曾从事二手房贷担保业务，胡某掌握大量个人客户贷款资料。他企图利用这些旧资料，编造虚假购房骗贷。此时，恰逢北京某商业银行正扩展业务，“试水”二手房房贷，寻找合作伙伴。北京某商业银行在二手房贷款方面没有成熟的经验，既想开展这项业务，又不希望太冒险，想“摸着石头过河”，逐渐试行。也正是基于这一点，胡某选择了北京某商业银行作为下手目标。他的出现在田某等人看来是各取所需——胡某需要从银行借钱，银行需要开展这项业务。胡某通过北京某商业银行某负责人结识了该行商务CBD支行行长田某，后又结识了田某的下属——行长助理刘某、授信审批部经理闫某和副经理张某。北京某商业银行CBD支行是一级支行，下辖大郊亭和十八里店等4个支行，管理权限很大。

为成功骗贷，胡某不惜花血本拉拢该行的几个负责信贷的高管。一次，田某说看中宝马的某款车型，但不知道北京哪里有卖，让胡某“帮着打听”。胡某心领神会，没过几天就把这款宝马车买来送给了田某。另外，为了结交银行人员，胡某行贿也是大手笔，而且是从上送到下，各方面顾及得比较周全。为了给田某等人留下与其合作会大有前途的错觉，胡某将自己包装成一个“大老板”，无论在外表还是办事上，都显得很有身份，做生意都是大手笔的形象。直至2009年2月案发，胡某共向田某行贿710余万元，包括现金360万元、轿车2部、手表5块、玉石及象牙雕件等物品；向行长助理刘某行贿5万余元；向授信审批部副经理张某行贿百万元；向大郊亭和十八里店支行四名行长、副行长分别行贿10万元至百万元不等。

通过打通关系，胡某成为北京某商业银行的第一个大客户。按照规定，银行按揭有严格的业务流程，其中面签环节要求放贷员必须与房屋买卖双方见面，查实后才可放贷。由于胡某上下打通了关系，华鼎公司按揭业务能做到免面签。在胡某借贷的时候，田某等人会给下边支行的人打电话，从督促他们开展房贷业务的角度出发，让他们快点放贷。这样，下边支行的人就明白了田某等人的意思，知道胡某是上级领导介绍来的客户，不再严格监管，而是开闸放水。从此，只要胡某带来的客户，支行就会放贷，省去面签的环节，惊天骗局从此正式开始。

胡某最开始的业务是北京某商业银行大郊亭支行，在大郊亭支行骗贷并不像胡某想象得那么顺利，原因是该行行长孙某出于谨慎，申请批得很慢。虽然在放贷之前不要求面签，但该有的程序并没有减少，从胡某提出要钱到拿到钱，还是需要几个工作日。他便向田某反映了这个问题，田某于是再次催促该行行长孙某和副行长李某赶紧放款。孙某、李某两人表面应承着领导，但放款的速度仍然没有加快。因此，胡某以“这行长太面”为由向田某告状，2008 年 3 月双方停止合作。胡某在大郊亭支行做了 40 多笔贷款骗取几千万元后，便转向了十八里店支行。

十八里店支行行长朱某等人积极配合“上边”的意思，不仅对胡某“一路放行”，甚至派人去胡某的公司主动帮忙做一些假手续。2008 年 3 月至 12 月，胡某等人从北京某商业银行大郊亭支行、十八里店支行骗取贷款 250 余笔，共计人民币 4.47 亿余元。事后据胡某交代，他的骗贷方法很简单，只需要提供买卖房子的双方身份证、房本、契税、收入证明交给银行，最快当天就能拿到贷款，而这些资料是从房产公司处找来的客户资料，有的是完全虚假的身份，甚至连二手房都不存在。胡某称，当时只需要给银行报数，要多少钱就能拿到多少钱，银行从未审查过。为提供虚假的收入证明，他们还找人刻了上百个公章，甚至是工商局和土地部门的章，用于制作抵押登记。

2008 年底，北京市民朱某向银行申请贷款买房遭到拒绝。他的个人信用报告显示，同年 10 月 15 日，北京某商业银行十八里店支行给他发放了 188 万元为期 20 年的个人住房贷款。随后，北京某商业银行总行指示调查。由于银行有内应，事件被压下来。事后，胡某出面先把两人贷款结清，并给予对方补偿。胡某还让员工加班三天三夜补产权证、评估报告等贷款手续材料，以应付总行检查，同时还报了 15 个虚假按揭贷款，供十八里店支行清查上报。在田某等人的敷衍下，这次危机被化解了。

2008 年底，十八里店支行遭遇房贷审计，田某等得知胡某无力偿还房贷按揭。一旦按揭断供，假按揭就会曝光。银行高管们和胡某商议出另一种“空手套白狼”的方式——小企业贷款。在田某等人的指点下，胡某从“执照贩子”处买来 40 余家无真实经营背景公司的营业执照、企业公章等全套手续，再以这些空壳公司在十八里店支行骗取小企业贷款。据指控，胡某骗贷45 笔，共计人民币 2.61 亿余元。田某等人交代，他们准备以小企业贷款的资金填补假按揭的窟窿，预谋在小企业贷款 1 年后，以小企业破产和清理不良资产等方式，使数亿元欠贷成为死账。胡某在庭上说，他对小企业贷款不熟悉，都是由银行替他完成的。因贷款数额多，北京某商业银行还返款200万元作为奖励。

胡某等人的如意算盘是因一枚假印章落空的。2009年2月27日，胡某前妻李某等人为支取一家空壳公司的贷款，前往北京某商业银行营业部办理信贷卡。银行柜员发现，这家成立一年有余的贷款企业，公章竟然是新的，根本没沾过印泥，于是边拖延办理手续，边去后台查账，再次发现疑点：属于这个企业的一个固定银行账号上，先后转入了数十家小企业贷款。警觉的工作人员立刻报警。公安机关接到电话后，从最初的例行询问中慢慢发现疑点，最终揭开了这个虚构信息诈骗7亿余元银行贷款的惊天骗局。

案发后，被骗领的7.08亿元仅追回了一半。北京市检察院二分院以贷款诈骗罪、对非国家工作人员行贿罪、违法发放贷款罪等8个罪名分别对18名被告人提出公诉。这起北京市最大的银行骗贷案目前已终审宣判。胡某因贷款诈骗罪被判无期徒刑；田某因违法发放贷款罪、非国家工作人员受贿罪被判有期徒刑20年，其他银行高管分别获刑。

二、监管思考

（一）原因分析：内控制度弱化

一个有效的银行监管体系应该由三个系统组成：市场约束条件下的银行内部风险控制体系、政府监管体系和社会监管体系。其中，银行内部风险控制体系是基础，外部的政府监管与社会监管要发挥作用必须通过内部控制来实现。北京某商业银行骗贷案之所以发生，正是银行在新拓展业务时内部控制弱化引致。北京某商业银行成立之后即开始全方位拓展业务，其中包括二手房房贷。由于缺乏成熟的二手房贷款方面的经验，该行基本是“摸着石头过河”，相应地，该业务的内控也较为薄弱。

第一，缺少制衡的审贷制度给违法者以可乘之机。案件中胡某贿赂了急于开展业务的CBD支行行长田某，由其指挥下属直接配合胡某贷款。其间，除了一路开绿灯直接放款外，在出现问题时，田某还要求下属帮助造假骗取贷款。之后在胡某无力偿还二手房贷款时，田某还出招通过中小企业贷款来拆东墙补西墙，企图用中小企业破产来核销这部分账款。纵观整个案件流程，新业务开展之后，银行并未建立严格的审、贷分离制度，基本上由田某说了算，这使得两个不同职能部门的相互制衡成为一句空话，银行的授信风险成倍上升。

第二，缺乏统一的授信操作规范。依据规范，在贷款时，要做到贷前调查、贷时审查、贷后检查，以降低风险。在案件中，胡某的诈骗手法并不高明，仅是通过伪造资料就蒙过了审贷人员的眼睛。在这个环节中，只要银行工作人员有一丝的警惕，前往各行政部门核对资料，胡某的骗局就会被戳穿，银行也可以避免更大的损失。

第三，授信风险的垂直管理体制缺失。在案件中，田某的审批权限过大，基本上是一人说了算，通常的授信审查委员会并未起作用，而其上级也未对该授信进行应有审查，田某的审批基本上是最高的审批。在贷款的审理中并未遵循通常的自下而上的程序，而是由田某自上而下直接关照。这样，下级囿于层级约束，很大程度上不得不屈从于上级的安排，多层级的把关流于形式。

第四，授信风险责任不明晰。按正常内控制度，调查人员、审批人员、贷后管理人员、放款人员、高级管理层应当明晰各自责任，各司其职。但在案件中，除了与此不相关的柜台放款人员认真履行了自己的职责，及时发现纰漏之外，其余的相关人员并没有尽到应尽的职责，而刘某、张某、朱某、史某、孙某、李某等人更是在田某的授意下直接违规帮助胡某作假借贷。多个岗位工作人员的责任意识淡薄，使得这个巨额诈骗得逞。

（二）监管启示：强化内控制度

尽管案件告一段落，但如果银行不引以为戒，强化内部控制，以后此类案件依然会频发。监管者在银行开展新业务时，也应对之予以适当的监控，在鼓励创新业务的同时，通过外在的约束力量促使银行重视对新业务的风险控制。

第一，监管部门在审批新业务时可以给予报批银行适当的风险提示。对于该银行而言，其拓展二手房房贷业务的动机十分强烈：希望能快速打开局面，从市场上分一杯羹。由于没有经验，这种急功近利的目标给一些不法分子以可乘之机。作为监管当局应当充分意识到这一点，在城商行开始新业务之前，适当将一些全国性大行开展类似业务时的教训与内控经验呈示给区域性银行，增强其风险意识。除了经验性提示之外，监管机构可以给予适当的风控建议。孟德斯鸠曾说过："绝对的权力导致绝对的腐败。"监管者可以建议，开展新业务时，银行应尽量用集体表决代替"一言堂"审批制度，以规避不必要的决策风险。

第二，金融监管当局要加强对金融机构内控制度建设的指导、监督和稽核。监管当局应当要求所有的银行，不管其规模大小，都必须根据其表内和表外业务的性质、复杂程度及风险程度建立有效的内部控制制度。该制度须根据银行经营环境与经营情况的变动作出相应的调整。监管当局在认为某银行的内部控制制度难以充分、有效地控制银行的特定风险时，可以采取适当的行动要求银行改进内控工作。监管包括两方面：一方面是对银行内控制度有效性的总体监管，强化被监管的银行的风控意识，要求其在开展业务时主动采用低风险的操作方式；另一方面是对银行高风险领域的内控制度实行特别监管（指利润过高的业务领域、快速增长的业务领域、新业务领域或地理上远离总部的地区）。监管当局在认为相对于其风险组合而言，某银行的内部控制制度不够充分、有效时，应采取适当的行动予以特别监控，要求企业管理层定期向行政监管层汇报高风险业务的运营情况等等。

第三，监管当局可以通过审查内部审计报告与直接外部审计的方式来评估银行的内部控制制度。在通常情况下，监管部门对银行内控制度的评估可以通过审查银行内部审计部门的工作报告来进行。如果满意，监管当局可以将银行内部审计师的报告作为发现并控制银行风险的主要根据。特殊时期，监管当局可以定期对关键领域进行外部审计，由监管人员或外聘专家直接审查这些领域运作情况。在具体的监管中以上两类评估方法并非完全分开，而是有机结合在一起的，实践中监管当局可以综合运用上述技术来实现有效的评估。

第二节 中国银行10亿元跳票案

一、案件回顾

飞单，也称跳票，该融资手段并非现代银行术语，而是旧社会钱庄用语。20世纪90年代时在中国银行业内比较盛行，它本质上是一种信托合同。银行在企业授权下，将企业资金用于投资营利。这种行为现在国家已明令禁止，但在现实经济生活中经常有机构或个人铤而走险从事这项违法金融活动。中国银行河松街支行行长高某伙同其小学同学北京世纪绿洲投资公司董事长李某以高息的诱饵吸引众多手握重大财权的机构前来存款。之后，采用“跳票”的方式将长期休眠的巨资分期提现，最后通过沈阳西塔的地下钱庄把钱转移到国外。

此案涉及东北高速公路股份有限公司（以下简称东北高速）在河松街支行的两个账户中共计存款余额2.9337亿元，东北高速子公司——黑龙江东高投资开发有限公司存于该行的530万元资金，黑龙江辰能哈工大高科技风险投资有限公司所存的3.2亿余元资金，黑龙江社保局1.8亿元资金。

（一）主要案情

2004年9月28日，交通银行长春分行一纸诉状递到吉林省高级人民法院，要求东北高速偿还于当年9月8日到期的1亿元贷款中尚未偿还的5 678万元。为了保证贷款安全，交通银行长春分行要求东北高速一并偿还尚未到期的1.5亿元贷款（其中2004年12月31日到期1亿元，2005年1月16日到期5 000万元）。

吉林省高级人民法院遂查封了东北高速在河松街支行开设的两个账户中的2.12亿元（含贷款本金、利息和诉讼费等）。其后，东北高速偿还了5 678万元本金及利息。

2004年11月11日，吉林省高级人民法院下达了有关民事调解书——东北高速将于当月20日前将剩余的1.5亿元贷款全部还清。11月30日，东北高速收到河松街支行的银行询证函回执，确认其在该行的两个账户中共有存款余额2.9337亿元。12月21日，河松街支行向吉林省高级人民法院出具了回执——“你院字第26号扣划通知书收悉。关于东北高速公路股份有限公司在我行的账户存款1.5亿元已扣划至交行长春分行。”但直至2004年12月31日，交通银行长春分行始终未收到有关划款。

2005年1月4日，该院执行法官以及东北高速有关人员便赶到河松街支行对账，河松街支行出具了东北高速截至2004年12月31日电脑打印的银行对账单，结果显示，东北高速两个账户中一个账户余额是4.32万元，另一个账户余额是2.99万元，其余存款去向不明。而东北高速账面显示：截至2004年12月31日，该两账户应有存款余额293 376 237.16元。

1月15日，东北高速正式发出公告，称发现该公司存于河松街支行的两个账户中的2.9337亿元去向不明。同时，它得到子公司黑龙江东高投资开发有限公司报告，称其存于河松街支行的530万元资金也去向不明。另外，东北高速1月10日再次接到东高投资的报告，称其存在农业银行大庆市分行的履约保证金2 427.98万元去向不明。至此，东北高速累计有近3.3亿元的资金人间蒸发。东北高速的公告还披露，公司董事长张某因涉嫌挪用公款，已被吉林省人民检察院刑事拘留。

在东北高速对账发现问题后，中国银行向河松街支行的各企业客户都发出了通知，要求前往银行对账。在此次查账中，黑龙江辰能公司存于河松街支行的资金约3.2亿元去向不明。

（二）作案前期准备

正常情况下，企业要在银行开户，必须出具工商营业执照、企业法人代表身份证明和中国人民银行的开户许可等证明材料。采取这些监管手续，意在避免出现风险，也有利于监管。但近年来银行为了争取存款、发展业务，对设立账户审查不严已然是业内通病。高某正是充分利用了这一空隙。如河松街支行开立有 113 家对公账户，存在大量业务往来，但在中国人民银行哈尔滨中心支行的记录上却是一片空白。

原来，河松街支行（以前是新兴分理处）根本就没有对中国人民银行上报自己开展了对公业务，如果企业开立的不是基本账户，人民银行是不需要进行审批的。这些账户全是一般账户（辅助性账户）。按国家有关规定，一个企业只能有一个基本账户，可有多个一般账户（辅助性账户），另外还可有不常使用的临时账户、专用账户。2002 年以前，在银行建辅助账户的企业只需提供工商营业执照、企业法人代表身份证明等相关复印件即可。

李某看中了河松街支行的这些特点。李某的转账技巧是：在“飞单”思路下，通过背书转让的手段，将企业存款转入李某和高某事先设立的其他企业账户，企业得到了高利息回报，李某则融到了资金。

高某规避监管的另一个精心设计之处在于，尽管具备同城结算资格，河松街支行始终没有进入同城结算系统。这样，在开展对公业务过程中，河松街支行从来没有使用过人民银行分配给它的同城交换号，其所有业务都是通过道里支行的同城结算交换号进行的。这相当于在道里支行建立了一个子账户，通过道里支行的辖内往来进行票据结算。

如此操作，一方面可以隐藏河松街支行的客户账户内容，规避外部监管；另一方面是河松街支行的业务量也会被纳入道里支行的总量中，无形中增加了道里支行的业绩，双方皆大欢喜。

（三）作案方式

高某早在 2000 年初便开始对企业存款动手脚。相当一部分资金在企业存入银行之初，就被通过“背书转让”形式转到其他账户上了，根本未进入企业最初开立的账户。所谓“背书转让”，就是持票人在票据的背面签字或作出一定的批注，表示对票据作出转让的行为。背书转让需要持票人盖上其相应印章，并与企业当初预留印鉴相符，方可实现。

诸多企业存在河松街支行的票据之所以能被背书转让出去，主要有两种方式：

一是企业相关人员与高某串谋，表面上在河松街支行开有账户，但企业支票一经划出，即通过背书转让或者其他转账方式转至其他账户用作他途。这事实上是一种洗钱行为。在此需要高某配合的，是向企业出具虚假的存款凭证和对账单，维持资金仍在企业的中国银行账户上的假象。这是近几年发生的几起金融大案的典型犯罪路线图：疯狂揽储→勾结“内鬼”→制假凭证→挪用（或诈骗）资金。

东北高速资金的流失正与这一手法相关。因为东北高速在中国银行开立的是活期存款账户，旗下多个企业又同时开立账户，资金往来频繁，如企业内部人员不配合，不可能长达五年时间不被察觉。东北高速黑龙江分公司党委书记兼经理、曾任东北高速投资部总经理李某的逃跑与东北高速董事长张某的被捕，也都间接证明了合谋的存在。之后，在张某的“悔罪书”中可得出他的人脉关系网（如图 3 - 1 所示）。在交通银行长春分行和东北高速的诉讼纠纷（2004 年 9 月 28 日）发生后，东北高速在河松街支行的资金被大量划走。2004 年 10 月以后，高某已意识到盖子快要捂不住了，遂近乎疯狂地向外汇款，此后的两个月内，高某通过电

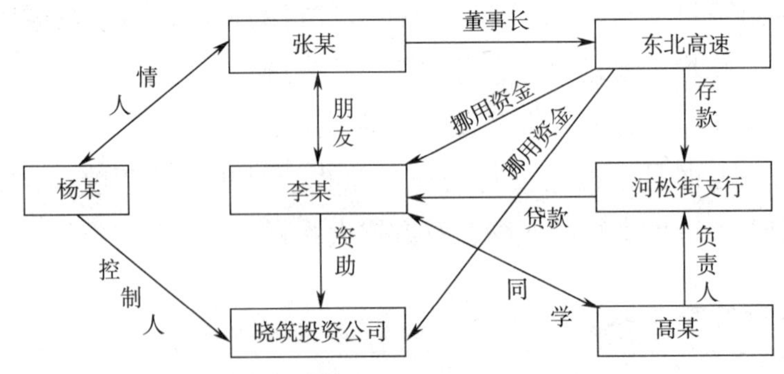

图 3 - 1　张某金钱人脉往来关系网

汇从河松街支行划走的资金大约 2 亿元。

第二种方式是，在客户不知情的情况下，在开立账户之初，其预留印鉴即被高某调换成其控制的印鉴。具体安排是：银行上门为企业办理开户手续，然后中途把企业预留印鉴偷换。这样，企业账户的支配权一开始就掌握在高某手里，可以任意调度资金。此后，每当企业有大笔资金存入时，高某便派人进行上门服务，在将支票取回银行的途中，就可把企业支票通过背书的方式逐笔划入他所控制的账户，且每笔都不大，分别进入不同账户；然后再通过这些账户把钱转出。同样，对于企业方面，高某出具的仍是虚假的存款证明和对账单。

被“上门服务”迷惑的吃亏上当者，包括黑龙江省社保局。黑龙江省社保局于2003 年10 月向河松街支行的前身新兴分理处存入 1. 8 亿元的资金，为一年定期，账户名称为“社保实业”。河松街支行当时向社保局开具了18 张存款凭证，每张面额为1 000 万元。2004 年10 月一年期到期后，高某派人主动上门给社保局送去利息。所以，这笔资金继续存放下来。东北高速事件后，黑龙江省社保局作为大客户，立即找到河松街支行对账。但银行业务员核对后，发现社保局持有的 18 张存单全部系伪造，单据上显示的打印字体并不是用中国银行专用压数机打出的——黑龙江省社保局在河松街支行的账户上已没有分毫资金。

据法律专业人士介绍，“上门服务”并不为法律所禁止，目前也是各大银行竞争业务时普遍采取的手段之一。对比中国银行专门针对“上门服务”的内部规章，例如要求上门服务时必须同时有两个信贷人员前往，上门服务人员在收取现金、支票后必须马上返回银行，中途不得再办理其他业务等，河松街支行所谓的“上门服务”显然是“特立独行”。高某正是利用了业务（包括“上门服务”）监管的缺失，盗取了巨额资金。

进行这种“上门服务”的偷梁换柱活动时，高某还专门聘用了编外人员刘某，帮助银行办理企业上门服务业务，主要就是收送支票，送对账单，有时甚至还帮企业提款。这事实上割断了企业和真正的银行业务员之间的沟通和往来，使得高某更容易绕开银行内部的监管体系。

（四）案件处理结果

本案件中的36名相关人员被中国银行严惩，开除和辞退8人，撤职或免职6人，对其他相关责任人22人给予行政处分。其中，给予涉嫌参与诈骗案的河松街支行原行长高某开除公职处分，给予该支行涉嫌参与违法活动的刘某、陈某开除公职处分，给予河松街支行上级道里支行原行长宫某开除公职处分，给予原副行长朱某、崔某行政记大过处分并免职；给予黑龙江省分行原行长闫某行政降职、党内严重警告处分，给予黑龙江省分行副行长毛某、王某二人行政记大过处分并免职，给予黑龙江省分行党委副书记金某、副行长张某、总稽核潘某行政警告处分。

2004年我国申请发出了31份红色通缉令，2005年已经申请发出了3份红色通缉令，通缉3名外逃经济犯罪嫌疑人。本案两名主要犯罪嫌疑人高某、李某被列入国际刑警组织的红色通缉令名单。

2007年2月16日，加拿大警方在温哥华逮捕了高某夫妇，同年2月23日，李某兄弟二人在加拿大被捕。在我国公安机关的努力下，2012年1月李某回国投案自首，同年8月高某回国投案自首。目前案件还在审理中。

2005年5月21日，哈尔滨至祥投资策划有限公司诉中国银行存款纠纷案被中止审理；2006年1月18日，哈尔滨汇通物业管理有限公司诉中国银行存款纠纷案被中止审理；1月22日，辰能公司诉中国银行存款纠纷案也被中止审理。案件被中止的理由都是“该案涉及刑事犯罪，事实有待查清”。

与高某案密切相关的东北高速张某案逐渐暴露出来。张某2005年1月12日因涉嫌挪用公款被刑拘，1月26日被批捕，至2006年9月14日首次开庭，他已经在看守所度过了1年零8个月。

在9月14日的庭审中，检方指控张某有5项罪名：受贿罪、贪污罪、挪用公款罪、为亲友非法牟利罪和巨额财产来源不明罪。检察机关认为其犯罪涉及数额巨大，情节特别严重。2007年12月4日，张某被判处死刑，缓期两年执行。张某案涉案金额总计达人民币7 280余万元，为新中国成立之后吉林省数额最大的一起腐败案。

二、监管分析

仔细研究本案例，我们可以看到，造成这起案件的原因是：

（一）内控文化缺失

良好的内控文化是商业银行内控体系持续有效运行的前提。而在内控文化缺失的情况下，银行的经营者和操作者关心的是规模和速度，因为这关系到其收入和发展前途，而内部控制和风险管理则被束之高阁。内控文化缺失——合规理念缺乏——一味追求速度和规模——诱发违法违规行为，正是很多银行员工甚至业务能手走向犯罪的路线图。高某本人最初并不坏，新兴分理处向河松街支行的飞跃更是高某辛勤努力所致。但在此过程中，内控文化缺失诱其由功臣变为罪犯。

（二）制度执行不力

衡量内控体系有效与否的标准并不在于银行制定了多少制度。制度执行不力往往使得内控体系漏洞百出，形同虚设。其实票据的审批较严格，按程序至少有 5 个关卡。高某之所以可将客户的资金挪出，就在于他采取了“飞单”的融资手段，即用高息揽存的方法，把企业的大额资金套进指定银行，然后通过各种手段把固定期限的存款划转至另一家企业使用，到期时再把本息回笼。而这种做法是被监管机构明文禁止的。

（三）行长权力过大

在我国商业银行目前的组织架构下，支行行长往往被赋予过多的权力，包括财务管理、核算管理、授权管理、人事管理和行政管理，涉及支行经营管理的方方面面。从理论上讲，其有更多的作案机会和可能。如果没有相应的监督制约机制，在利益诱惑、私欲膨胀的情况下，支行行长会轻而易举地走上犯罪道路。这属于典型的关键人员作案。基于此，监管机构往往会要求各商业银行实行关键岗位、人员的定期轮换和强制休假制度，并专门出台稽核监督机制，以对其权力形成约束。显然，国内商业银行大多没有达到这一要求，没有出台这些措施或没有落实。这正是高某长期密谋并得手的关键。

（四）稽核力量薄弱

国内商业银行的稽核相当薄弱，集中表现在：有些银行尚未设立专门的稽核监督部门；设有稽核部门的银行，其稽核人员的配备不足，达不到总员工数5%的国际一般水平；稽核监督部门容易受到行政干预；稽核人员专业水平不高等。以中国银行为例，在高某案之前，该行针对支行的稽核监督明显缺失。如果不是上市公司东北高速到银行对账，恐怕该案还不会被发现。

（五）激励机制弱化

不合理的激励约束机制往往会导致逆向激励和道德风险问题。比如，某银行的激励约束机制只考虑发展而忽视内部控制，就会造成该银行不惜一切代价扩大规模，拼命追求发展速度，从而出现钻制度空子、打擦边球现象，严重的甚至出现违规违法经营。目前，大多数银行仍存在“重发展，轻内控”的思想，表现在激励约束机制上就是总行对各级分支机构的考核指标仍以规模指标和速度指标为主。此外，大多数银行都设立了数额不等的营销奖励基金、业务拓展费等经费项目，对那些营销突出的分支机构和个人进行奖励，但却很少有银行设立类似的基金来奖励那些风险管理和内部控制做得好的分支机构。

（六）内控存在漏洞

值得注意的是，在电子化控制水平较低的情况下，有两种情况会使银行的内控体系完全失效：一种情况是员工集体作案，如此一来，岗位制约将不复存在，其他内控措施也将形同虚设；另一种情况是关键人员作案，比如支行行长作案，由于其掌握支行的人、财、物等权力，其他操作人员迫于支行行长权力的威慑，在内控执行中打折扣，为其作案提供方便，甚至同流合污。在上述情况下，如果银行的计算机系统没有实现数据集中，这类案件往往很难被发现，潜伏期极长。

（七）内控管理混乱

在内控责任制的压力下，各相关部门才会真正肩负起应负的责任，及时发现内控体系存在的问题和薄弱环节，并予以纠正和完善。但国内商业银行明显存在内控责任制的缺失。在发生失控的情况下，银行往往只处理作案当事人，那些负有相应管理责任和监督责任的部门和人员一般不会受到处罚，从而造成内控体系的有效性长期得不到提高。如在高某案之前，类似案件屡屡发生，但由于内控责任制缺失，管理混乱，内控漏洞不但没有得到及时补救，相反却在某种程度上为高某作案提供了指导。要案屡查屡犯，这不能不引起银行业的高度重视。

（八）改进机制缺失

从国内商业银行的情况来看，由于在内控监督与评价、信息交流与反馈等环节存在很多不足之处，从而整个持续改进机制运转失灵。这集中反映在内控薄弱之处长期得不到改善，内控空白点不能被有效识别，大案屡屡发生、屡禁不止，同类案件重复发生。这又形成内控的恶性循环：内控薄弱—案件发生—持续改进机制失灵—案件重复发生。这或许是中国银行开平支行案件发生之后，高某案再次上演的深层次原因。

（九）风险意识薄弱

就高某案来讲，银行内部控制体系的漏洞是该案发生的内部原因，而金融消费者风险意识的薄弱则为该案的发生提供了外部条件。该案中，高某采取了“飞单”的融资手段，这种做法虽然可为那些拥有巨额闲置资金的企业提供一个获取高额收益的渠道，但也蕴含巨大的风险，因为这时银行向企业开出的存款凭证和对账单是假的，虽然账面上显示企业的资金仍在，但实际上已被银行内部人员违规发放出去，而且这部分资金很容易为心态不正的银行员工挪用，从而给企业造成巨大损失。

（十）洗钱监管空白

对于那些巨额诈骗、挪用资金以及贪污腐败案犯来说，便利的资金转移渠道是促使并刺激其大胆作案的重要因素，并成为其不可或缺的作案条件。以高某案为例，高某正是通过东北三省最大的地下钱庄——沈阳西塔地下钱庄将钱转移到国外，然后潜逃出境。本案也为我国《票据法》滞后于经济发展提供了一个典型案例。现行的《票据法》在条款上有诸多不严谨的规定，而且与国际惯用的法案尚有差距，否则高某不可能轻易地将骗得的资金带到国外。

亡羊补牢，犹未晚矣，高某案引发人们对操作风险的思考，银监会则出台了相关措施防范操作风险。高某案被曝光后，银监会向中国银行发出案件风险提示，要求中国银行举一反三，在全辖范围内开展有针对性的检查，从管理体制和管理制度方面寻找案件发生的深层原因，进一步加大改革力度，完善风险管理体制，切实加强对分支机构内控意识和内控手段的培训，认真落实各项管理与内部控制制度，强化稽核审计和科技防范功能，并加大对案件有关责任人员的责任追究力度，切实防范案件风险。银监会曾指出，高某案暴露出部分商业银行内部管理松弛、有章不循、违章不究、处罚不严等诸多问题。种种信息表明，在高某案后，监管层已经将操作风险控制和监管提上日程。2005 年 3 月，银监会下发的《关于加大防范操作风险工作力度的通知》指出："当前，银行机构对操作风险的识别与控制能力不能适应业务发展的问题突出。一些银行机构由于相关制度不健全，或者对制度执行情况缺乏有效监督，对不执行制度规定者查处不力，风险管理和内部控制薄弱，大案、要案屡有发生，导致银行大量资金损失。为此，各银行机构必须加大工作力度，进一步采取措施，有效防范和控制操作风险。"

第三节　太原市商业银行1.8亿元票据诈骗案

一、案件介绍

（一）案件梗概

2001年至2002年7月，薛某利用担任太原市财政局社会保障处出纳的职务之便，与王某共谋，先后10次挪用其保管的社保基金共计8 609万元，胡某参与填写支票挪用两笔，共计3 180万元；1999年5月至2002年4月，胡某和王某通过张某用伪造的印章、担保证明等先后6次诈骗贷款9笔，共计4 385万元；2001年至2002年，张某、胡某用伪造的支票先后8次诈骗太原市商业银行南内环街支行存款、转出款共计13 321万元，其中1 000万元未遂，董某根据张某的安排，给胡某等提供过4次开户资料复印件，涉案金额共计9 776万元，其中1 000万元未遂。至此，此案件涉案金额共计1.8亿元。2002年7月中旬，胡某与王某将记录用非法手段诈骗巨额资金流向的账本、单据、私刻的印章转移到梁某家，梁某明知其有罪，还将上述罪证予以藏匿。其间，太原市检察院反贪局局长贾某受贿和帮助犯罪分子逃避处罚。

（二）案情详情

2002年6月初，时任山西省地产交易管理中心主任、山西地产交易市场法人代表的赵某找到光大银行太原分行公司部总经理王某、业务经理罗某，称太原市商业银行已经答应给贷款，但由于存款规模不足，不能使用，希望帮忙拉点存款到太原市商业银行，以便尽快归还山西地产交易市场在光大银行的2 000万元贷款。

不久，罗某找到太原港源贸易有限公司，建议由光大银行批准其

8 000 万元贷款，并存入太原市商业银行南内环街支行，贷款利息由赵某负责支付。

在半年利息 234 万元的许诺下，港源公司的 8 000 万元贷款于 6 月 17 日存入南内环街支行。两天后，其中的 5 000 万元转到了山西地产交易市场的账户；又过了两天，其余的 2 980 万元也被转入太原山鑫金属制品厂账下。此手段能够得逞的一个关键是，王某的下属胡某利用港源公司开户资料中的印鉴卡复印件，购买和伪造了转账支票。

如此，赵某得以还掉债务，薛某用 2 980 万元偿还挪用的社保基金。

2002 年 7 月 22 日，太原港源贸易公司到银行查账，事情败露，港源公司向太原市公安局报案。

1. 社保基金连环案

1999 年 1 月 20 日，太原市财政局社会保障处科员薛某利用职务之便，在太原市商业银行营业部分别用“太原市财政局社保科财务专用章”和其个人名章，同时违规开设了两个太原市社会保障基金——失业基金临时存款账户，并于同日将存于工商银行太原市分行和建设银行太原市分行账户中的 1 000 万元社保基金转入临时账户之一，次日又转移到另一个临时账户。

10 天后，太原市商业银行营业部副主任史某伙同王某，将其中的 950 万元转到太原黎明贸易有限公司名下。史某在一次与薛某的私人交往中，盗用了薛某携带的印章和支票。

2000 年 6 月，薛某准备撤销在太原市商业银行的两个账户，发现 950 万元不翼而飞。薛某随即要求太原市商业银行营业部副主任史某查明原因，并声称要报案。史某威胁说，如果薛某报案，就说支票是他提供的。心底发虚的薛某最终决定“私了”。而后，王某将挪用资金中的 601. 1 万元打入了史某的指定账户。

2000 年 6 月 26 日，薛某从社保基金在中国银行并州支行朝阳街分理处开设的失业基金一般账户上转出 800 万元，加上王某所属的太原山鑫金属制品厂的 190. 19 万元，填平了之前挪用的资金及利息。其后，薛某撤销了在太原市商业银行的两个账户。

2001 年 5 月和 6 月，经与王某合谋，薛某分别从中国银行太原市分行下属朝阳支行的太原市财政局社保处社保基金账户上挪用 180 万元和 822 万元，转入太原山鑫金属制品厂在太原市商业银行南内环街支行开设的账户内，供王某使用。

一个月后，王某唆使薛某在南内环街支行私自开设太原市财政局社保处社保基金账户，并于之后的 7 个月之中，挪用该账户款项 3 180 万元。此时，王某挪用巨额资金的目的已经从单纯的挪用还债变为拆东墙补西墙的连环诈骗。

在以上 3 180 万元中，2001 年 7 月为应对存款方检查，王某、张某、薛某密谋，将社保基金 1 000 万元挪至太原化工股份有限公司的账户中，待 7 月 23 日检查完毕后重新转回。2001 年 11 月，将另一笔社保基金 1 800 万元挪用至太原化工股份有限公司的账户。

2002 年 6 月 21 日、27 日，王某用诈骗太原港源贸易有限公司、太原市房地产管理局、中国烟草总公司山西省公司的存款，两次归还被挪用社保基金 3 806 万元。同年 7 月，王某分别使用薛某于 11 日、15 日两次从太原市商业银行南内环街支行社保基金账户内挪用的 3 000 万元和 477 万元，归还太原港源贸易有限公司和太原市城乡建筑企业管理处。

山西省高级人民法院经审理查明，2001 年至 2002 年 7 月，薛某、王某共挪用太原市财政局社保基金 7 659 万元，案发时，薛某所挪用的公款尚有 2 653 万元未归还，经追缴，1 043 万元未能追回。

2. 贷款诈骗和票据诈骗案

（1）1999 年 5 ~7 月和 2000 年 11 月，王某与太原市商业银行南内环街支行行长张某合谋，通过私刻印章和伪造担保证明的方式，先后三次从南内环街支行骗取贷款共计 445 万元。

从 2000 年 12 月到 2002 年 4 月，王某采用高额息差的方式，以“引存贷款”的名义，先将企业贷款引存到南内环街支行，之后利用私刻印章和伪造担保证明的方式骗取贷款。其间，先后有太原化工股份有限公司、太原建新苑物业管理有限公司、广州保税区晋粤贸易公司以及自然人李某等 7 个贷款单位受骗，王某借此从南内街支行骗取 3 040 万元银行贷款。

根据有关部门的最终统计，王某利用这种手段诈骗的所有贷款共计4 385万元，全部流入其名下企业。其间曾归还3 125万元，仍有1 360万元未还。

（2）王某等人的第二种诈骗手法，是以高额息差的方式将客户存款引入南内环街支行，之后由张某提供客户资料，王某采取私刻单位印章、购买和伪造存款单位转账支票的方式骗取存款单位贷款。

调查显示，先后有太原市房地产管理局、中国烟草总公司山西省公司、太原市城乡建筑企业管理处、太原蓝天辰光环保有限公司、太原港源贸易公司和太原晋阳发电有限公司计12 639万元被引存到南内街支行，王某从中累计骗取存款13 321万元。其中5 000万元由赵某使用，其余全部流入王某的公司，而她先后归还的诈骗资金仅4 382万元。

（3）用各项诈骗款腾挪弥合。调查显示，在2001年10月到2002年6月王某诈骗太原市房地产管理局的1 645万元中，有180万元用于归还伪造太原建新苑物业管理有限公司担保证明文件的贷款诈骗资金，470万元作为偿还中国烟草总公司山西省公司的700万元被诈骗款的一部分。2002年1月，王某诈骗的太原市城乡建筑企业管理处的700万元中，有690万元用于偿还以广州保税区晋粤国际贸易公司名义担保诈骗的银行资金。

3. 案中案

2000年10月23日，王某通过按揭方式，以他人名义，为贾某购买了一套价值74万余元的豪华住房。至案发时，王某先后为该房支付分期房款、配套设施费、装修费及家具、电器款共计人民币53万余元。

贾某利用检察院反贪局局长身份，多次为王某处理经济纠纷、谋取利益、疏通关系和提供其他帮助。2002年，王某、胡某、张某通过私刻印章、伪造票据的手段，从太原市商业银行诈骗某公司的存款7 890万元。在诈骗行为被受害公司发现后，为掩盖犯罪事实，王某、张某商定由太原市商业银行南内环街支行抢先向太原市检察院反贪局报案，以便由贾某控制局面，达到保护王某等人的目的。同年7月18日，张某捏造事实向太原市检察院反贪局报案。

在太原市检察院立案后，贾某私自去太原市商业银行南内环街支行指使张某复印了相关诈骗案件的伪造票据。之后，贾某、张某一同到王某办公室，让王某、胡某通过复印件核实填写支票的笔迹。在公安机关对王某票据诈骗案立案侦查后，贾某又向王某透露了他打听到的侦查情况，并亲自驾车帮助王某、胡某出逃。7 月 30 日，王某、胡某潜回太原，贾某前往机场迎接并透露了公安机关正在抓捕二人的消息。8 月 1 日，贾某又提供了本人的工作用车，送王某逃往石家庄。

4. 案件操作手法

王某旗下的四家企业，无一家盈利，均在太原市商业银行南内环街支行开有账户。从案件本身看，张某与王某的关联是里外“合作”，靠着太原市商业银行这个“输水管”，开掘各种发财之道。王某采用高额息差的方式，以“引存贷款”的名义，先将企业贷款引存到南内环街支行，之后在张某的协助下，提供开户公司印鉴卡复印件，借此私刻印章，伪造担保证明，将存款取出。

另外，张某几乎没有找行内的其他人来“协助”作案，只交由南内环街支行一名临时工直接操作，从 2001 年 5 月开始，将存款客户开户资料提供给王某用于私刻印章，伪造存款单位的转账支票。如此一来，原来要经过四五道“关口”的贷款诈骗变得一步到位。

5. 终审判决

2005 年 1 月 21 日山西省高级人民法院终审判决：

贾某犯受贿罪、帮助犯罪分子逃避处罚罪，数罪并罚，执行有期徒刑 15 年。

2005 年 6 月 14 日，山西省高级人民法院终审判决：

张某犯票据诈骗罪、贷款诈骗罪，决定执行死刑，缓期 2 年执行，剥夺政治权利终身，并处没收个人全部财产；

薛某犯挪用公款罪、票据诈骗罪，决定执行无期徒刑，剥夺政治权利终身，并处罚金 20 万元；

胡某犯票据诈骗罪、贷款诈骗罪、挪用公款罪，决定执行有期徒刑

20 年，并处罚金人民币 100 万元；

董某犯票据诈骗罪，判处有期徒刑 5 年，并处罚金人民币 10 万元；

梁某犯包庇罪，判处有期徒刑 2 年零 8 个月。

6. 相关案件

张某案发前后，山西省连续发生“十起金融大案”。在这个晋商及票号发源之地，各种身份的“资金贩子”以各自的方式掘金、生存，甚至创造出惊天的财富神话。在近几年太原的十多起金融诈骗案中，王某的诈骗手法并不少见。

2000 年，康某、耿某等就曾以“引存贷款、体外循环”的名义，将山西省第六建筑工程公司、山西阳光房地产有限公司共计 1 500 万元引入指定银行，之后利用伪造支票从银行支取 1 484. 996 万元；中介人王某获得 77. 6 万元利差。

2001 年，覃某、高某以“高息引存”的名义诱骗山西统配煤炭经销公司、太原市住宅业担保有限公司 500 万元存入银行，之后制作假转账支票分两次转走存款 485 万元。

二、监管分析

如此大案，究其原因，主要有以下几点：

（一）银行内控制度的缺失

一方面是因为当地银行防伪手段落后，目前的印鉴真伪鉴定还停留在对角阶段，以至于在王某案中，假利息单、对账单都没有被发现。另一方面，银行内部实行的“柜员制”也是一个重要原因。所谓“柜员制”，即在前台将接柜、存取、审批检验、复核等交一人包办。简化程序之余，监管力度顿显不够。这也客观上提供了银行内部人员的犯罪条件。

（二）高息揽存的过度激励

在银行竞争激烈的压力下，部分银行为了完成存款、贷款的指标任务，就会产生“高息揽存”、“以存引贷”等不良竞争手段。正如张某在辩护词中所解释：“本人主观涉及这个案子时的一个贯穿始终的想法就是拉存款，完成存款任务。”从存款者的角度看，存款单位通常都会事先与银行定下“规定时间不能动存款”的承诺协议，同时，存款单位的领导会获得一笔营销费用。而从银行来看，一存一贷之间，银行的业绩水平能得到大幅度提升。

（三）资金贩子的催化作用

部分银行“高息揽存”、“协存定贷”、“以存引贷”等不良竞争手段，已经导致专门以非法中介资金为营生的人员出现，当地称之为“资金贩子”。所谓高息实际就是给引贷方的好处费，正常情况下，付息后还要再给承办人一定比例的劳务费。

在2002年5月，薛某通过赵某的弟弟以高额息差的方式，将太原市房地产管理局的1 600万元按王某要求引存到南内环街支行，赵某从中得到的中介费就达到110万元。正是这种变相的“利差”，滋生了贷款诈骗和票据诈骗的“肥沃土壤”。

而当更多的张某自觉成为“资金贩子”的内线，自觉为王某们服务到家的时候，张某式的悲剧就会相继发生。

金融机构的内部控制是实施有效金融监管的前提和基础。世界金融监管的实践表明，外部金融监管的力量无论多么强大，监管的程度无论如何细致而周密，如果没有金融机构的内部控制相配合也往往会事倍功半，使金融监管效果大打折扣。

我国金融违规案件频繁发生，大多与内控制度缺陷有着直接的联系，因此建立科学、合理、严密的内控制度成为我国金融监管的重要任务。

对于监管者来说，应该从此案中得到启示。商业银行应建立以操作规程为基础，岗位独立、人员分工、职责分明的业务操作制度。业务操作规程是程序控制的问题，是商业银行控制业务风险的基础环节。建立业务操作规程，一是要严格岗位分工，切实根据业务运作的实际需要，因事设岗、因岗设人；二是要按照每一项业务至少必须有两个岗位或两个以上人员参与记录、核算和管理的要求，明确各岗位或员工业务操作中的责权划分，按各自的工作性质、权限承担相应的工作责任；三是要加强业务操作的事后检查，每项业务要求由一名业务主管或专门岗位对该项业务处理的流程进行综合把关和全过程检查，确保各岗位按职责要求正确处理同一业务，发现问题及时纠正。

健全商业银行信贷内控机制，一要解决制度有无的问题，解决制度设计原则和方法问题；二要解决执行的问题，健全的制度要付诸实施；三要解决检查监督问题。目前信贷业务操作制度的建立应着眼于以下几个方面：建立健全审贷分离决策制度；建立符合《贷款通则》和《商业银行法》的贷款操作细则；建立健全贷款监控制度；建立健全贷款风险权责对应制度；建立健全贷款业务目标控制制度；建立健全内部贷款稽核审计制度。

第四节　中国建设银行吉林省分行3.2亿元诈骗案

一、案情回放

（一）案情概要

2000年，吉林省电力公司在中国建设银行吉林省长春市的朝阳支行存入了2 000万元。2001年4月27日，吉林省电力公司的财务人员拿着这张2 000万元的存单到建设银行朝阳支行去取款，但却被告知，这笔钱早已被取走。公司的存款被取走了，但公司自己却毫不知情，电力公司的财务人员立即拨打110报案。在随后不到一个月的时间里，长春市又有多家单位报案，它们存在建设银行的钱也都像吉林省电力公司那样莫名其妙地被取走了，其中，东北电力集团吉林代理处1 000万元，长春市财政局社会保障中心5 000万元，吉林省新闻出版局1 000万元，吉林省地税局农业税管理处2 892万元，中国银河证券有限公司长春证券营业部2 000万元，长春铁路局住房公积金管理中心2 000万元。经过吉林警方最后统计，长春市的30多家单位，总共有多达3亿多元的存款不翼而飞，而这些失踪的存款案几乎都发生在建设银行朝阳支行和建设银行铁路支行。由于这起诈骗案涉及巨额资金，成为吉林省自新中国成立以来最大的金融诈骗案，引起相关部门的高度重视，吉林省公安厅专门成立了一个专案组，将吉林省电力公司报案的4月27日设立为本案的代号，叫427专案组，负责侦破此案。

此案发生在1999年12月至2001年4月间，涉及金额巨大，牵涉人员众多，是典型的金融诈骗案。该诈骗团伙以长春市铭雨集团为掩护，拉拢腐蚀银行工作人员，采取私刻印章、伪造印鉴，制作假合同、假存款证明书，伪造资信材料、担保文件等手段，进行贷款、承兑汇票的诈骗，诈骗总金额为32 844万元。

（二）案情进程

该案的主要人物涉及张某、郭某和潘某。张某深谙财务制度，他的下面有一个产业群，而这些公司都是一些皮包公司和虚假公司，这些公司成立之初就是为了向银行套取资金。按照张某的话讲，他把银行当成要钓的鱼，为了钓到鱼，就要首先找好鱼爱吃的饵，对银行来讲，这个饵就是存款。他找到一些有门路的人，并向这些人许诺，只要拉到存款，就能得到存款额10%的回扣。在高额回扣的诱惑下，张某的身边迅速聚集了一群专拉存款的人，这些人被长春人叫做“悠子”。一些单位的巨额存款，被一笔笔地拉到了指定的银行，完成了整个诈骗案的第一步。

幕后操纵这一切的张某，其下一步目标就是要把这些存在银行的钱转到自己的囊中。按照银行的规定，支票要转账，支票上必须要盖两个章，一个法人章、一个财务专用章，而且，这两个章要与在银行里面预先留存的法人印鉴和财务专用印鉴完全一致。而张某既不是存款单位的职工，也不是银行的工作人员，因此，凭张某一人的能力显然不能做到这一点。而且警方在该案的调查中发现，犯罪嫌疑人伪造的假票据堆了满满一柜子，这些假票据中有很多明显的破绽，但令人惊讶的是，张某这些制作粗糙的假支票居然都顺利过关了。以此为线索，该案的其他主要人物浮出水面。警方调查发现，建设银行铁路支行副行长郭某与营业员潘某在该案中充当了内鬼，让张某顺利将钱非法转到了自己公司账上。那么张某是如何与郭某、潘某建立联系的呢？无疑这里面存在着金钱交易。事后警方的调查也证实了这一点。张某曾经在珠海购买了两栋紧邻的别墅，一套张某自己住，另一套就送给了郭某。至于潘某，张某充分利用了他的财务经理张某，几乎每次转款都由财务经理张某操办。而建设银行铁路支行的营业员潘某是财务经理张某的女朋友，每次张某都去她那里拿存款单位预留的印鉴，并照样子刻一个假章，然后铁路支行副行长郭某就会给他的假造单据签名盖章。有了郭某和潘某这些内线，铁路支行的钱就成了张某的私人金库，数以亿计的存款就这样蒸发了。那么，建设银行朝阳支行又是如何被拉下水的呢？因为在套取铁路支行资金的过程之中，有两次存款单位的财务人员要求取款，郭某感到十分恐慌，就动用银行的资金转入被害单位的账号，让被害单位把钱划走。郭某担心局面难以控制，而且铁路支行也几乎被张某掏空了，于是他建议张某到别的银行下手。随即，张某及其同伙迅速用同样的手法把朝阳支行的负责人拉下了水，使得这家银行成了张某的第二个小金库。

在整个事件中，张某是真正的受益者。警方调查了建设银行的资金流向，发现这些失踪的大笔资金都转账到长春市的几个小公司，转账通过假印鉴、印章和其他假金融凭证进行，然后再被分期分批转走或提现。警方在核查这些小公司的工商登记情况时，发现大部分公司的法人代表恰恰就是张某。至此，整个案件真相大白。

（三）案件处理结果

建设银行对内部涉案人员及相关责任人员 36 人作出了严肃处理：开除处分 10 人，留用察看处分 9 人，撤职处分 8 人，记大过处分 1 人。记过处分 7 人，警告处分 1 人。在被处分人员中，厅级干部 1 人，处级干部 8 人，科级干部 11 人，一般员工 16 人。其中，吉林省分行党委委员、副行长兼营业部总经理杨某被撤销党内外职务。总行在全行范围内对吉林省分行予以通报批评。铁路支行副行长郭某、朝阳支行营业部主任于某等6名内部涉案人员被移送司法机关追究刑事责任。2005年3月，长春市中级人民法院宣判，建设银行铁路支行副行长郭某被判无期徒刑、营业员潘某被判无期徒刑。之后在案件彻底查清后，本案主犯张某和建设银行朝阳支行行长孙某以及其他十多名银行工作人员也被绳之以法，处以相应的刑罚。

二、监管思考

（一）案发原因

1. 利益开道，外图内谋

其犯罪线路图为：疯狂揽储→勾结“内鬼”→制假凭证→挪用（或诈骗）资金。在这个线路图中，不与“内鬼”勾结诈骗很难得逞。具体来讲，张某首先以高回扣为诱饵，把大量存款吸引到他控制的银行；然后，再伙同银行内部人员，伪造金融凭证，把这些存款转到自己的腰包里。在这个过程中，他需要企业的财务人员、中间人和银行工作人员层层配合。而如何谋求这些人的配合，最重要的武器就是利益，说白了就是金钱。

2. 风控薄弱，管理不当

这主要体现在那些丢失存款的单位，其财务人员均未按照金融管理规定亲自去存款，而是委托并非本单位职工的中间人去办理，这其中就蕴含了诈骗风险。在风险控制方面，建设银行已在该方面启动三项改革举措：一是对风险管理实行垂直管理体制，已选定四个分行进行试点，然后在全行推开；二是尝试风险经理与业务经理的协调配合的作业模式，把风险管理的关口前移到业务第一线；三是在全辖范围实施内部审计垂直管理，强化内部审计机构的独立性和权威性。争取用3~4年时间，建立起科学、规范、有效的内部审计体系。

3. 过度揽储，隐患丛生

揽储是目前各商业银行十分普遍的现象，道理很简单，因为银行只有存款多了，才会有更多的钱贷出去，才会有存贷差，才会有银行利润。这是银行经营最为传统的模式，也是我国各商业银行乐此不疲进行揽储的原动力。在我国目前的16家商业银行中，以存贷差方式所赚的利润占总利润的80%以上，其余20%的利润才来自中间业务。而国外一些成功银行却不是这样。如花旗银行，其70%的利润来自中间业务。为了揽储，国内许多银行暗地里将员工所吸引的存款数和奖金挂钩，有的甚至与职位升迁挂钩。尽管这是监管层屡屡禁止的，但屡禁不止。目前各银行揽储现象依然严重，不仅国有商业银行如此，股份制银行更甚。

“揽储”这一现象，在实践中常常表现为“高息揽存”，也就是通过变相提高存款利息或者给予某些经济利益来达到增加存款数量的目的。随着金融体制改革的深入，我国金融机构暴露出一些问题，如市场竞争力量薄弱、个性化金融服务欠缺、中间业务亟待拓展等，特别是我国大部分金融机构尤其是国有商业银行对金融产品、市场开发力度不够，经营管理效率、效益比较低，这些与金融机构“揽储”热不无联系。现实是，我国商业银行主要还是依靠存贷利息差来维持盈利，在竞争激烈的情况下，商业银行的经营压力因此逐渐加大。由于揽储压力的存在，大案要案中的银行内部员工（内鬼）通过金融大盗拉来存款，这样银行员工业绩就能上去。为此，他们对金融大盗的要求尽量满足，力求稳住存款源，即便给他们放贷，也会怠于审查，甚至提供存款客户的预留印鉴或者帮助伪造金融票据。这一系列运作与现有的法律制度和银行内控体系的漏洞不无关系。虽然《银行业监督管理法》、《商业银行法》等法律都对商业银行的监管和经营作出了规定，但是从现行法律规定来看，金融监管部门对银行存款方面的规定，主要体现在对储蓄存款的保密和存款利率的严格控制上，其余的相关规定都比较原则化，缺乏操作性。

4. 程序过简，监管不力

我国银行业中普遍实行“柜员制”，所谓柜员制是指前台接柜、存取、审批检验、复核等程序交由一人包办，简化程序之余，监管力度顿显不够，这也客观上提供了银行内部人员的犯罪条件。在本案例中，正是由于所有的手续都经由潘某一人来操办，失去了内部员工的监督，才致使其屡次得手。

5. 金融监管不到位

首先，监管理念缺位。突出表现为认识上的误区。职能转换后，一些基层监管机构尚未真正找到抓金融监管的感觉，口头讲的多，行政推力多，跟“风”行动多，整体考虑少，工作上缺乏“一盘棋”的统筹安排。部分监管人员专业钻研不精深，难以理解、吸纳和消化新业务，造成思想僵化、方法落后；个别人甚至受利益驱动，借检查为名向金融机构“索拿卡要”，职能越位为监管机构带来负面影响。种种思想观念障碍，使得基层金融监管无所适从，成为“模糊监管”。

其次，监管力量缺乏。一是队伍配备不足，二是人员结构老化，三是专业素质低下。由于基层教育培训工作在金融监管方面较为零散，培训次数、人数整体不够，监管人员掌握新技能不多，知识结构不均，监管能力不强，难以适应现代化监管形势需要。

再次，监管机制存在缺陷。目前金融监管体系涉及银行、保险、证券、财政、税务、政府及公、检、法、工商等职能部门，涵盖面广，系统性强。基层监管机构内部业务有一定交叉，造成分工不清、定位不明，监管活动缺乏针对性，或单兵作战，或重复监管，效低质差，刚性不强。从社会环境来看，基于工作职能及部门利益，各部门侧重点和出发点不尽相同，各唱各的调，在经济金融运作管理中，难以真正发挥监管整体效应。政令不通、决而不行、推诿扯皮、“中梗阻”现象严重。

最后，监管手段缺力。集中体现为监管方式的客观缺陷。目前基层金融监管多凭红头文件办事，按上级布置谋划，凭老经验“跟着感觉走”，监管滞后，甚至出现“马后炮”。同时，某些重要项目和环节仍采用传统、低效的手工作业，电子化水平不高。随着金融体制改革的不断深入以及金融创新的步伐加快，这种模式已经落伍，缺乏行之有效的宏观控制和微观约束力，易制造监管“盲区”，从而严重削弱了监管工作的及时性、准确性和完整性，增大了监管难度系数。

（二）监管对策

1. 健全企业内控制度

商业银行内部控制是银行为实现经营目标，通过制定和实施一系列制度、程序和方法，对风险进行事前防范、事中控制、事后监督和纠正的动态过程和机制。内部控制不仅是商业银行控制风险的一个重要手段，也是提高效率、实现经营目标的一个重要保障。因此，改进和完善内部控制的对策措施，对于商业银行防范和化解经营风险，提高经营效益，建立现代商业银行制度具有重要的现实意义。内部控制是一个需要董事会、高级管理层和各级工作人员共同努力才能实现的过程。机构内部每个工作人员都必须参与这一过程。目前商业银行的内控文化并未真正形成，特别是基层机构部分工作人员还未充分认识到内控和风险管理的内涵；部分基层机构内控制度执行情况不容乐观，有章不循、违规操作的现象依然存在。银行总行制定的管理办法和制度，在一些基层机构得不到全面落实。因此，必须加强我国商业银行的内部控制建设，其中问责制是内部控制的一项非常重要的内容。2004 年 5 月 8 日，建设银行出台了《关于追究案件发生机构及其上级机构领导人员责任的规定》（以下简称《规定》），实行领导人员失职引咎辞职、责令辞职、免职制度。

《规定》明确，建设银行领导人员严重失职，导致辖内发生案件或违规问题，具有以下情形的应当引咎辞职：辖内发生多起案件或重大违规问题；涉及金额巨大或损失严重的；性质严重，社会影响恶劣的；严重挫伤员工积极性的。同时，对出现下列情形之一的将从严处理：案件和违规问题由上级机构或国家监管机关检查、违法违规行为人逃匿等非自查方式发现的；发生案件和违规问题瞒案不报，或上报时弄虚作假的；查处整改工作不力的。

2. 加强银行外部监管

由于银行机构对操作风险的识别与控制能力不能适应业务发展的问题突出，一些银行机构相关制度不健全，或者对制度执行情况缺乏有效监督，对不执行制度规定者查处不力，风险管理和内部控制薄弱，为防止大案、要案屡次发生，预防银行资金损失，中国银行业监督管理委员会发布了《关于加大防范操作风险工作力度的通知》（以下简称《通知》），作为银监局对辖内银行业机构的操作风险进行监管的要求和依据，要求银行机构采取切实措施有效防范和控制操作风险。针对银行业机构当前在防范操作风险方面需要特别着力的一些具体工作，《通知》提出了13条指导意见，大致包括三部分内容：一是对银行机构的要求，具体内容涉及操作风险的规章制度建设、稽核建设、基层行的合规性监督、订立职责制、行务管理公开制度等方面；二是对人员的要求，具体涉及人员轮岗轮调、重要岗位人员的行为失范监察制度和举报人员的激励机制等；三是关于银行账户管理的要求，具体涉及对账制度、未达账项管理、印押证管理、账外经营监控、改进科技信息系统等。

3. 尽快实现机制转换

股份制改革以后，建设银行一方面稳步推进体制改革和机制转换，一方面突出业务发展和风险内控两个工作重点，资产质量和经营效益得到进一步提高，主要经营指标全面上升。建设银行把分离制衡作为改革的一项重要原则。完善内控机制，对关键业务风险点定岗定人，建立了标准化的操作规程，从制度、技术手段等各个方面加强了对风险的控制和经济案件的防范力度。

讨论与思考

1. 基层行长“伪村长”的文化特征是什么？
2. 操作风险与道德风险的内在联系是什么？
3. 金融诈骗罪与非法集资罪的区别是什么？
4. 金融从业人员职业道德规范的难点在哪里？
5. 银行从业人员强制休假与轮岗制度的重要性有哪些？
6. 银行转轨过程中如何识别“能人”？
7. 银行应当如何平衡创新与规范的关系？

第四章　证券业典型案例

第一节　国美电器内幕交易案

一、案件介绍

（一）主要人物简介

黄某1986年在北京前门的珠市口东大街420号盘下了一个100平方米的名叫“国美”的门面。1992年，在北京地区初步进行连锁经营，将旗下所持有的几家店铺统一命名为“国美电器”。1993年，黄某的小门面变成了一家大型电器商城；1995年，国美电器商城从一家变成了10家；1999年国美进军天津，此后开始大规模向全国扩张。同年，创办了总资产约50亿元的鹏润投资有限公司，进行资本运作。2003年资产达到18亿元，在胡润百富榜上排名第27位。2004年6月，鹏润集团以83亿港元的价格，收购22个城市94家国美门店资产65%的股权。国美实现以借壳方式在香港上市，黄某资产突破亿元，成为中国首富。2008年，因涉嫌操纵股市，黄某被公安机关逮捕。2010年黄某被判处14年有期徒刑，罚金8亿元人民币。

杜某原任中国银行放款专员，1993年因为工作关系与黄某相识，

1996年两人结婚。后来加入国美集团，与黄某共同拥有国美约34%的股份。目前，杜某全资拥有Captain Holdings Limited及万盛源资产管理有限公司，两家公司皆为国美的持股股东。后杜某因内幕交易案而被迫辞去国美集团行政职务。2010年8月30日二审，杜某被判处有期徒刑3年，缓期3年执行。

许某系原北京中关村科技发展（控股）股份有限公司董事长、北京中关村四环医药开发有限责任公司董事长、广东阳光网苑连锁发展有限公司副董事长、北京潮人商会副会长。曾任阳光文化媒体集团执行董事、北京京文唱片传播有限公司董事长、北京潮好味投资管理有限公司董事长。2009年他因牵涉黄某案件被调查。2010年5月18日，黄某案一审宣判在北京市第二中级法院作出，许某因内幕交易、泄露内幕信息罪（从犯）以及单位行贿罪，获刑3年。

（二）案情回放

2008年11月17日晚，39岁的国美电器控股有限公司董事局主席黄某因涉嫌“操纵市场”被北京市公安局带走调查。据《财经》报道，此次黄某被拘查与政府严打证券市场操纵股价有密切关系。黄某涉嫌操纵的股票是被称为2007年第一“妖股”的＊ST金泰，而＊ST金泰正是由其兄黄某控股。

资料显示，＊ST金泰曾在2007年内短期创造出40多个涨停的纪录。黄某的哥哥系新恒基集团创始人，于2001年12月着手收购＊ST金泰，通过其掌控的北京新恒基投资管理集团有限公司和北京新恒基房地产集团有限公司，在＊ST金泰分别持股10%和1.92%。2007年7月9日，＊ST金泰发布资产重组公告称，将以每股不低于3.18元的价格，向特定对象非公开发行80亿A股。其中，控股股东新恒基控股集团及北京新恒基房地产集团有限公司，以旗下价值221亿元（未经审计）的9个地产项目资产，认购70亿股，其他特定投资者现金认购10亿股，预期募集资金25.65亿元。2007年7月9日，＊ST金泰公布大股东新恒基地产的资产注入方案后，其股价就开始了暴涨狂潮，连续42个交易日内天天开盘即告封停，至8月30日股价已自停牌前的3.16元直线上涨至25.31元。8月31日，＊ST金泰最高价达到了26.58元，按照定向增发80亿股完成后计算的总市值将达到2 166亿元。实际控制人黄某的纸上财富数额直逼亚洲首富李嘉诚。大涨之后是大跌。8月31日，＊ST金泰在早盘仅维持了很短时间的涨停价26.58元，就迅速被打开，随即展开了连续7个跌停。2008年4月，＊ST金泰跌至8元，11月21日收于2.31元。2008年10月31日该公司发布年度预亏公告，其三季报的股东权益为-2亿元。业界怀疑整个事件的神秘幕后推手正是黄某本人。

当一切都在猜测当中时，案情又有所变化。证监会通报：在2008年3月28日和4月28日，证监会对三联商社和中关村这两只股票的异常交易进行立案调查。在调查中发现，在涉及上述公司重组资产置换重大事项过程中，北京鹏润投资有限公司有重大违法违规嫌疑，而鹏润实际控制人是国美电器公司董事局主席黄某。案件涉及数目巨大，证监会已将相关资料送交公安机关。

2008年，交易所在监控中发现中关村股票有异动，于是上报证监会，相关部门进行初查后发现涉嫌违规，于2008年4月28日对中关村股票异常交易进行正式立案稽查。而此前于2006年4月，黄某实际控制的鹏泰投资耗资7 855.82万元从北京住总集团手中受让中关村15%的股权，成为位列时任中关村总经理段某控制的海源控股之后的第二大股东。

鹏泰投资成立于2001年5月25日，注册资本5 000万元，是一家由电器零售行发展成的一个多领域经营、跨行业拓展的大型综合投资公司。公司业务涵盖房地产、零售业、投资业，主要从事项目投资管理、投资咨询、技术咨询和技术服务等业务，总资产超过50亿元，可同时开展多个项目的投资运作。公司旗下有北京鹏润房地产开发公司、北京国美电器有限公司、北京鹏泰投资有限公司等全资子公司。该公司两家股东分别为持股80%的北京鹏润投资有限公司、持股20%的北京国美电器有限公司。三个月后，该项股权转让协议终止的同时，北京住总集团40%的股权被分别转让给鹏泰投资（27.51%）、广东粤文音像（7.5%）和段某控制的海源控股（5%），再加上此前鹏泰投资从北京市国有资产公司和联想控股手中协议受让的1 400万股法人股，黄某耗资1.54亿元获得了中关村的实际控制权。

2007年6月27日，中关村和2006年底成为控股股东的鹏泰投资签订资产重组协议，以其持有的启迪控股33.33%股权置换鹏泰投资持有的中关村建设48.25%的股权，至此，中关村共持有中关村建设93.25%的股权。与此同时，中关村建设与鹏泰投资旗下的鹏润地产也签署了债务重组协议，鹏润地产承接中关村建设的2.75亿元债务本金和利息。

值得注意的是，此事发生的2007年6~7月间，中关村股价持续下跌，并在6月26日达到当时的最低价，走势明显异于大盘。利好消息公布前股价下跌，似乎有悖常理。到了9月3日、4日，中关村股票交易放巨量。一位市场人士分析认为，主力可能是在4~7月间逐步进入，并在利好消息公布前砸盘洗筹，在消息公布后的9月出逃。此间，中关村股票从7元涨到17元。之后，股价涨到高位后停牌了7个月。2008年5月7日，中关村复牌并宣布鹏润地产注入180亿元巨资的重组消息。然而，消息公布后，公司股价却开始高台跳水，急转直下。结局到2008年8月29日才公开。当天，中关村公告，放弃通过非公开发行注入鹏润地产的重组方案。

根据Wind数据，中关村前十大股东里，个人流通股股东龙某在2007年6月30日持股392.24万股，在同年9月30日完全退出。值得注意的是，仅在2007年6月30日出现的前十大自然人流通股股东中的荣某、吴某、马某、高某、邱某、凌某、俞某、唐某8人也在2007年9月30日集体退出十大流通股股东名单。也就是说，上述几人共持有1 401万流通股集体进入又集体退出中关村十大流通股股东，而进出时间又是敏感时期即公布上述重组消息前后。黄某正是通过上述账户控制多个账户进行股票买卖，获得巨额收益。

一审中，检方认定，2007年和2008年，作为中关村科技发展（控股）股份有限公司的实际控制人，在决定资产重组期间，黄某在得知上市公司中关村重组消息后，连同妻子杜某、原中关村董事长许某开设80多个股票账户，由杜某负责指挥操盘手，累计买进1亿余股中关村股票，成交额逾 14.15 亿余元。账面收益额为 3.09 亿余元。2010 年 5 月，北京市中级人民法院作出一审判决，认定黄某、杜某及许某分别涉嫌非法经营罪、内幕交易罪、单位行贿罪。

备受关注的国美电器黄某案于2010 年 8 月 30 日在北京市高级人民法院进行了二审宣判。黄某三罪并罚被判 14 年以及罚没 8 亿元人民币的判决维持不变；其妻子杜某被改判缓刑，即被判处有期徒刑 3 年缓期 3 年。

二、监管分析及建议

股权分置改革后，“大小非”完全解禁的上市公司将会越来越多。而证券市场上上市公司的大股东与公司经理层通过内幕信息侵害外部投资者利益的发案率也在上升。对 2010 年审结的黄某内幕交易案进行分析与总结具有特殊意义。黄某等人之所以敢通过内幕交易牟取巨大的私利固然与其个人道德观、修养相关，但不可否认的是，监管机构对证券市场内幕交易监管不力也是促成该案发生的重要原因。

（一）内幕交易隐蔽性强

内幕交易隐蔽性强，取证困难给了违法者可乘之机。内幕交易是指内幕人员和以不正当手段获取内幕信息的其他人员违反法律、法规的规定，泄露内幕信息，根据内幕信息买卖证券或者向他人提出买卖证券建议的行为，从而达到获利或避损的目的。这种利用其特殊地位或机会获取内幕信息进行的证券交易，违反了证券市场“公开、公平、公正”的原则，侵犯了投资公众的平等知情权和财产权益。在内幕交易中，内幕信息的持有者通过内幕信息获取非法利益，而其他人并没有掌握内幕信息，会在可预期的证券市场上受到损失。但从表象上看，损失却是投资人选择的结果，如果违法犯罪行为不被揭露，投资人很难知道其经济损失是人为因素所致。我国现行的内幕交易主要是由监督管理部门调查取证，作为局外人要理清其中枝节着实困难，因而很多时候，案件的查处是一拖再拖，大事化小，或是不了了之。本案中，黄某 2008 年 11 月被捕，案件 2010 年 8 月审结，历经近两年，如果从证监会调查时起算时间，历时超过 3 年。如此漫长的查处，也就难怪黄某案发后，市场上的内幕交易依然屡见不鲜。为此，我们可以借鉴美国的有罪推定、举证责任倒置，由内幕交易嫌疑人举证说明交易行为的合法性，如果行为人无法证明其行为的合法性，其交易所得就应当返还，并受到处罚。

（二）内幕交易惩戒偏轻

与发达国家相比，除了在取证制度上的缺陷以外，我国偏轻的内幕交易惩戒也是该类行为屡禁不止的重要原因。美国 1984 年通过了《内幕交易处罚法》，对那些根据内幕信息买卖股票而获利或减少损失者，按照其“违法所得”或“避免损失”处以 3 倍的罚款，在学理上这笔罚款被称为民事罚款。1988 年的《内幕交易及证券欺诈制裁法》，引入了行政罚款制度，即无须考虑内幕交易者是否有“利润所得”，而一概予以罚款处罚，自然人的处罚金额被提高至 10 万至 100 万美元，法人则可被处以高达 250 万美元的行政罚款。2002 年通过的《公众公司会计改革和投资者保护法》进一步规定，任何人通过信息欺诈或价格操纵、内幕交易在证券市场获取利益，最多可监禁 25 年或处以罚款；对违法的注册会计师可判处 10 年以下监禁或罚款；同时还延长了对证券欺诈的追诉期，起诉时间可以延长至非法行为发现的两年内，或者非法行为实施后的五年内。相形之下，中国对内幕交易的处罚力度明显偏轻。中国修改之后的《证券法》第二百零二条规定，对内幕交易者，没收违法所得，并处以违法所得一倍以上五倍以下的罚款；没有违法所得或者违法所得不足 3 万元的，处以 3 万元以上 60 万元以下的罚款。而修改后的《刑法》中规定对内幕交易处五年以下有期徒刑或者拘役，并处或者单处违法所得一倍以上五倍以下罚金；情节特别严重的，处五年以上十年以下有期徒刑，处违法所得一倍以上五倍以下罚金。比较两者，不难发现无论是对内幕交易者的自由罚还是金钱罚，我国的法律惩戒都显著低于美国。黄某前后涉及两次内幕交易，被判刑 9 年。而美国的麦道夫年届古稀，涉嫌证券欺诈被判了 150 年。黄某案件的判决与同期美国麦道夫案判决形成了鲜明的对比。可以说，正是这种偏低的违法成本，才使得我国证券市场上的内幕交易层出不穷，众多的“黄某”们铤而走险。未来修订法律法规时，应当加大对内幕交易的处罚力度，提高处罚的数额，提升内幕交易的违法成本。

（三）监管制度的创新完善

除了在法律制度上的完善外，监管当局还可以通过一些有建设性的制度安排来提高监管效率以反内幕交易，切实保护投资者利益。例如，积极探索内幕交易举报的奖励制度，从内幕交易处罚额中明确提取一定的比例，比如3% ~5%奖励给举报人，以鼓励更多的人参与到反内幕交易中，使得内幕信息人在违法时更有所顾忌。此外，行政查处中可以像美国一样建立和解制度，如果交易人承认了内幕交易，监管者可以停止调查，促进交易人与受损者达成赔偿协议。在黄某案中，后续的民事赔偿才刚刚开始，可以预见，这将是一个耗时、耗费的工程。而如果在一开始时，监管者能够说服黄某及时认罪，积极和解赔偿，那么这个案子也可能出现三赢的局面：黄某可能避免招致更严厉的处罚与更大的名誉损失，受害者迅速获得赔偿，监管者降低监管成本。

总体上看，黄某内幕交易案的发生与查处，是证券市场在从不成熟走向成熟阶段的一个缩影。如果在未来的监管中，能够以此为鉴，整合修订现有规制内幕交易的法律法规，改善现行监管体系，提高执行效率，那么投资者保护，“公平、公正、公开”市场环境的建立就不会只是一句口号。

第二节　股市“黑嘴”汪某案

一、案件介绍

2008 年证券市场上最引人注目的一起个人案例莫过于股市“黑嘴”

汪某荐股案。中国证监会对汪某开具了史上最大的一笔罚单——没收非法所得1.25亿元，并罚款1.25亿元。汪某案，因其天价罚单而成为吸引外界眼球的焦点。此外，该案因涉嫌“操纵市场罪”移送检察院。在调查中由于案情重大、复杂，案件曾被两次延长审查起诉期限，并被退回侦查机关补充侦查两次。

（一）声名鹊起

汪某，1968年生，安徽省安庆市怀宁县人，大学本科。1989年至1998年，先后就职于中国工商银行和中国国际航空公司。1998年至2001年，服务于北京中投策投资顾问有限公司。2001年8月，汪某注册成立了北京首放投资顾问有限公司，并在其中任职。汪某为经济师，曾任某电视台证券栏目特约嘉宾，撰写《炒股看大势》。

在股市淘金过程中，不少人经常向汪某咨询行情，他都分析得鞭辟入里，头头是道。有朋友建议他：“既然你有这方面的分析能力，何不自己成立一个咨询公司?”汪某心里豁然一亮。2001年，汪某创办北京首放投资顾问有限公司。公司的主要业务，就是在公司网站上向股民推荐股票。汪某知道，要想在竞争激烈的股市中立于不败之地，必须在“业务”上比别人更精准、更到位，只要赢得广大股民的信任，何愁赚不到钱。

汪某特别注重团队建设，网罗了一批股市精英。凭借质量上乘的咨询报告，不乏新意的专业分析，他的咨询业务做得风生水起。刚开始，股民们听着他夸夸其谈，将信将疑。可是时间一长，凡是咨询过他的股民，都觉得他简直料事如神，每每采纳他的建议，总能点股成金，屡试不爽。这样，一传十、十传百，在证券咨询圈里，汪某的名气越来越响，刚过而立之年的他，便被誉为“股神”、“老汪”，成为万千股民的偶像。

（二）股市“第一名嘴”

2003年，中国股市步入熊市。就在很多人痛下决心远离股市时，各大证券媒体接到北京首放的供稿电话。与其他咨询机构剪刀加糨糊拼凑成的咨询报告不同，汪某的咨询报告深入浅出、有理有据、文辞讲究，颇得编辑青睐。在财经报刊上遍地开花后，野心勃勃的“老汪”开始进军电视和网络，他很快成为央视“中国证券”栏目的特约观察员，每天气宇轩昂地谈股论“金”，为广大股民指点迷津，他独具特色的“汪氏观点”，令众多股民深信不疑。

就在汪某咨询业务风生水起期间，“红色星期一”现象，开始在圈里蔓延。所谓“红色星期一”是指北京首放在周五总会发布一份“掘金报告”，向广大股民推荐相关股票，等下周一股市开盘，“老汪”所推荐的股票，总能位居沪深股市前列，几乎周周上榜应验，屡试不爽。股市风云，变幻莫测，而北京首放却预测得十拿九稳，不能不说是个异数。据统计，那段时间，“老汪”共向股民推荐18只股票，其中次日涨停的达6家以上，涨幅在9%以上的有2家，最少涨幅也在3%以上。北京首放的神奇魔力可见一斑。“红色星期一”现象，不仅在股民中间引起震动，也引起业内人士极大关注，虽然表面上看不出“首放模式”有任何违规现象，但大家都心知肚明，这背后肯定有资金配合。无论外界如何揣摩质疑，一个不争的事实是，汪某因“红色星期一”而战绩辉煌，不仅迅速聚敛了巨额财富，而且一跃成为国内证券业首屈一指的股评大腕，被镀金成中国股市第一名嘴。

（三）东窗事发

2008年5月，审计署在对一家国有证券公司进行审计时注意到汪某案。审计署工作人员发现，该证券公司的几个账户反复出现天量巨额交易资金，这一现象立即引起了审计署的注意，随后的审计发现，这些账户都与一个名叫汪某的人有关。这些账户在频繁的买卖操作中获利巨大。审计署对事实进行确认后上报国务院，国务院批准由证监会进行详细调查。

经证监会查明，汪某在北京首放投资顾问有限公司担任执行董事、经理期间，利用其本人与其他9人的身份证开立资金账户17个、银行账户10个，并下挂以上述个人名义开立的股票账户进行股票、权证交易。上述账户由汪某管理、使用和处置，汪某为上述账户的实际控制人。

2007 年 1 月 1 日至 2008 年 5 月 29 日，北京首放向社会公众发布咨询报告，方式包括在首放证券网上发布名为“掘金报告”的咨询报告，并提供给东方财富网、新浪网、搜狐网、全景网、《上海证券报》、《证券时报》发布或刊载，北京首放的咨询报告对投资者有比较广泛、重要的影响。在北京首放咨询报告对相关证券作出推荐或者投资建议时，汪某参与了决策过程并拥有最终的决定权。在北京首放的咨询报告发布前，汪某利用其实际控制的账户买入咨询报告推荐的证券，并在咨询报告向社会公众发布后卖出该种证券，实施了操纵市场的违法行为。

汪某以上述方式买卖的证券包括“工商银行”、“交大博通”、“中国联通”、“四川长虹”、“＊ST 夏新”、“深康佳 A”、“上海贝岭”、“士兰微”、“新疆天业”、“重庆钢铁”、“马钢 CWB1”、“武钢 CWB1”、“长江电力”、“马钢股份”、“一汽夏利”、“一汽轿车”、“五粮液”、“中国铝业”、“包头铝业”、“金证股份”、“北大荒”、“中信银行”、“红豆股份”、“好当家”、“中信证券”、“中国石化”、“华泰股份”、“深发 SFC2”、“万科 A”、“伊利 CWB1”、“申能股份”、“皖通高速”、“梅雁水电”、“民生银行”、“三佳科技”、“中海集运”、“上港 CWB1”和“吉林化纤”等 38 只股票和权证。以上买卖证券行为中，买入证券金额累计 5 260 460 467. 75 元；卖出金额累计 5 386 218 067. 25 元。根据统计，上述账户买卖证券行为合计 55 次，其中 45 次合计获利 150 785 934. 71 元；10 次合计亏损 25 028 335. 21 元，累计净获利 125 757 599. 50 元。

汪某上述行为违反了《证券法》第七十七条第一款第（四）项“以其他手段操纵证券市场”的规定，构成了《证券法》第二百零三条所述的“操纵证券市场”行为，违法行为情节特别严重。按照《证券法》第二百零三条和第二百三十三条、《证券市场禁入规定》第三条和第五条的规定，证监会决定没收汪某违法所得 125 757 599. 50 元，处以罚款 125 757 599. 50 元，并对汪某采取终身的证券市场禁入措施。同时，按照《证券法》第二百二十六条第三款的规定，证监会撤销了北京首放的证券投资咨询业务资格。此后，汪某被移送司法机关，追究刑事责任。

（四）法院判决

2010年6月初，北京市检察院第二分院以涉嫌操纵证券市场罪，对汪某提起公诉。检察院指控，汪某在担任首放公司负责人期间，于2006年7月至2008年5月，用本人及亲戚朋友的名义，开设多个证券账户，采用先买入低价股票，然后以公司名义在网站及《上海证券报》等媒介对外推荐该股票，人为影响股票交易价格，而当大量股民争相购买该股票，致使股票价格高升时，汪某本人及亲戚朋友立即高价抛出，从中获利。其中汪某利用自己实际控制的9个账户，在买卖“工商银行”“中国联通”等38只股票中，操纵证券市场55次，累计买入股票52.6亿元，卖出53.8亿元，非法获利1.25亿元。

北京市第二中级人民法院于2010年10月28日开庭审理汪某案，于2011年8月3日，对汪某进行了一审判决。法院认定汪某在担任北京首放投资顾问有限公司负责人期间，在2007年1月9日至2008年5月21日间，采取先买入38只股票，后利用首放公司名义通过媒介推荐其先期买入的股票，并在股票交易时抢先卖出，影响股票交易价格获利。汪某采取上述方式操纵证券市场55次，累计买入成交额人民币52.6亿余元，累计卖出成交额人民币53.8亿余元，非法获利共1.25亿余元归个人所有。法院认为，汪某已构成操纵证券市场罪，判处有期徒刑7年，罚金人民币1.25亿余元，其中汪某已被证监会申请强制执行并上缴国库罚款5 000余万元予以折抵。

二、监管分析

一方面，证券市场是个平民市场，市场进入门槛极低，只要开户符合起码要求，基本上人人都可以参与其中。另一方面，证券市场是个专业市场，对参与者的专业要求较高。在市场成熟的国家，通常市场是以机构参与者为主，散户为辅。大部分的普通投资者是通过购买基金，将资金委托给专业投资机构来参与市场竞争。在我国，证券市场起步较晚，基金发展不甚成熟，普通投资者更多以散户的身份参与投资。由此，证券市场形成了专业投资者与普通投资者平分秋色的格局。两者的专业背景不同，注定了后者在竞争中处于劣势。这也使得一些专业人士有机可乘。他们往往利用专业、信息优势操纵市场，损害普通投资者利益。汪某案件便是例证。汪某系科班出身，并有多年的投资经验，积累了众多人脉，能够轻而易举地调动资金，借助媒体影响投资者牟取私利。

（一）专业人士违法行为具有隐蔽性

专业人士损害投资者利益的隐蔽性加大了该类案件的查处难度。如前所述，我国证券市场是平民市场也是专业市场。平民化使得社会各阶层对该市场的关注度较高，专业化客观要求参与者具备一定的专业知识才可以维护自身的权益。通常情境下，媒体会请专业人士解析市场，实现三赢：媒体获得关注，专业人士获得知名度，普通投资者得到专业建议。在理想状态下，这应该是个很合理的方案。但仔细分析会发现，在知识不对称的情况下，如果监管不完善，专业人士可以在向普通投资者传播专业知识的同时，慢慢控制其投资行为，进而为己所用。在这种渐进式的专业操纵下，普通者无从分辨，监管者也较难识辨其真实意图。在非专业人员如“带头大哥”案件中，通过基本的身份查处就可以发现其欺诈的成分，骗局很容易被戳穿。而汪某案中，汪某具有专业的咨询资质，其借助的媒体又是中央电视台、《证券报》等一级证券媒体，很难从形式要件上发现其操纵意图，只有将其实际投资行为与其股评内容相对照才有可能发现问题。显而易见，专业人士违法行为的隐蔽性为监管者保护投资者利益增添了难度。

（二）监管的滞后性降低了保护力度

从汪某2003年通过媒体向外发布报告做股评至2008年东窗事发一共经历了5年。其间，“红色星期一”现象不仅引起了普通投资者的关注，甚至引起了专业人士的注意。在正常情况下，股价涨跌是不以人们意志为转移的。一家咨询机构在周五发布“掘金报告”，向股民推荐相关股票，下周一股市开盘时总能名列沪深涨幅的前十排行榜上，这在股价随机游走的股市简直就是奇迹。发布汪某咨询意见的媒体多为一线媒体，相关的监管部门应该很容易注意到这些非同寻常的“掘金报告”。在该报告出来之时，如果监管者能展开调查，对违法者及时予以惩戒，那么投资者的损失就可以大大减少。但事实是汪某对投资者利益的侵害持续了五年后才得到惩戒，处罚严重滞后。司法界有句名言“迟到的正义非正义”，这同样也适用于证券监管领域。受损者有可能因为监管滞后自认倒霉，更有甚者会将之视为常态，这样监管所应起到的保护示范作用将会大打折扣。除此之外，长时间滞后也往往使得案件查处贻误了最佳的时机，违法者有可能利用这段时间从容地规避监管，最终可能只有极少一部分的违法者受到应有的惩戒，更多的利益侵害者逍遥于监管制度之外。

（三）法律规范的缺失凸显监管尴尬

汪某案的行政处罚与刑事诉讼都以市场操纵行为为由。根据《证券法》第七十七条，操纵证券市场的行为分为连续交易、约定交易、自买自卖以及以其他方法操纵证券市场的行为四类，其中第四类是概括性的规定。而我国《刑法》第一百八十二条的操纵证券市场罪也用了近似的界定。本次对汪某案的起诉中，依据的正是第四类的堵截条款。这在司法界引起很大的争论，这类兜底的条款到底涵盖哪些内容，条文法、法院对该条款的解释权尺度几何，目前都处于模糊地带。“法无明文规定不为罪”，汪某案正凸显了我国证券监管中对专业人士对外发布咨询意见法律监管的尴尬。尽管此次汪某被行政处罚，被提起了刑事诉讼，但如果法律对于专业人士行为规范继续缺失，难保未来不会出现第二、第三个汪某式的“黑嘴”。例如，现在许多券商既有自营也有研究部，而券商也都有自己的股评，天天在推荐股票。从避免利益冲突问题来说，券商自营业已建仓的股票，该券商的股评人就不得对着公众“唱多”，或者说当你“唱多”时，你就不得抛售自己的持仓。这些都是基于职位的利益冲突行为，如何规制这些行为将是以后监管的一个重要课题。

（四）散户博傻心理削弱了保护效用

应该说，监管除了对股市“黑嘴”起到惩戒作用，还应当对普通投资者起到警示作用：在变幻莫测的股市中，不要过分相信“股神”与“专家”，天上不会掉馅饼只会掉陷阱。证券市场上也不乏许多有经验的中小投资者，但为什么这部分群体同样痴迷这种所谓专家的分析呢？原因在于他们在即便知悉背后陷阱的同时，依然存有博傻的侥幸心理——我比别人先一步进入，那么后来者只要大批跟进，我就能挣钱。这种“我傻，还有比我更傻的人垫底”的心理客观上弱化了监管惩戒所起的警示作用，给“黑嘴”们提供了获利的肥沃土壤，也给证券监管部门带来难题。未来监管部门除了要提高监管效率、缩短监管时滞之外，更重要的还在于加强投资者教育工作，打消普通投资者的侥幸心理，提高其自我保护的能力。

第三节 “带头大哥777”案

一、案件介绍

（一）背景介绍：股改牛市下的“伪明灯”

如果没有2005—2007年的这轮大牛市，或许没有人会知道有个“带头大哥”。因此，从某种意义上来说，“带头大哥”是大牛市的畸形产物。股改之前的A股市场哀鸿遍野，市场信心几乎丧失殆尽，绝大多数投资者遭受了严重的损失。其间，具有市场风向标之称的上证指数从2001年的最高点2 245点一路下跌，跌幅超过50%。四年多的大熊市导致市场有不堪承受之重，证券市场的三大功能日益萎缩。

2005年4月29日，中国证监会宣布启动股权分置改革。这不仅是关系到市场制度性缺陷的一场变革，也为此轮大牛市拉开了序幕。

股改消除了原先两大利益对立股东之间的裂痕，双方利益与价值取向的一致，成为投资者信心恢复的基础，也是这轮大牛市的基础；而人民币升值、流动性过剩、上市公司业绩的大幅提高等则成为牛市行情向纵深发展的“催化剂”。

2006 年，从年初的有色金属类股票的崛起，到众多“大象起舞”，再到蓝筹股的集体飙升，牛市进行得如火如荼。2007 年春节后，低价股、题材股“揭竿而起”，股价短期内实现翻番的比比皆是，市场的财富效应进一步蔓延。

与市场财富效应相对应的则是大量场外资金的蜂拥而入。基民队伍扩大了，股民的数量也迅猛增长。有资料显示，节后火暴时 A 股日开户人数从 10 万、20 万到 30 万，呈攀升态势，极致时曾达到 38 万，确实令市场惊讶。

毋庸置疑，大量对股票知识一无所知的投资者的涌入，一方面对于 A 股这个资金推动型的市场起到了推波助澜的作用；另一方面，其盲目性与非理性也无形中放大了市场风险，无论是对市场还是对投资者本人都是如此。

“带头大哥”炒股博客的出现就犹如一盏“明灯”，照亮了那些对千余只股票无所适从以及对市场走向十分迷茫的投资者。然而，这盏“明灯”却并未发出耀眼的光芒。相反，诸多投资者在其指引下，跌入了万劫不复的深渊，落得个鸡飞蛋打的结局。

讲求诚信，是对证券市场各参与方的基本要求，但在“带头大哥”身上却是毫无诚信可言。据媒体报道，“带头大哥”在自己网站上称真名叫王某，1972 年出生于吉林省长春市一个高级干部家庭，中专毕业后在人民日报某月刊任职；1992 年去上海，进入万国证券，先后做过大户管理员、操作员、分析师、操盘手和主操盘手；1995 年 2 月，个人资产达到最高峰 4 725 万元，但因“327 国债事件”输得倾家荡产。其自述经历堪称“传奇”。

实际上，“带头大哥”在自述中虚构的成分居多，其堪称“传奇”

的经历，主要是为自己脸上“贴金”。王某1995年才开立股东账户，从未进入过曾经的证券王国——万国证券，更没有在当时的万国证券担任过主操盘手，其担任董事长的长春聚隆投资咨询科技有限责任公司竟然没有在工商部门注册，实质上也存在违规行为。而且，业内人士对于他的博客点击率在短时间内的暴升也提出了严重的质疑，称其“涉嫌造假”。

从“带头大哥”的“虚假陈述”看，其并没有起到“带头”作用。很难想象，一个不讲诚信的“带头大哥”能够成为“散户的保护神”，能够将散户投资者带上财富之旅。

自从有了证券市场，股市“黑嘴”便成为其附生物，其对于市场以及投资者的危害性有目共睹。也正因为如此，监管部门对“黑嘴”们的打击与处罚从未停止过。至少到目前为止，那种以往市场上明显的“黑嘴”已有收敛的迹象。

但网络的发展特别是近几年来博客的推出，又为股市“黑嘴”提供了用武之地。炒股博客的出现，并非是偶然现象。可以说，此轮大牛市的诞生，为诸多炒股博客的大行其道奠定了坚实的基础。

“带头大哥”虽然声称其QQ群成员不是招收的会员，但本质上，并没有什么区别，其只不过是“黑嘴”的变种而已。同样是收费敛财，同样是进行个股的推荐，而且，也同样有许多的投资者深受其害。在“带头大哥”被警方控制后，其真相才浮出水面，很多参加“带头大哥”收费QQ群的网友也自发地组织起来，准备提起诉讼以维护自身的权益。

（二）案情始末：谎言与贪婪成就“777”

骗子的戏剧开场白就极具气势，以“中国第一博”为自己博取了无数人的喝彩。据了解，“带头大哥”最早于2005年在新浪开博，同时推出了股评和自传小说。只是当时并没有太多人注意他以及他的博客，他的博文点击率徘徊在几百人次，股票评论和预测文章的点击最多也就在四五千人次，这在众多新浪博客中影响并不突出。

别人可能并不会太在意自己博客的点击量，可对这位“带头大哥

777”来说，这是无法忍受的。

于是他开始编织谎言，这样叙述自己的简历：

1972 年出生于吉林省长春市一个高级干部家庭，硕士学历。

1990 年 4 月至 1992 年 8 月在上海做股票，5 万元资金起步，两年做到 350 万元。

1992 年 9 月至 1995 年 5 月，在当时总裁管某的提携下，做过大户管理员、操作员、分析师、操盘手和主操盘手。

1995 年 2 月，个人资产到达最高峰 4 725 万元；“327 国债事件”输得血本无归，倾家荡产；2005 年大盘跌破 1 000 点再次进入市场，现在个人资产超过 1 700 万元。

爱好广泛，包括时尚、旅游、电影、体育、宗教、美食、交友、文学、艺术、政治、购物、上网、健身，篮球、壁球、保龄球、高尔夫球都打得不错，会演奏 6 种乐器，精通中国和世界历史，去过 28 个国家。

为了迅速出名并进一步达到自己的目的。自诩为“散户的保护神”的王某从 2007 年 2 月起坚持在博客里发表相关股评和股市预测，因其判断连猜带蒙居然合乎了当时的股市走向，在短时间内培养了大批拥趸。2007 年 2 月，王某突然在博客中撰文称：“新浪的博客可以不通过博主本人而随意更改对新浪不利的文字，已经没有什么公平可言……新浪是店大欺客。”而据新浪内部人士回忆，新浪当时的确更改过博客里的文章，是在“审查不具合法身份的证券分析师的博客”期间，对其中有夸大嫌疑的分析作了“修改”。当时王某博客的点击率累计达到了 95 万人次，他曾理直气壮地说：“这是依靠我自己的努力得到的，新浪除了在我身上赚钱没干过什么好事。我对得起新浪，新浪对不起在下。”通过比较王某在新浪时期和网易时期的文章后，我们发现他在新浪的最后一篇文章发表于 2007 年 3 月 1 日，但是在网易，他于 2007 年 2 月 16 日就发表了一篇“新博开张”的文章，“驿路风雪”随后也来到了网易。

搬家到网易，“带头大哥”找对了地盘。网易对博客的重视，加上他自己的“忽悠”，他的博客点击率一下子飙升。2007 年 5 月 10 日，其博客点击率突破 910 万次，距 1 000 万次大关不远。曾号称“中国第一博”

的“老徐的博客”（博主是著名演员徐某），从2005年10月25日到2006年2月13日，用112天才达到1 000万次点击率，而“带头大哥”只用了3个月。若按单日点击率和增速来考虑，王某的博客显然超过了“老徐的博客”，与徐某的明星身份相比，他来自民间，因此被网民推为“中国草根第一博”。

经由网站的媒体推介和报道，王某的形象被“洗白”了。就像洗钱一样，王某自己是不能做到的，只有富有影响力的媒体才能如此。媒介的推波助澜造就了“中国第一博”，而资本股票市场中，中国当时疯狂的中小散户产生的巨大信息需求，也是推动形成“中国第一博”的另一股动因。

许多新股民在尚不具备基本知识的情况下蜂拥入市，他们渴望得到帮助，尤其是咨询方面的帮助。而现在网络成为人们获取信息的一个重要途径，那些对股市走势判断较为准确的人自然会成为股民的“宠儿”，这就是王某被广大股民奉为神的根本原因。王某不止一次地向外界表示：“我上论坛的时候感觉到一些所谓的高手都是在欺骗散户，散户比较可怜。我觉得‘带头大哥’这个名字更好一点，起码可以做一个散户的指路人吧，或者是带领散户赚钱，对抗机构。”“带头大哥”这个名号出自金庸武侠小说《天龙八部》，是一个武林中的带头人，而“777”的含义则是取其谐音“起起起”之意。

“今天大盘的表现和我昨天预测的完全一样。”这是“带头大哥777”经常使用的一句话。他的绝大多数语言都和这句话非常相似：简单、坚决，似乎不容置疑。在牛市的背景下，“带头大哥777”的博客迅速走红。一个网友曾在留言中说：“我就喜欢你这样干干脆脆的，不像别的股评家温吞水，说了半天还说不清楚。”随着影响力的增大，“带头大哥777”的话也越来越简单，经常只是给出几个股票代码让人“关注”却不解释原因。

不可否认的是，“带头大哥777”确实有点水平，他曾自吹判断准确率高达93%，但这显然是不可能的，毕竟是牛市，2007年的前5个月，股民随便买哪只股票都会获益。如果我们查找“带头大哥777”的博客，会发现在2007年股市的两个关键日期“2·27”、“5·30”股市大调整前，他没有一次预测准确，反而在调整前夕一再呼吁投资者买进，而几次空仓之后的品种反而出现快速上扬。

牛市诱人的经济收入，让无数人疯狂。人们并不知道自己正在被一个布在网络上的陷阱所包围。就在媒体和股民们对“中国第一博”的诞生赞叹不已时，2007年5月18日，央视率先质疑王某不具有股市分析师的资格，怀疑其目的是建立QQ群非法牟利，很多拥戴“大哥”的网民还在网上为他鸣冤；5月19日，王某发表声明称有一伙骗子仍在利用他的名号招摇撞骗，在网上发布招募、授课等信息来骗取大家的钱财。很多被骗的人在感谢他的提醒。

但是，当王某被刑事拘留几天之后，警方向外透露，这位热心的“大哥”，为散户谋福利的“大恩人”，谋取了散户们1 300万元人民币。

写写博客就能聚敛1 300万元的非法收入？当然不是。

互联网的发达，让“带头大哥”节省了很多前人们需要花费的策划时间，腾讯公司的“企鹅”（QQ），这个让人即时通信的工具，摇身一变成了“大哥”的招财企鹅。

2006年5月25日，“带头大哥”解散了自己专为散户免费指导和咨询的QQ群，在当年底开始通过收费QQ群谋利。

当时，他在博客中表示：从解散免费QQ群开始，他不再接受任何团队外的咨询，会专心把精力放在团队里面，“太多的散户让我寒心。我的技术也不会再去传授了，我只是个凡人，根本不可能帮助所有的人……从今天起，该收费的我坚决收费，想学习技术的，1万元一位，想成为我客户的一分钱不少收，而且没有讨价还价的余地。”

2006年底到2007年初，“带头大哥”团队成员QQ群开始广招会员，按照指导和服务内容的不同级别，各群确定每年收费标准。前后12个QQ群，每群100~120人不等，实际收取会费1 300万元以上。其中，转博后，在103天内他从“铂金群”至少获利1 100万元。

在会员向“带头大哥”银行账户转账时，其现实中的个人账户暴露了他的真名——王某，这个名字也开始为外界所知。尽管如此，依然没有一个人站出来提出质疑。

2007 年 4 月 10 日，王某在开第 9 个 QQ 群——“财茂群”时曾称，这将是其最后一个团队；该团队组建完毕后，他将不再开群。但事实上，基于“鞋都挤掉了，还是进不去呀”的股民的“恳求”，已经以牟利为主的王某及其团队，仍于 5 月 8 日同时建立了黄金群、铂金群和钻石群。

“带头大哥”的收费 QQ 群分为 12 种，如快乐群、财神群、财富群、财茂群、黄金群、铂金群和钻石群等，每种群的收费也不一样，最低的是快乐群，收取年费 3 000 元，而最高的钻石群，年费高达 3.7 万元！此外，黄金群和铂金群的年费分别是 1.3 万元和 2.7 万元。

就这样，“带头大哥”的 QQ 群聚集了来自全国各地的网民，如云南、贵州这些相对较偏远的地方都有人加入了“带头大哥”的群。据群里成员介绍，每个群的用户 100 人左右，膨胀速度惊人，而膨胀的人数多少与“带头大哥”钱包的增长成正比。

在王某被长春警方带走后的 2007 年 7 月 9 日前后，网上随即有人设立“围剿 777”的 QQ 群对王某进行声讨。群中网友股民们普遍反映的一个现象是，自己花钱入了群，但是却没有得到相应的指导。

牛市时候说什么都花好月圆，然而没有根据的预测，并不能准确地预报股市的晴雨。

2007 年上半年，面对过热的股市，5 月 29 日夜间忽然传出一条消息，有关部门决定将股票交易印花税从 1‰上调至 3‰。翌日，股市大跌。这便是令广大股民至今仍耿耿于怀的“5·30 重创”。

然而，“带头大哥 777”运气似乎特别好，他的博客从 5 月 19 日开始关闭，到 6 月 18 日才又重新开博。这期间，他自称是“去调整心情”。但长春市高新区工商局的资料显示，王某于 5 月 21 日成立了长春聚隆科技投资咨询有限公司（以下简称聚隆公司）。这证明了以后他向外界称的“我已不是一个人在战斗”的事实。

其实，王某之前就已非只身作战，在他的背后，一个 77 人的团队是其分布在北京、成都、济南、上海、深圳 5 大区的下线。“下线”们既帮他代理所辖区域内的讲课培训，发展散户和机构客户的操盘指导业务，还和他有一个共同的梦想：利用一个“25 万元起始的基金，3 年内变成 1 000 万元”。因此，这 5 大下线若不是被警方及时加以阻止，他庞大的“商业帝国”将指日可待。

不过，王某在离开博客的这段时间，却仍在 QQ 群里放“预言”。2007 年 5 月 25 日晚，他在“快乐群”内发布：大家下周一把全部股票卖出，全部换成 600212（江泉实业）。25 日当天的收盘价才 9.2 元，“大哥”却声称该股票能涨到 40 元。28 日开盘后，会员们齐刷刷地买进了 600212，然而，股价却一路下跌。加上“5·30”重创，群里的股民损失不小。

经历这次惨痛的教训，群里的会员再次对“带头大哥”自诩的 93% 的命中率产生了怀疑。此外，大家怀疑他与庄家合谋做义庄。有 QQ 群会员揭露，他们买入该股的当天，是这只股票价格最高的时候。

可笑的是，买进的时候竟然没有人怀疑。

QQ 群敛财、在线荐股、网上募资，“带头大哥”借互联网为自己设计了一条完整的非法从事证券业务之路，而这些都与他成为“中国第一博主”有关。通过博客，他聚揽了大量人气，但正如外界所评论的“成也博客，败也博客”，因为博客，也引起了证监部门的注意。

事实上，2007 年初，证监会就注意到互联网上出现了一些非法开展证券经营业务的现象。其中以“带头大哥 777”为典型。

鉴于他一系列的行为涉嫌违反相关法律法规，且此事影响面广、牵涉人员较多，中国证监会相关部门遂与警方联络协同办理此事。公安部有关领导获悉详情后，立即责成吉林警方与证监会相关部门积极配合办理，在掌握了一定的证据之后，将“带头大哥 777”控制起来。

王某违法事件在互联网上传开后，其收费 QQ 群里的网民打算通过法律手段来指控“带头大哥”。但他们发现，在加入群时所签署的合同是被精心设计的。比如入群的理由，不叫会员，而叫“培训”。“我们通过培训的方式来建立这个团队。大家和我是合同关系，是培训合同，就是接受我的有偿培训，我收取培训费。这个培训费也是合理的。”“这个知识肯定不是无偿的。另外，组织策划这些培训并现场进行讲解和答疑，是付出了劳动的。因此根据成本核算确定了4 000元到5 000元的标准。”显然，他的违法过程是经过深思熟虑的，设计了十分复杂，有着详细责任、权利、义务规定的合同来规避法律风险。也就是说，他早已意识到自己的所作所为可能会面临法律的制裁。

在“带头大哥777”出事后，不少知名股票博客也纷纷“停博”，社会上流传着政府将规范“平民股评”的说法。在“围剿777”QQ群内，一管理员表示：“我们准备对‘带头大哥’提起集体诉讼，律师说可以按诈骗进行起诉，不少网友群起响应，我们还准备聘请律师替我们打官司。”

“带头大哥777”王某等当事人利用互联网开展非法经营证券业务行为，违反了《证券法》有关未经证券监督管理机构批准，任何单位和个人不得经营证券业务的规定。证监会有关部门负责人说，“所以说，他即使不收钱也是有问题的。”根据“带头大哥”的情况，除没收非法所得外，还可能将视社会影响的大小，判以2年至5年徒刑。

2007年7月27日，吉林省警方以涉嫌非法经营投资罪向长春市人民检察院提请批准逮捕“带头大哥777”王某，并将案件的卷宗材料、证据一并移送人民检察院审查批准，这也宣告，在经过警方二十多天的缜密侦查后，“带头大哥777”案警方的侦查工作圆满完结。

二、监管反思

若非“带头大哥”事件影响巨大、涉及的人员众多，或许其真相不会这么快就被揭穿。早在2007年的五六月份，“带头大哥”就引起了监管部门的重视，后在警方的配合下，才有了上述结局。

相关的法律法规已将无资质人员的“绿色通道”予以关闭。修订后的《证券法》第一百六十九条规定，投资咨询机构、财务顾问机构、资信评级机构、资产评估机构、会计师事务所从事证券服务业务，必须经国务院证券监督管理机构和有关主管部门批准。

《证券、期货投资咨询管理暂行办法》规定，任何人未取得证券、期货投资咨询从业资格的，或者取得证券、期货投资咨询从业资格，但是未在证券、期货投资咨询机构工作的，不得从事证券、期货投资咨询业务。

而中国证监会颁布的《会员制证券投资咨询业务管理暂行规定》中亦规定，未取得证券投资咨询相关资格的机构和人员，非法从事会员制业务及其他证券投资咨询业务的，将会同工商、公安等部门予以严肃查处。

显然，“带头大哥”的所作所为严重触犯了相关的法律法规，其落得现在的下场完全是咎由自取。

从当初投资咨询机构以及无资质人员的大肆招收会员，到如今利用网站、博客、QQ 群等行骗，许多投资者遁入了被骗—觉醒—再被骗的轮回。上有政策、下有对策成为某些“黑嘴”们的敛财伎俩。然而，在此过程中，监管的滞后却值得商榷。

常常是问题出现后，并非由监管部门第一时间发现。诸如曾经的银广夏案等，都是被媒体、网络曝光后才引起监管部门的关注，但其已经对市场造成了严重的负面影响。此次“带头大哥”事件也是一样，在其通过网络蹿红并受到普遍的质疑后，监管部门才最终介入。如果不是因为市场的质疑，如果没有相关媒体的报道，“带头大哥”到底会“红”到何时，还真的是一个未知数。

“带头大哥”事件的发生，其教训是深刻的，也确实值得深思。

（一）投资者教育应常抓不懈

无论牛市还是熊市，我们注重的往往是股价涨跌的风险教育，似乎这才是其全部，事实证明这有失偏颇。作为投资者教育的一个重要组成部分，提防市场中的那些别有用心者一事也必须得到重视。此次投资者陷入诸多炒股博客、QQ 群的“传销”陷阱，其实与对投资者教育不到位甚至是不重视不无关系。

（二）及时监控新的传媒工具

网络传媒具有传播及时的特点，为股市信息传播提供了快捷的平台。然而股市从来就是真假信息的发源地，网络也就成为真假“李逵”们的表演场所。2005 年网上开博客开始兴起，当时正值股改大牛市的启动期。在博客中推荐股票，利用 QQ 群招收会员等手段就被“先知先觉”者所利用，他们在牟取暴利的同时，也扰乱了市场的秩序。监管层在规范市场的同时，也应该规范这些无资质人员的行为。然而，令市场失望的是，直到“带头大哥”的出现，监管层才予以关注。但在这近两年的牛市运行中，许多投资者却因之身陷其中，或产生亏损，或钱财被骗。

（三）转被动监管为主动监管

监管作为一项系统工程，涉及方方面面，涉及市场的健康发展与长治久安，涉及投资者的利益保护。监管工作的滞后与事后的“补位”，早已引起市场的诟病。如何扭转这一颓势值得监管层深思。

（四）提高违规者的违规成本

这其实是老生常谈，但却不能不谈。证券市场“黑嘴”们从最初的小打小闹，到“带头大哥”的千万元大案，呈现出愈演愈烈的态势。当然，事件的背后，是其影响也越来越大，危害越来越深。“带头大哥”事件的发生，又一次凸显出市场违规成本低的弊端。

规范市场的秩序，严厉打击违规行为已是刻不容缓。只有如此才能净化市场环境，继而达到保护中小投资者权益的目的。

第四节 “中科系”黑庄案

一、案件介绍

（一）案情概况

中科创业的前身为深圳康达尔（集团）股份有限公司，1994 年在深交所挂牌上市。深圳英特泰负责人朱某介入康达尔股票的时间应在 1998 年初以后，介入价位应在 9 元/股左右。1998 年一年里，康达尔的股价疯狂上扬，但由于没有业绩和题材的支撑，使其深套其中，于是想找上市公司配合，并找到在业内运作股票颇有名气的分析师吕某，时间大约在 1998 年 11 月至 12 月。

吕某在同意帮助朱某解套后，用先利诱后挟逼的办法，控制了公司的董事长。吕某控股公司后，就把公司改名为中科创业，改造为“高科技 + 金融”的新型企业，并借此进行利润包装，为其在二级市场上炒高深圳中科的股价服务。同时岁宝热电（600864）、莱钢股份（600102）、中西药业（600842）、鲁银投资（600784）和胜利股份（000407）等上市公司均被吕某纳入“中科系”。1998 年秋冬，康达尔的股价在 17 元左右，吕某进驻后，康达尔股价便一路上涨，1999 年 7 月，康达尔的股价从 36 元跃至 45 元，此后仍然继续稳站在 40 元的价位之上。到 2000 年 2 月，股价一度上涨到 80 元以上。

“中科创业”事件爆发的导火线燃于 2000 年 12 月 25 日中科创业股票的“大跳水”。当天下午 13 时，股市刚一开盘，中科创业的股价便被突如其来的 6 000 多万股卖盘牢牢地封死在跌停板上。此后的 10 个交易日中，中科创业股票一连 10 个跌停板，每次开盘就被千万股以上的抛盘封死在跌停价上。直至 2001 年 1 月 11 日，中科创业股票价格下跌的趋势才止住，中科创业市值的三分之二化为泡影。

2001年1月1日，中科创业公司的6名董事、2名监事突然以传真方式向董事会提出了辞职请求，中科创业董事会一下子分崩离析。而吕某与朱某的矛盾也日益暴露出来。吕某借助媒体公开亮相，细说中科创业崩盘“内幕”，再三表明自己是一个“善庄”，同时把股价暴跌的责任推给一起坐庄操纵股价的合作者朱某，指责其是自行斩仓获利，导致资金链条断裂的祸首。

2001年1月5日晚，深圳中科召开紧急会议，决定免去龚某特别顾问职务，免去刘某行政人事部经理职务，并严控公章，彻底与吕某决裂。到2001年1月11日，中科创业股票才止住连续跌停。而此时股价已经由33.59元跌落至13元左右。鉴于中科创业事件已严重影响了股市运行的正常秩序，2001年1月10日，中科创业被中国证监会立案稽查。

这是我国首例进入司法程序的个人与机构合谋操纵证券市场犯罪案件，涉案金额高达数十亿元人民币，涉案地域遍布全国二十多个省、自治区、直辖市。经过长达一年的侦查、补充侦查和审查起诉，2002年4月，北京市人民检察院第二分院将丁某、刘某等七名被告人操纵证券交易价格、窝藏一案连同全部五百余册案卷（诉讼文书和证据材料均为原件）移送北京市第二中级人民法院，正式提起公诉。与此同时，国内各大新闻媒体开始关注并追踪报道这起“中国股市第一大案”。检察院在起诉书中指控：1998年12月至2001年1月间，吕某（原北京燕园农业科技有限责任公司法定代表人）与朱某（原深圳市英特泰投资有限公司法定代表人）经合谋意图操纵股票代码为“0048”、股票名称为“康达尔”（后更名为中科创业，以下简称0048股票）的流通股。后吕某先后指使被告人丁某、庞某、边某等人并联合被告人上海华亚实业发展公司、董某等人（或机构），在北京、上海、浙江等二十余个省、自治区、直辖市以中科创业投资有限公司、北京克沃科技有限公司等公司或被告人丁某、边某等个人名义，与一百余家出资单位或个人签订合作协议、委托理财协议等，筹集资金共计五十四亿余元，在申银万国证券股份有限公司上海陆家浜营业部、中兴信托投资有限公司北京亚运村营业部等一百二十余家营业部，先后开设股东账户一千五百余个，同时采取以不转移实际控制权为目的的自买自卖以及利用购买深圳康达尔公司法人股并进入该上市公司董事会发布信息从而影响0048股票交易价格等方法，联合或连续买卖0048股票，其间最高持有或控制0048股票共计五千六百余万股（持股占0048股票流通股份的百分之五十五点三六），严重影响0048股票的交易价格及交易量，操纵0048股票交易价格。

被告人丁某明知吕某意图操纵0048股票交易价格，还接受吕某的指使，对二十余个省、自治区、直辖市的一百二十余家营业部所开设的一千五百余个股东账户及所筹集的资金五十四亿余元，亲自或指使被告人庞某等人进行全面的管理、调拨等，并亲自联系或参与筹集资金合同的签订，同时以被授权委托人的身份在营业部从事开户、证券买卖、转托管、指定交易与撤销指定交易、存取款、清户和转授权等活动。被告人丁某、庞某在吕某的指使下，根据吕某的要求同时或分别向被告人边某、董某、何某、李某、上海华业实业发展公司及杭州华亚实业公司等人（或公司）在所控制的一千五百余个股东账户、一百二十余家营业部下达买卖指令，严重影响0048股票的交易价格及交易量，操纵0048股票交易价格。

被告人董某、何某、李某、边某等人明知吕某意图操纵0048股票交易价格，还亲自或指使他人以有关公司或个人的名义与出资单位签订借款合同、资产委托管理协议，筹集资金数亿元不等用于吕某操纵0048股票交易价格。检察院认为：丁某等被告人操纵证券交易价格，获取不正当利益，情节严重，均构成“操纵证券交易价格罪”，应依法惩处。

（二）判决结果

2003年4月1日，在庭审结束九个多月后，北京市第二中级人民法院对此案做出了一审判决，判处上海华亚实业罚金2 300万元；分别判处丁某、庞某等6名被告人4年至2年零2个月有期徒刑，并处数量不等的罚金。迄今为止，案件主要犯罪嫌疑人吕某与朱某依然不知所终。

二、监管思考

（一）事件成因

中科事件的原因颇为复杂，从基本面看，由于业绩太差，股价严重透支，此次跳水属价值回归的要求。中科创业远非庄家所宣扬的业绩良好，拥有大量土地资源，成长性惊人。其实早已烂掉，传统行业亏损严重，为配合二级市场庄家炒作而包装业绩，导致企业财务虚数黑洞巨大；不仅没有土地资产，实际上还卷入了某些经济犯罪大案。

中科入主上市公司，主要的方式是获取公司股权，而股权转让的背后，是巨额资金的流动，中科能前后不断地取得六家上市公司的股权，它的资金从何而来？据业内人士分析，“中科系”庄家采取的可能是目前机构股票操作中普遍采用的融资融券方式，即介入某上市公司后，用所持股票进行质押贷款，融入的资金用于二级市场股价的拉升或再操作别的股票，然后再贷款、再买股票，形成一个连环套的“资金链”，以便“钱生钱”。可是，一旦有一个环节卡壳，整个资金链条就会无法运转。主策划人吕某在北京注册成立北京“中科创业”，与一些机构合作，收购中西药业29%的股份，指望用中西药业的高科技项目和其他机构的优质资产来整体置换康达尔的虚账，没想到北京中科成了中科事件的直接导火索。吕某认为中科事件与公司北京主要负责人（北京中科执行总裁）直接相关。此人被列为另案的重要调查对象，其个人股票账户被冻结后发生了突然的强行平仓。据称，类似的老鼠仓还有中科当时的董事长持有的近百万股中科创业股票，这些突然冒出的老鼠仓平仓盘一举吃掉了北京各机构的所有现金后造成了中科系列股票的连续跌停。据透露，北京的合作机构在分散的数十个营业部均曾以股票质押从银行获得流动资金，然后再买股票、再贷款，形成“连环贷款、连环投资”，而股票的下跌导致这些股票迅速沦为斩仓对象，终于引发中科创业多米诺骨牌式的跌停，中科系轰然倒下。

（二）监管分析

中科创业之所以演变成目前这种难堪的局面，绝不是偶然的。没有良好的生长环境，长不成盘根错节的参天大树；没有深厚坚实的地基，盖不成高耸入云的摩天大楼。法律法规的不健全，市场监管的不力以及管理层的疏忽等最终孕育了这一幕后巨庄。

1. 信息披露制度不够健全

以中科系事件为例，按照吕某的说法，北京机构斥资受让康达尔的部分国有股后，发现落入了投资圈套。一个真实的康达尔早已烂掉，为配合二级市场庄家炒作而包装利润，导致企业财务虚数黑洞巨大。查阅中科创业历史数据可以发现，该公司重组前的1998年盈利4 034.44万元，还算不上一家业绩差的公司。1998年香港因亚洲金融风暴冲击出现经济负增长，使康达尔以香港为主的出口市场的外贸业务增加了难度，活鸡出口供应甚至因香港“禽流感”事件而一度中断，同时国内市场需求也不畅。但就是在这些困难情况下，该公司当年的净利润仍较1997年的2 053.08万元增长96.46%。一些上市公司正是通过公布虚假信息，骗取投资者的信任，导致股价的虚增。

2. 非法融资防治措施缺乏

中国股市的市场繁荣中有相当一批是通过非法融资形成的。这些机构往往通过从券商、银行融来的资金将市场上一向不起眼的股票炒高，再对其进行包装。随后这些机构会用已经被炒高的股票去进行抵押，再操作下一只股票。一旦时间拖长，这些机构原先的成本已经微乎其微，其通过差价谋取的利润甚至可以使其手中的股票完全成为净利润。这些机构往往会使用其手中的价格指挥棒，通过塑造某只“大牛股”为自己的把戏套上神秘的光环。除其本身的炒作收益外，炒作某只股票所树立的“赫赫威名”更会使其在市场上得到很多看不见的好处。多年来，业内在光天化日之下研讨操作股票的技巧，在大庭广众之下传授经验。

3. 银行违规行为广泛存在

中科系股票市值高峰时多达100亿元，庄家融来的钱接近50亿元。

这些融来的资金大部分直接或间接来自银行。银行方面大都在中科创业的高位股价上，以1:2的质押率贷款给机构。直接的后果是，中科创业雪崩般的跌停足以让贷款者血本无归。《证券公司股票质押管理办法》规定，可流通股过分集中的股票不能作为质押物；借款人则只能是综合类证券公司的总公司。实际上，中科创业是一只筹码相当集中的强庄股，有媒体披露，中科创业“北京的合作机构在分散的数十个营业部均曾以此股票质押从银行获得流动资金”，也就是说，庄家通过券商营业部以股票为质押从银行融资——银行显然严重违规。作为银行，如果本着审慎的信贷原则，严格遵守《证券公司股票质押管理办法》，怎么可能失足于这样一只典型的强庄股？主要的原因有两个：第一，惜贷心态。银行惜贷的情况并未根本改观——“贷出去找死，贷不出去等死”。而股票质押贷款有着严格的时间限制，一般是6个月，而且有股票作为抵押物，与信用贷款相比，风险要小得多。第二，侥幸心理。股票市场所存在的内幕交易及对倒、倒仓等股价操纵行为未被管束。这些都是公开的秘密。对于人所共知的庄股，银行当然不会不知道，而总是侥幸认为管理层不会轻易介入。这容易给人一种错觉，即庄股是中国股市中的一个“合理的现象”，起码不会立即被查处。

4. 对违规行为的处罚畸轻

1999年颁布的《证券法》第一百八十四条规定：“任何人违反本法第七十一条规定，操纵证券交易价格，或者制造证券交易的虚假价格或者证券交易量，获取不正当利益或者转嫁风险的，没收违法所得，并处以违法所得一倍以上五倍以下的罚款。构成犯罪的，依法追究刑事责任。”《证券法》正式施行以来，作为一部阳光法案，其实还有很多地方没有照到，以致股市黑幕交易屡有发生。尽管股市坐庄成风，但长期不依法进行查处。管理层本身也承认：“二级市场违规问题较多，对违法违规行为查处力度不够。”纵观这些年来我国证券市场的一起又一起违规事件，凡涉及坐庄、操纵股票价格的，均以警告、少许罚款了结，仅有这一次对“中科系”庄家的追究是个例外。一些针对市场操纵者的罚款，区区几万元、十几万元，对收入丰厚的操纵者来说，根本起不到惩戒作用。相对其违规所获得的收益，则更是不成比例。像亿安科技股价操纵案罚款虽多，但真正执行时却又大打折扣。违规所得的好处多多，违规成本却如九牛一毛。由于有巨大的利益驱动，就难免庄家们违规有恃无恐了。

5. 监管层进退两难的抉择

中国证券市场从建立以来一直面临着发展与规范的两难选择，而发展有赖于市场的活跃，其中庄家起了重要的作用。不少人认为，不能将股市庄家一网打尽，还要有它们适当生存的空间，否则，中国股市就会如一潭死水。而一潭死水的股市是管理层最不愿意看到的。对于管理层而言，把市场做大是头等大事。强调市场规范则不可避免地会使市场活跃程度降低，从而延缓市场的发展进程。面对今天的中国股市，管理层就处在这样一种左右为难、进退维谷的尴尬境地。管理层很难拿出一个既严厉打击违规又保证股市稳定发展的两全之策。

6. 投资者维权的法律缺位

《证券法》和《刑法》虽然对股价操纵罪早有明确的定义，但在缺乏实施细则的情况下，司法实践上对此类案件专业知识性强、情节复杂、手段隐蔽三大特点望而却步，造成了《证券法》颁布实施后有法不依、有法难依的局面。法律对作为新兴市场危害最大、对投资者侵害最深的股价操纵犯罪行为的审判依然处在司法实践的起步探索阶段。吕某、朱某二人的在逃，可以说是对中国股市法制环境的一个莫大挑战。法律对庄家行为不应有的漠视，造成了投资者不能依赖法律有效阻退庄家操纵市场行为的威慑力来保护自己的个人利益。而法律在对庄家操纵股价行为进行事后追究的情况下，仅仅着眼于追究庄家行为对危及证券市场秩序需要承担的责任，依然不能泽及受到庄家损害的无辜投资者。投资者对个人利益维权难的问题，反映了我国证券法制不尽完善。如何摆正投资者个人权益位置的法律问题，值得法律部门、证券监管部门认真对待和切实加以解决。

讨论与思考

1. 为什么说资本市场法制建设任重而道远？
2. 内幕交易的监管难体现在几个方面？
3. 对当前各类专业股评家应当如何监管？
4. “黑庄”与“黑嘴”如何实现互动？
5. 为何以“非法经营罪”对“带头大哥”进行惩处？

第五章　期货基金业典型案例

第一节　中信泰富外汇期货巨亏案

一、案件介绍

（一）案件回放

中信泰富的前身泰富发展有限公司成立于1985年，1986年在香港联交所挂牌上市。之后中信集团购入其64.7%的股份，1991年泰富正式易名为中信泰富。1992年晋升为恒生指数成分股，成为最早进入恒生指数的红筹公司。中信泰富最大股东中国国际信托投资（香港集团）有限公司，是中国中信集团的全资附属公司，其主营业务为香港及内地的基础建设。经过十年经营，中信泰富已发展成为香港一家以基本建设、航空、地产、贸易及分销为主导的大型综合性企业，其中特种钢、物业、航空为其主营业务。中信泰富是国企控股，被视做红筹股，同时又是恒升指数的成分股，属于蓝筹股，因此被业内戏称为“紫筹股”。

中信泰富公司2006年3月与澳大利亚Mineralogy公司签署协议，收购澳大利亚西部Reton角磁铁矿的开采权。这一收购协议将为中信泰富公司带来为期25年、总量50亿~60亿吨优质铁矿石的稳定供应。在项目执行期内，中信泰富公司需要大量澳元以购买设备及其他必需品。为对冲澳元升值风险，公司从 2006 年开始与花旗银行、渣打银行、Rabobank、Natixis、瑞信、美国银行、巴克莱银行、巴黎银行香港分行、摩根士丹利资本服务、汇丰银行、国家开发银行、Calyon、德意志银行 13 家银行共签订 24 款外汇累计期权合约。合约于 2008 年 7 月 16 日签订，此时澳元对美元价格已持续 5 个月稳定在 0. 90 以上。

合约具体情况如表 4 –1 与图 4 –1 所示。

表 4 –1　　　　中信泰富外汇期货合约表

条款名称	具体内容
合约名称	AUD Target Redemption Forward
合约实质	Accumulator
合约标的	澳元/美元汇率
合约期限	24 个月
交易方式	1 000 万澳元。当澳元/美元汇率低于协议汇率时，中信泰富须按协议汇率兑换 2 500 万澳元
杠杆率	2. 5
结算方式	每月结算
敲出条款	累计盈利 350 万澳元
签订日汇率现价	0. 9740 美元/澳元
加权协议汇率	0. 8971 美元/澳元
合约开始日期	2008 年 10 月 15 日

这份合约虽然名为澳元远期合约，但却有着不对称的杠杆率和盈利封顶（敲出条款）。仅凭这两项条约我们就可基本断定，中信泰富签订的 Target Redemption Forward 实际上并不是一份单纯的远期合约，而是类似于 Accumulator（累计股票期权）的结构性金融产品。而 Accumulator 属于不具备套期保值功能的投机工具。因此，中信泰富从一开始就偏离了套期保值的目标，合约签订时便背负了巨大的投机风险。

之后全球金融危机突然降临。2008 年 9 月中旬，雷曼破产，资源性商品价格急转直下，拖累澳元兑美元价格跌破 0. 87，在危机扩张阶段最低跌至 0. 60。这一突如其来的巨幅波动造成中信泰富外汇期权交易出现

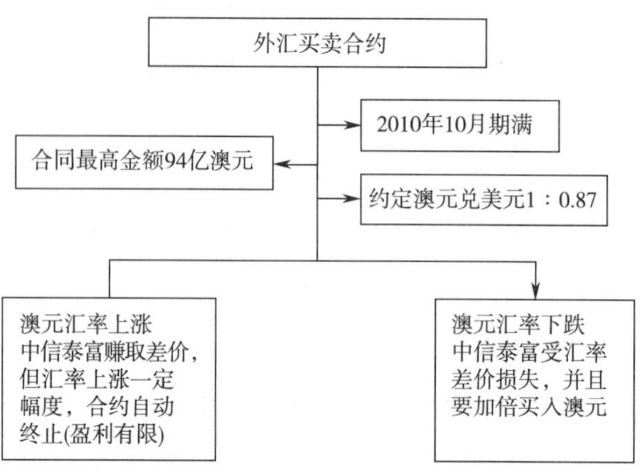

图 4－1　中信泰富外汇期货合约示意图

巨额浮亏，也使投资者陷入恐慌。

2008 年 10 月 20 日，中信（香港）集团旗下的中信泰富召开新闻发布会。中信（香港）集团主席荣某表示，中信泰富的财务董事越权与香港数家银行签订了金额巨大的澳元杠杆式远期合约，已经产生 8 亿港元的损失。他说，如果以目前的汇率市价估计，这次外汇杠杆交易可能带来高达 147 亿港元的损失。中信泰富的公告表示，有关外汇合同的签订并没有经过恰当的审批，其潜在风险也没有得到评估，部分合约已终止，剩余的合同主要以澳元为主。管理层表示，会考虑以三种方案处理手头未结清的外汇杠杆合同，包括平仓、重组合约等多种手段，同时表示中信（香港）集团同意安排 15 亿美元备用信贷。荣某在发布会上称该事件中集团财务总监没有尽到应尽的职责。他同时宣布，财务董事张某及财务总监周某已提请辞职，并获董事会批准，而与事件相关的人员将会受到纪律处分；自即日起，中信（香港）集团将委任莫某为财务董事。荣某同时声称自己对有关投资决定不知情。

2008 年 10 月 21 日，中信泰富开盘暴跌 38%，当日跌幅超过 50%，市值蒸发超过 175 亿港元，并连续三天暴跌，股价跌至 1991 年 1 月以来最低位。中信集团董事局主席荣某也因中信泰富套期保值失败而登上了“福布斯全球富豪身价缩水榜”。10 月 23 日，香港证券及期货事务监察委员会公告确认已对中信泰富的事务展开正式调查。11 月 12 日，中信泰富公布中信（香港）集团拯救方案，后者将购买中信泰富 116.25 亿港元换股债券，并接手一批潜在亏损的澳元合约。11 月 17 日，中信泰富表示，已经终止出售或减持旗下子公司大昌行股权的谈判。12 月 24 日，中信（香港）集团行使换股债券，持有的中信泰富股权从 57.56% 增至 70.46%。2009 年 1 月 2 日，中信泰富发布公告，董事局主席荣某、董事总经理范某等 17 名董事受到香港证监会调查。2009 年 3 月 25 日，中信泰富公布 2008 年度业绩，净利润亏损 126.62 亿港元，其中澳元外汇合约亏损 146.32 亿港元。2009 年 4 月 3 日，香港警方商业罪案调查科突然对中信泰富总部进行取证调查，中信泰富丑闻正式升级。2009 年 4 月 8 日，中信泰富公布重大人事变动称，两名创始人荣某、范某正式辞任公司董事局主席和总经理，中信集团总经理常某接任两人职务。中信泰富炒汇巨亏案就此落下帷幕，香港证监会和警方的调查结果一直未对外公布。

（二）原因分析

衍生工具 Accumulator 是累积购买股票挂钩票据之意，英文全称是 Knock Out Discount Accumulator（KODA）。由于 Accumulator 与 I kill you later 谐音，被人们戏称为“以后再杀你”。累计期权合约的运作方法是先选定一只股份，如果该股股价在合约股价的 105% 以内，投资者可以在一年（250 个交易日）内每天按照折让价（通常是合约股价的 80%）连续购入一定数量的股票，但如果股价升破合约股价的 105%，则合约结束；如果股价跌破协议接货价，投资者就必须以协议接货价每天买入双倍的股份。这种衍生品的吸引力在于，当市场上升时投资者可以平价买到看涨的股份或资产，但是，当资产价格下跌时，投资者将损失惨重，即收益有限，亏损无限。中信泰富案中只不过是股票换成了外汇，实际上都是 Accumulator，因而也只是形式上不同罢了，即把对赌的目标从股价改成了汇价。

1. 直接原因：澳元汇率波动

澳大利亚是一个资源十分丰富的国家，由于资源需求近年猛增，因而对澳元的需求也同步增加，澳元在一定程度上成了大宗商品货币。在全球流动性泛滥、通胀抬头的背景下，从2007年8月中旬开始，原油、铁矿石等大宗商品价格大举上扬，澳元兑美元亦力挽下行颓势，从0.8升至2008年年中的0.98。但随着次贷危机的进一步扩散，世界经济形势日益严峻，集聚在大宗商品市场的资金火线撤离，全球大宗商品市场一路回落。澳元兑美元于7月15日见到最高点0.9848后迅速下跌。在此过程中，与澳元挂钩的结构性理财产品（多用保证金交易）又成了澳元“助跌器”。由于2007年至2008年年中，澳元一直是世界上少有的强势货币，因此吸引了不少金融机构开发与之挂钩的结构性理财产品，并进一步推动了澳元的上涨。但随着世界经济走弱，澳元突然转势，市场波动加大，而结构性产品的收益主要由与其连接的金融衍生品而定，这些衍生品挂钩对象的波动范围一般设定得较小，并且少有完全看空的产品发行，这导致止损盘蜂拥而出，澳元跌势被突如其来的平仓潮放大。

自2008年7月以来，澳元汇率波动进一步加大。从7月中旬到8月短短一个月间，澳元开始出现持续贬值，澳元兑美元跌幅也高达10.8%，这几乎抹平了一年以来的涨幅。由于这笔合约的期限为两年，以当前的汇率市价估计，这次外汇杠杆交易会带来高达147亿港元的损失。

2. 根本原因：实业难逃金融市场引诱

中信泰富买入外汇金融衍生产品，名义上是为了对冲投资澳洲矿业一个涉及16亿澳元矿业项目的外汇风险，但在外汇衍生上的投资，实际最终持有90亿澳元，炒汇金额比实际矿业投资额高出四倍多。公司与香港数家银行签订了金额巨大的澳元杠杆式远期合约，与欧元兑美元、澳元兑美元汇率挂钩，实际上是做空美元、做多澳元。这些累积外汇期权合约风险无限制，如果澳元汇率不能升到公司与银行事先约定的水平，中信泰富必须定期购入大笔澳元，直到澳元汇率上升到有关水平为止。当时市场澳元大跌，公司实际亏损8.08亿港元；仍在生效的合约浮亏达147亿港元，并且有可能继续扩大。如果主要控股股东中信（香港）集团不提供15亿美元的备用信贷，中信泰富将陷入破产境地。

因此，对于中信泰富的巨亏，最根本原因在于实体企业难脱金融市场引诱。与安然一样，中信泰富的行为，反映它不仅是从事矿业、物业、基建、航空的实体企业，更是一家进入金融交易进行对冲交易的大型金融机构。次贷危机之前的金融泡沫扩张造成两重后果，从事实体企业的盈利远远不如金融交易，为了锁定利润，一些实体企业纷纷进行各种各样的金融交易，其交易范围超出保值所需，堕入贪婪的美式金融风险的陷阱。如果进入金融市场，则风险难以控制，一旦市场发生逆转，相关企业只能认亏出局；如果不进入金融市场，面对金融市场泡沫期的高额盈利，心有不甘。暴利导致实体企业进入金融市场火中取栗，一旦对赌失败，就是巨额亏损的后果。

二、监管分析与反思

（一）企业应当健全内部监控制度

在炒汇巨亏事件被爆初始，荣某对外表示，他对事件毫不知情，问题出在财务董事张某身上。张某在购买外汇衍生品时没有遵守公司对冲风险的政策，交易前也未得主席批准。事后，荣某又表示，公司本已设立由主席与财务总监组成的双重审批制度，可惜未能阻止事件发生，董事会对此表示歉意。此外，中信泰富董事总经理范某也表示，有关外汇合同是与数家大型银行签订的，相信事件只是同事希望降低项目成本，并不涉及欺诈或不法行为，公司已聘请罗兵咸永道会计师事务所就改良监控制度给予意见。

实在难以相信这么大型的蓝筹公司，会让财务董事有这么大的权力，在主席不知情的情况下动用数以百亿元计的资金炒卖衍生工具。显然，巨亏面前，这样的表态并不具备任何说服力，只能说明企业治理存在明显漏洞。首先，中信泰富财务董事没有遵守风险政策，诸如这样的公司决策，理应经过由 5 ~ 6 人组成的投资委员会集体决定。其次，公司内部监控制度存在严重失职行为。对于大于 1 000 万美元标的项目，理应通过荣某的批准，而董事局主席和总经理居然毫不知情。中信泰富将责任归咎于公司财务董事张某等人的个人行为于理不通。

金融衍生工具交易风险控制的第一道门槛是交易主体的自我约束。金融衍生品参与者建立以风险管理为核心的内控机制，是整个金融衍生交易监管的基础。因而，在未来的约束监控制度完善中，首当其冲应当健全企业的内控制度。在中信泰富事件中，完善企业内控制度的关键不在于制度的搭建，而在于制度的执行。为此，作为一线风险监控的内控人员应当切实履行职责，充分认识金融衍生品的风险，实时审查衍生品的运行情况，在发现异象时，及时与董事会沟通，及时作出内部预警。

（二）政府应当建立境外监管制度

境外中资机构在期货交易中屡屡犯险，深陷泥淖，给国家造成巨大损失，法律的缺失是最为重要的因素。后金融危机时期，跨境投资的企业将越来越多。在全球货币体系不稳定的情况下，这些企业在进行数额巨大的收购或投资时，必须考虑本币及执行货币汇率的不确定性。为锁定成本，企业一般都会进行外汇衍生品交易。而在资本市场投资的巨额利润的诱惑下，手握重金的境外中资机构，往往会超出主营业务所必需的金额限度，采用杠杆式复杂的金融衍生品进行交易。但是，过于复杂的衍生产品因其创新过快，远超现有监管体系框架，多在场外进行，标准化程度极低且极不透明，刚刚走出去的中资机构，在这种高风险的衍生品市场上绝大多数都是门外汉，投资成功的可能性很低。一旦投资失利，企业的损失往往无法想象。为了防止中信泰富巨亏事件的再次发生，监管当局应当通过制度来约束境外中资机构的盲目投资行为。

首先，加快制定境外中资机构投资的监管规范。目前，我国对境外中资机构投资的规范主要还是2000年前出台的几个暂行办法。这几个办法过于原则、粗放，主要约束实业投资，并未对金融产品投资作出规定。2010年10月最新出台的《企业国有资产法》，同样是典型的实业投资管理规则，未对国有企业境外投资金融产品作出明确规定。2011年6月国务院国资委发布的《中央企业境外国有资产监督管理暂行办法》也仅在

第二十九条第四款作了原则性的规定，即“境外企业收购、股权投资、理财业务以及开展金融衍生业务应当按照法定程序报中央企业核准”，并未给出具体监管细则。因此，加快制定境外国有中资机构期货交易管理办法，进一步完善我国的境外国有资产管理法律体系，已是一项紧急而重要的任务。我们认为境外国有资产管理法律体系中应当包括以下几方面的内容：一是境外中资企业投资金融衍生品的审批办法；二是境外中资企业从事金融衍生品交易的风险控制标准；三是境外中资企业违反监管规则所受到的惩处。其次，明确监管主体，加强与境外金融监管机构的合作。一要明确监管机构的权利划分，减少其他相关利益部门对证监会的影响，以及证监会对其他部门的依赖和联系，以加强监管机构的独立性，提高政策制定和实施的有效性；二要加强与境外金融监管机构的合作，对我国境外国有公司实施有效的合作监管，防止企业参与过度的投机交易。

（三）加强对衍生产品的审慎监管

自20世纪60年代以来，金融衍生产品不断问世，给世界创造了巨额的财富，也推动了各国经济及世界经济的迅速发展。但是，由于衍生产品的高杠杆特征，其风险也是巨大的。所以，加强对衍生产品投资的监管是非常必要的。在美国，次贷危机之所以演变成金融危机，其原因之一是美国金融监管机构忽视次贷衍生产品可能带来的风险，并疏于监管。此次中信泰富事件也是监管不足所致。我们认为对于风险巨大的金融衍生工具交易，当局应实行持续、动态、严格的监管制度，监管的核心是切实执行保证金、持仓比例、涨跌幅限制、每日盯市制度、平仓等持续性风险控制措施。由于交易所最贴近市场，是外在监管的第一道关口，行政监管机构可以通过动态掌握、定期检查交易所自律监管衍生品交易的执行情况，来及时发现问题、解决问题。

第二节　中航油（新加坡）期货折戟案

一、案件介绍：海外市场的必然败局

陈某，1961 年 10 月出生于湖北浠水，1982 年考取北京大学越南语专业，毕业后就职航空公司（后获得中国政法大学国际法硕士学历）。1997 年，奉命接手曾两年亏损和两年休眠的中航油（新加坡）。公司在陈某的管理下，一举扭亏为盈，从单一的进口航油采购业务逐步扩展至国际石油贸易业务，并于 2001 年在新加坡交易所主板挂牌上市。中航油（新加坡）的净资产由 1997 年的 16.8 万美元（28 万新元）猛增至 2003 年的 1.28 亿美元，增幅高达 761 倍。公司的经营业绩和管理机制被列为新加坡国立大学课程教学案例。公司也曾获颁新加坡上市公司“最具透明度”企业，并被美国应用贸易系统（ATS）机构评选为亚太地区“最具独特性”、“成长最快”和“最有效率”的石油公司。2002 年，新加坡挂牌的中资企业当中，陈某以年薪折合人民币约 2 350 万元的薪酬高居榜首，被誉为“打工皇帝”。2003 年，中航油（新加坡）净资产逾 1 亿美元，总资产近 30 亿元人民币。同年，陈某被世界经济论坛评选为“亚洲经济新领袖”。2004 年 11 月因从事油品期权交易导致巨额亏损，并涉嫌发布虚假消息和内部交易等行为遭到新加坡警方拘捕，并于 2005 年 6 月被正式提起刑事诉讼。2006 年 3 月 21 日，新加坡初级法庭对陈某作出一审判决。陈某涉及 6 项指控，被处以 33.5 万新元的罚款，4 年零 3 个月监禁。

（一）事件概要：风生水起后的山穷水尽

中国一些大型国有企业从 20 世纪 80 年代后期开始在国际期货市场上闯荡，90 年代前期曾相继爆出巨亏丑闻。1994 年底，中国证监会等国家有关部门曾发出联合通知，严禁国有企业从事境外期货交易。不过，

1997年赴新加坡的陈某并没有受到这种“严禁”的束缚，也从未认真审视同行们的前车覆辙。至20世纪90年代末，他领军的中航油（新加坡）即已进入石油期货市场，也曾多有盈利。2001年11月中航油（新加坡）上市，招股书上已经将石油衍生品交易列为业务之一。2002年的年报显示，中航油（新加坡）凭投机交易获得相当盈利。2003年4月，中航油（新加坡）的母公司中国航油集团也成为第二批国家批准有资格进入境外期货交易的企业。2003年下半年开始，中航油（新加坡）进入石油期权交易市场。到年底，公司的盘位是空头200万桶，而且赚了钱。

石油期权是期货交易的一种，但又略有不同。由于新加坡的期权交易为场外市场，交易基础是双方的信用度。许多业内资深人士指出，做期权而且做空头，纵使交易量不很大，但从所做之日起，中航油（新加坡）已然涉身险地，因为这已经是明目张胆的投机而非套期保值。2001年6月由中国证监会、国家经贸委、外经贸部、国家工商总局和国家外汇管理局联合颁布的《国有企业境外期货套期保值业务管理办法》（以下简称《办法》）也曾对投机交易有明确的禁止规定。然而，陈某并未遵守这些规定，而是继续从事石油期权交易。

交易的亏损在2004年第一季度显现。由于交易员在头三个月继续卖空，而石油价格一路上涨，到3月28日，公司已经出现580万美元账面亏损。这是一个不小的数目。

此时，摆在陈某面前的选择有三种：一是斩仓，把亏损额限制在当前水平，纸面亏损由此转为实际亏损；二是让期权合同自动到期，账面亏损逐步转为实际亏损，但亏损额可能大于也可能小于当前水平；三是展期，如果油价下滑到中航油（新加坡）期权卖出价格，则不至于亏损并可赚取权利金，反之，则可能产生更大的亏损。三种选择背后的逻辑分别是：如果斩仓或让期权合同自动到期，亏损大白天下，陈某将只身面对来自市场、集团和国内监管方的麻烦；如果展期，可能麻烦更大，也可能全身而退。陈某最终选择了展期方案。于是，在期权交易中的盘位大增。

两天之后，中航油（新加坡）宣布了2003年年报，全年盈利3 289

万美元，股价冲至1.76新元高位。然而，油价没有停止上涨的步伐。中航油（新加坡）的账面盈利消失了，而为了翻本，盘位随即放大。到2004年6月时，公司因期权交易导致的账面亏损已扩大至3 000万美元。陈某决定继续展期持仓，把所购期权的到期时间全部后挪至2005年和2006年。这种做法已远远超过《办法》中只允许炒12个月的上限，交易量被进一步放大。最终中航油（新加坡）以爆仓终结。

中航油（新加坡）爆仓之后，外界质疑公司是否存在风控体系。据了解，中航油（新加坡）的《风险管理手册》由安永会计师事务所制定，与其他国际石油公司操作规定基本一致。公司内部也有风险管理委员会，由7人组成，包括4名专职人员，1个运作部主任，1个财务部主任和1名财务经理，均为新加坡籍员工。根据安永的设计，风险控制的基本结构是从交易员—风险管理委员会—内审部交叉检查—CEO（总裁）—董事会，层层上报。每名交易员亏损20万美元时，交易员要向风险管理委员会汇报；亏损达37.5万美元时，向CEO汇报；亏损50万美元时，必须斩仓。

关键在于风险管理体系必须由具备高度风险意识的总裁来执行。而陈某本人不具备这种素质。从其在石油期权买卖决策上就可见一斑。

按照行业惯例，50万美元就是一条停止线，亏损超过50万美元就必须自动斩仓。中航油（新加坡）的最后损失已超过5.5亿美元，这意味着中航油（新加坡）风险控制体系没有启动。

比照当年整垮巴林银行的里森，陈某通过展期和无限开放头寸来掩盖当期账面亏损，与其十分相似。

陈某甘冒风险、将错就错的思路在延续。既然坚信油价必然下跌，既然不愿意也没有胆量承认失败，既然投机之心尚存，幻想最后能赚大钱，从7月到9月，中航油（新加坡）随着油价的上升，唯有继续加大卖空量，整个交易已成狂赌。到2004年10月，陈某发现中航油（新加坡）持有的期权总交易量已达到5 200万桶之巨，远远超过了公司每年实际进口量。这些合约分散在2005年和2006年的12个月份。其中2006年3 412万桶，占总盘位的79%。

油价在大幅上升，公司需要支付的保证金也在急剧上升。跨过10月，纽约交易所的油价在突破每桶50美元之后继续上行，中航油（新加坡）从当年38美元出货调整到2006年的平均43美元，此时已觉势如骑虎，且因现金流耗尽而身陷绝境。

2004年10月10日，中航油（新加坡）账面亏损达到1.8亿美元。公司现有的2 600万美元流动资金、原准备用于收购新加坡石油公司的1.2亿美元银团贷款，以及6 800万美元应收账款，全部垫付了保证金。此外，还出现8 000万美元保证金缺口需要填补。

然而，弹尽粮绝之时，陈某仍未考虑收手。他正式向总部在北京的集团公司汇报，请求资金支持。

回过头来看，无论陈某最初的过错有多大，如果中国航油集团管理层整体有起码的风险意识和责任心，此次中航油（新加坡）巨亏，本来可以在1.8亿美元以内止住。虽然仍会是一个大数目，但比后来的5.5亿美元要小得多。

陈某曾提出“内部救助方案”的计划。“内部救助方案”提供了几种方向不同的救助选择。其一，如果集团提供足够的资金支持，公司可能不会出现亏损（最高约2.5亿美元）。出发点仍是基于油价的判断，认为油价长期徘徊在高价位会最终影响世界经济，从而制约需求，拉低油价。其二，跟国际石油公司合作，让它们接盘。其三，从国内石油公司融资。

方案引用中航油（新加坡）购买的主要期权品种WTI为例，称当时全球21家金融机构和跨国石油公司分析2005年、2006年的价格最高不会超过40美元，明显低于中航油（新加坡）的平均期权销售价43美元。

方案还提出，中航油（新加坡）在国际市场上是中资企业的一面旗帜，要面对的是7 000多股东的利益。内部方案可增强金融机构和供应商对中航油（新加坡）的信心，即使出现亏损，公司在平和救助后仍可通过配股来弥补。对可能出现的最坏情况，中航油（新加坡）提供了预案减低风险，如“买顶”、纸货对冲、部分斩仓等。当然，这一切都需要现金，而现金需要由集团支持。方案提出不久以后，2004年10月15日，油价一度跌至每桶45美元，已接近中航油（新加坡）卖出期权的平均价格，但集团仍未指示或建议斩仓。

2004年10月20日，中国航油集团提前实施了本准备在年底进行的股份减持，将所持75%股份中的15%折价配售给部分机构投资者。中航油集团总经理、中航油（新加坡）董事长荚某为此专程赴新。然而，无论是他还是陈某本人，都没有向买家披露公司已因卖空期权将面临上亿美元亏损。中航油（新加坡）此次配售以购买新加坡石油公司股份的名义进行，而在事实上，中航油管理层已经决定放弃这次收购。此次配售筹得1.08亿美元，悉数贷给上市公司用于补仓。

市场油价继续攀升。集团公司派出高层人员前往新加坡现场了解情况并指示运作。10月26日，中航油（新加坡）在期权交易中最大的对手日本三井能源风险管理公司正式发出违约函，催缴保证金。在此后的两天中，中航油（新加坡）因被迫在WTI轻油55.43美元的历史高价位上实行部分斩仓，账面亏损第一次转为实际亏损1.32亿美元。至11月8日，公司再度被逼斩仓，又亏损1亿美元。

纵到此时，中航油（新加坡）既未索性斩仓止损，亦未披露真实情况。11月12日，中航油（新加坡）在新加坡公布第三季度财务状况，仍然自称："公司仍然确信2004年的盈利将超过2003年，从而达到历史新高。"

然而，局面越来越难以把握，中国航油集团管理层着手向主管机关请示。国资委作为中央国有资产的总管家，曾经对中国航油集团有意救助的想法进行研究，其间一度给予认可，据称向外汇局申请了数亿美元的保证金额度；后来又进一步统一意见，否定了最初想法，认为不应对单个企业违规操作招致的风险进行无原则救助，由企业自己对自己的行为负责。国资委还阻止了国内另一家国有企业试图先出资后入股"救助中航油（新加坡）渡过难关"的非常规做法。一度经批准的数亿美元保证金也始终没有汇出。中航油（新加坡）的资金链最后终于断裂。

尽管国资委已经给出明确意见，中国航油集团高层还在救与不救之间徘徊，而可以相对减少损失的斩仓时机继续被错过。

不愿意再坐以待毙的陈某开始对外伸手，向 BP、富地、维多等国际石油公司和中海油等国内企业寻求救助。其中最为乐观的机会，是 BP 接走全部期权盘位的两个方案：一是按市价给予 20% ~30% 折扣，按这一办法，中航油（新加坡）的全部亏损约 2 亿美元；二是帮助管理盘位并向中航油（新加坡）收取佣金，但保证金尽由 BP 支付，按这一办法，中航油（新加坡）将支付约 1 亿美元的管理费。对于这一次合作，陈某非常欣慰，他感觉“苦日子就要到头了”。不过，他显然高兴得太早。

11 月初，BP 的专门小组清理完了中航油（新加坡）的所有盘位，在纽约召集全球董事会议审批和中航油（新加坡）的合作协议，并要求中国航油集团领导当晚值班以便最终决策。但当晚 10 点，陈某就两个最后细节向值班领导请示时，未果。结果，合作泡汤。

伴随着几次合作意向的流产，加之 10 月底 11 月初连续几次斩仓耗去数亿美元现金，悲观的气氛在集团决策层蔓延。耐性渐失以后，集团“分步化解危机”的初衷转变为要求“一揽子”解决期权问题。由此，以“买顶”锁定风险并观望的选择被彻底抛弃，并否决了收购新加坡国家石油公司的既定计划；而剩余 34% 的盘位，在 11 月 29 日高价位时全部斩仓，5. 5 亿美元的实际亏损最终尘埃落定。至 11 月 25 日，高调的第三季度财报公布后 13 天，中航油（新加坡）的实际亏损已经达到 3. 81 亿美元，相比 1. 45 亿美元的净资产已经技术性破产。

直至此时，中航油（新加坡）仍未正式公告真相，7 000 多名小投资者仍蒙在鼓中，但市场已有所察觉。中航油（新加坡）的股价一直在下跌，至 11 月 27 日周五收市，中航油（新加坡）的股价已跌至 0. 965 新元。比一个月前向公司配股时跌了四成。

11 月 29 日，周一，中航油（新加坡）申请停牌。翌日，公司正式向市场公告已亏 3. 9 亿美元、潜亏 1. 6 亿美元的消息，并向法院申请债务重组。

中航油（新加坡）突然公布公司因期货投机已经破产，许多中小投资者仍觉在睡梦之中，难以置信。中航油（新加坡）在新加坡一贯被视为信誉良好的公司，2001 年 11 月上市以来，股价稳步上升，2004 年更是增长了80%。其中，4月和10月，在中航油（新加坡）发现投机失利和耗尽现金的两个关键时点，其股价更是达到最高点，分别为1.73新元和1.68新元。

新加坡一些小投资者和分析员均表示，中航油（新加坡）投机生意失败固然令人遗憾，但真正使人愤怒不平的是公司对这种失败瞒而不报，欺骗了小股东。特别是2004年11月12日公司季报仍然对形势一派看好，此后至停牌两周中交易量达到1.98亿股，交易总额为2.20亿新元，其间必有许多投资者上当。

新加坡普华永道会计公司（以下称普华永道）完成了《中航油巨亏事件最终调查报告》。报告认为：中航油（新加坡）前总裁陈某对期权交易巨亏负有“首要责任”，内控体系犯“严重错误”，同时，其控股母公司中国航油集团也难脱干系。

报告称，作为公司的总裁，陈某“必须承担主要责任”。普华永道对其责任的认定主要有以下四点：其一，在不了解期权交易、没有对交易风险作出正确评估的情况下就开始期权交易；其二，通过挪盘使公司承担了不可接受的巨大风险，最后导致公司的财务灾难；其三，未在财务业绩中披露公司的市值计价（MTM）损失。其四，也是最严重的一点，该报告认为陈某在公司中“营造隐瞒的文化”，在此影响下，管理层向董事会和审计委员会隐瞒期权交易，期权交易导致挪盘，而挪盘又引发“更多交易，又导致更多的损失”。普华永道调查报告的行政摘要最后一段概括说：“财务上如此巨大的失误，只有当（中航油）公司在每个层次上都出现问题的情况下才可能发生。假设任何层次上的任何人曾经独立地提出更多的问题，作出稍微深入一些的探询，甚至仅仅试图更全面地了解情况，这种结局都很有可能被避免。”

对直接导致亏损的具体因素，普华永道的调查报告总结出以下七点：

（1）从2003年第四季度开始，中航油（新加坡）对国际油价走势判断失误，在作出“油价将下跌”判断的基础上进行期权操作，此后数次挪盘行动亦以此判断为依据。

（2）公司不愿在2004年第一季度、上半年以及第三季度财务报告中如实披露因期权交易而导致数亿美元巨亏的事实，并在当年1月、6月和9月进行三次挪盘，在消除账面损失的同时导致实际损失成倍增长。

（3）没有按照行业标准对期权仓位进行估价，而是采取了错误的计算方式。

（4）在2002年至2004年的财务报表中没有正确记录期权组合的价值。

（5）对投机性期权交易缺乏基本的风险管理和控制机制。

（6）即使存在相关的机制，公司管理层也动辄加以违背。

（7）公司董事会尤其是董事会下设的审计委员会，在针对投机性期权交易风险管控方面失职。

以上种种因素，既有管理层面——包括CEO陈某、党委书记张某、总裁助理杨某、财务总监林某、期货交易员纪某、卡尔玛（Abdallah Kharma）等人——在技术上的无知、失误甚至涉嫌蓄意欺诈行为，也涉及董事们对公司基本运作情况缺乏了解乃至漠不关心。而由于荚某、李某、顾某等董事本来就是中国航油集团的高级管理人员，这些事实更表明，母公司中国航油集团对中航油（新加坡）的运作负有失察责任。

（二）事件结局：内部交易入狱的第一人

为了保住中航油（新加坡）这个“窗口公司”，有关方面积极开展了重组工作。几经周折之后，中航油（新加坡）的债务重组计划于2006年6月8日在新加坡举行的债权人大会上以97%的赞同票获得通过。

中航油（新加坡）公布的最终方案考虑了公司收到的债权人的意见，偿付金额为2.75亿美元，综合偿付率约为54%。中国航油集团和新投资者共同注资最高至1.3亿美元，中国航油集团、新投资者和公司将对注资条款进行协商。2.75亿美元的偿付金额包括两个主要部分：自方案生效之日现金首付1.3亿美元，以及延期支付1.45亿美元，后者5年分期偿付。在最终方案中，债权人在方案生效之日起12个月内将累计得到1.95亿美元的偿付，相当于39%的偿付率。

2006年3月，中航油（新加坡）股东大会投票表决通过重组方案，并于3月21日获得新加坡高级法院的同意。重组方案不仅包括债务重组计划，还包括5股并1股的股份合并、定向发行新股和债转股等。中国航油集团将联合BP和淡马锡向中航油（新加坡）注资1.3亿美元，其中，中国航油集团将投资7 577万美元购买2.489亿股新股（约占重组后总股本的34.44%），BP投资亚洲私人有限公司将投资4 400万美元购买1.446亿股新股（约占重组后总股本的20%），Aranda投资私人有限公司（淡马锡控股私人有限公司的非直接子公司）将投资1 023万美元购买3 360万股新股（约占重组后4.65%的股份），部分B类债权人出资2 200万美元认购7 228万股新股（约占重组后总股本的10%），小股东股权将占14.47%。

同一天，新加坡初级法庭对中航油（新加坡）原总裁陈某作出一审判决。陈某被判交纳33.5万新元的罚款，并将入狱4年零3个月。他所涉及的六项指控为：制作虚假的2004年度年中财务报表、违背公司法规定的董事职责、在2004年第三季度的财务报表中故意隐瞒巨额亏损、不向新交所汇报公司实际亏损、欺骗德意志银行和诱使集团公司出售股票。陈某已于3月15日在法庭上承认了这六项指控，他将成为在新加坡因内部交易而获罪入狱的第一人。

负责审理此案的新加坡法官黄某表示，法庭为给陈某留出处理私人事务的时间，允许其从4月11日开始入狱服刑。但该法官将陈某的保释金从此前的200万新元提高至280万新元，并要求其交出护照。黄某表示，该案件突出显示了“企业治理在企业管理体系中的重要地位”。而代表新加坡证券市场小股东利益的新加坡证券投资者协会会长则表示：“小股东将会对此很高兴，此案终于告一段落，小股东可以将其抛之脑后了。”

在此之前，中航油（新加坡）前财务总监林某已经被新加坡法院判处入狱两年，并被处以15万新元的罚款。该公司另外三名非执行董事也被处以总计70万新元的罚款。

二、监管思考：盲点重重的监管困境

在新加坡，中航油（新加坡）事件被认为是自1996年英国巴林银行里森一案以来最令人震惊的丑闻。在中国，中航油（新加坡）创出了有史以来中国企业在境外炒期货的最大亏损额。更令人担忧的是，这是中国在2001年重新放开口子，允许国企在境外做套期保值业务之后发生的第一起巨额亏损。

20世纪90年代，中国曾连续发生多起国企境外投资期货失利的事件，引起国务院高层警惕，一度对国企境外投资期货亮起红灯。但由于企业在做进出口贸易时确需通过套期保值手段来化解价格风险，中国又于2001年开禁，由中国证监会和国家外汇管理局牵头，联合当时的国家经贸委、外经贸部和国家工商总局，颁布的《办法》，对企业境外期货交易行为制定了一套完整的监管体系，严控风险。

中航油（新加坡）巨亏事件发生，距绿灯重启不过三年，引起人们对现有的境外期货交易监管框架及执行重新进行审视。

对于中航油（新加坡）事件当事人，从10月8日到11月29日这52天时间是一场漫长的噩梦。但结局其实多年前早已注定。中航油（新加坡）的违规，是从拿境外期货资格开始的。根据2001年中国证监会联合四部委颁布的《办法》，国有企业须经证监会批准，方可从事境外期货套期保值。

但偏差在于，中航油（新加坡）的另一身份是新加坡上市公司，一位曾为中航油（新加坡）提供过法律咨询的律师认为："新加坡上市公司属新加坡法律管辖；即使是控股股东的意志，也只能通过股东大会或董事会形成决议的形式。国内禁止国企进行投机交易的规定，只要是没有按照法定程序体现到公司规定之中，就不能说中航油（新加坡）违规。"

在给有关方面的汇报材料中，陈某写道："中航油（新加坡）在2001年就已经开始期权交易，这在公司章程、招股书、股东通告、股东关联交易和《风险管理手册》等公司法律性文件中得到了多次确认。尤其是招股说明书中，在业务类别里对投机期权作了专门解释：'在套期保值之外，将基于交易员的经验和分析进入投机性的衍生产品交易以从预期的市场变动中获取收益'。”“中航油（新加坡）每年向集团呈报的以美元计算的审计报告版本中，都对各种石油衍生品业务作了披露；经董事会和航油集团批准对外公告的公司年报里，也专栏列明了期权交易。”

这便形成了中航油（新加坡）业务范畴里的灰色地带，即作为国有企业不得进入，但作为上市公司却可合理进入的期权投机业务。并且，中航油（新加坡）从事投机的期权交易早在2001年就已然是行诸于文的“既成事实”，而违反国家部委在2001年制定的相关规定也早已是“既成事实”。可是，为什么这样的“既成事实”却在整整三年之后、公司面临破产时才被关注到并被大肆讨伐呢?

相似的困惑还在于，早在20世纪90年代末中航油（新加坡）就已经进入石油期货市场，并在2002年的财报中体现了盈利。但是，直到2003年3月，中航油（新加坡）的母公司中国航油集团才成为国家批准有资格进入境外期货交易的企业。

2001年境外期货交易绿灯重启时，资格门槛奇高，按规定申请企业要同时申报证监会和外经贸部，最终在国务院得到批准。2001年中，获此资格者仅7家。2003年5月，中国航油集团在第二批10家企业之列拿到了宝贵的许可证。

陈某在11月29日递交新加坡最高法院的陈述书中，记录了期权交易量在短短一年半时间，从200万桶放大到5 200万桶的详细经过。交易放大的过程亦是斩仓时机一错再错的过程。公司决策者原本有很多机会斩仓止损，董事会、中国航油集团和国内监管机构也有权阻止这场狂赌继续加码。但现实南辕北辙，也折射了监管规则中的自相矛盾与无人落实。

中航油（新加坡）上市之时，招股书和公司章程都经过了外经贸部和民航总局审批，其中均注明上市公司在从事石油衍生品交易。2002年3月董事会通过的《风险管理手册》更专门谈到“纸货和期货贸易”，规定“除了贸易一部，所有贸易部门都允许以投机或锁价保值为目的进行纸货交易和期货交易，为公司创利。”这些内容，均与《办法》相矛盾。

显然，虽然《办法》制定者与中航油（新加坡）相关文件的批准机构部分重叠，但相关部门对遵循国家有关规定缺乏严肃性，更未能据此及时阻止中航油（新加坡）的违规行为。中国航油集团接获来自中航油（新加坡）的紧急报告是在2004年10月9日。当时，中航油（新加坡）资金链已断，账面亏损仅1亿美元。而中国航油集团接获报告后并未视做严重问题紧急处理，贻误平仓时机。集团竟无视国家有关规定，又无原则予以同意。

此后，中国航油集团违背新加坡当地监管规则，隐瞒真相进行股票配售，不仅给国家造成重大损失而且极大地破坏了中国公司在海外的声誉。

在中航油（新加坡）身处高风险关口，明知国家已有“严禁投机交易”的规定，有关部门仍在“救与不救”之间研究推诿，迟迟不按国家规定明确企业自担风险原则。这种延误终使中航油（新加坡）的市场损失放至最大。

在国有企业发生的历次期货亏损事件中，这是金额最大的一次，更重要的是，此次事件发生在2001年中国重构期货监管体系之后。在外有监管条例，内有公司管理章程的双重约束之下，却发生如此恶性的事件，令人不得不反思监管的漏洞究竟出现在哪里。

按照《办法》，有进出口权的企业必须到中国证监会领取境外期货业务许可证，获得资格的企业，仅能从事与生产经营的产品或所需的原材料有关的套期保值交易，而且期货持仓量不得超出企业正常的交收能力，不得超出进出口配额、许可证规定的数量，期货持仓时间应与现货保值所需的计价期相匹配。

《办法》还要求持证企业应在每月前10个工作日内向中国证监会报告上月境外期货业务情况，并将上月期货项下自有外汇资金和购汇汇出情况、期货经纪机构的现金、头寸报表即对账单报国家外汇管理局，而期货专户开户银行每月前10个工作日内将持证企业上月资金汇出、汇入、划转、购汇情况报国家外汇管理局。国家外汇管理局与中国证监会每半年再进行一次双线核对。

以此衡量，中航油（新加坡）几乎条条违规。这套办法对陈某无效，对其母公司中国航油集团同样形同虚设。看似严格的监管规定并未有效执行，对像中航油（新加坡）一样的国企海外公司，内外监管和风险控制体系几成一纸空文。事实上，目前证券监管部门对境外期货交易主要是准入监管，以高门槛原则“把关”。证监会期货部有关处室成员较少，主要集中精力应对企业的许可证申请。审批仍为要务，实质性监管根本无法提上议程。

从中航油（新加坡）事件来看，中国在2001年后搭建起来的境外期货监管框架虽用心良苦，执行起来却漏洞重重，国企自身控制和应对风险能力令人担忧。面对国际大宗商品的价格波动，中国大批企业走出国门进行套期保值规避风险的要求日益强烈。现实表明，监管者把重点放在准入壁垒上，对垄断者持证网开一面，并不能建立起有效规避期货交易风险的规制。

第三节 “327”国债期货操纵案

一、案件前因后果

（一）案件背景

中国股市在1994年10月后开始趋于平淡，而此时国债保值补贴的题材越炒越热，行情火暴，成交额不断创新高，市场规模的迅速扩大，使一些潜在问题开始暴露。

1. 国债期货多空厮杀

现货市场的1992年3年期国债是“327”合约的对应物，二者几乎同时到期。在此种情况下，当时每月的保值贴补率对合约的市场价格产生直接影响。多空双方对保值贴补率的后市行情预期出现分歧，双方在1.48元价位附近投入巨资搏杀。

2. 新债发行与混合交收

在“314”合约交收以后，为了避免再出现多逼空的单边性走势，上交所在1994年11月对交收制度进行了较大的调整，改过去的单一交收为混合交收。空方主力即此形成了在期货市场上沽空，用新债来进行混合交收的思路，而对利多因素考虑不足。

3. 持仓的规模和结构

上交所为了有效地控制风险，在1994年11月对各会员公司实行限额持仓制度，但很多会员公司为了增加持仓量而借用其他会员公司的仓位，致使市场持仓量不断增加；同时由于自身竞争的需要，上交所对会员公司的持仓限额管理并不严格，对超限额持仓处罚不严，以致到了2月22日，上交所的“327”合约的持仓量达到了363万口之巨；更具威胁性的是，空仓相对集中在少数几家机构中，使市场孕育了极大的风险。

4. 国债贴息逼空空方

对财政部是否应该对1992年3年期国债的票面利率（9.5%）与相同期限的3年期银行储蓄存款利率（12.24%）之间的差异给予贴息问题，多空双方的分歧由来已久，在贴息的消息趋于明朗化后，行情的天平突然倾向多方，空方的防线终告崩溃。

（二）案件回顾

1. 事件梗概

1995年2月23日爆发的“327”国债期货事件，可以说是新中国成立以来罕见的金融地震。“327”品种是1992年发行的3年期国债期货合约的代称。由于其于1995年6月即将交收，现货1992年3年期国债保值贴补率明显低于银行利率，故是颇为活跃的炒作题材。在正常情况下，影响国债期货价格的主要因素是市场利率水平，但中国在通货膨胀的情况下，国家对国债投资者实行了许多的优惠政策，如对发行的国库券进行保值贴补，遂使影响国债期货价格的主要因素从市场利率转变为国家的保值贴补率，而保值贴补率又是根据通货膨胀率计算得来的，所以国债期货价格围绕着交易者对通胀率的预测心理而出现上下波动。市场在

1994 年底就传言“327”等低于同期银行存款利率的国库券可能要加息；而另一些人则认为不可能，因为一旦加息需要国家多支出十多亿元的资金，在客观形势吃紧的情况下，显然绝非易事。于是，围绕着对这一问题的争议，期货市场形成了“327”品种的多方与空方，该品种价格行情的最大振幅曾达 4 元多。

2 月 23 日，财政部发出公告，关于 1992 年 3 年期国库券保值贴补的消息终于得到证实。多头得理不饶人，咄咄逼人地乘胜追击，而空方却不甘束手就擒，双方围绕“327 高地”展开了激烈的争夺战。

空方的总指挥是万国证券公司，二号主力是辽宁国发（集团）公司（以下简称辽国发）。在 148.50 元附近，空方集结了大量的兵力。但多方力量势不可挡，一开盘，价位就跳空高开，数百万的空单被轻而易举地吃掉，价格大幅飙升，迅速推高到 151.98 元。16 时 22 分，离收盘还有 8 分钟，正当许多人都以为大局已定时，风云突变，730 万口（约合人民币 1 460 亿元）的抛单突然出现在屏幕上，多方顿时兵败如山倒。最后双方在 147.50 元的位置鸣金收兵。当日上海国债期货总成交 8 539.93 亿元，其中 80% 即 6 800 亿元左右集中在“327”品种上。若按收市价 147.50 元结算，意味着一大批多头将一贫如洗，甚至陷入无法自拔的资不抵债的泥淖。

交易刚结束，上海证券交易所、证管办就接到了指有会员严重违规操作的控告。根据后来的处理结果，“327”事件被定性为一起严重的违规事件。它是在国债期货市场发展过快、交易所监管不严和风险管理滞后的情况下，由上海万国证券公司、辽国发等少数大户蓄意违规、操纵市场、扭曲价格、严重扰乱市场秩序所引起的国债期货风波。

2. 始作俑者

作为“327”事件主要责任者的万国证券公司，曾有着辉煌的历史。万国证券成立于 1988 年 7 月 18 日，总裁管某。

万国证券成立不到两个月就争取到为意大利国民劳动银行新加坡分行在伦敦发行欧洲日元证券作承销商的机会，成为中国在国际金融市场从事同类业务的第一家证券公司。1992 年，万国证券又与中国新技术创业投资公司及香港长江实业集团联合收购香港上市公司大众国际51%的股权，开创了我国内地公司收购香港上市公司的先河。

1993年，万国证券在首批券商信用评级中成为唯一获得国内AAA级最高信用级别的一家。1994年，万国证券A股交易占上交所总成交量的22%，B股则达到50%，在上交所会员中首屈一指。当年上市的上海12只B股中有8只是由万国证券作国内主承销商。

但就是这样的公司在1995年折戟于327国债事件。在1993年初，万国证券预期国家不可能加息，因而一直在做空。而当加息的消息被证实时，为了挽救公司可能出现的高达10亿元以上的损失，万国证券开始违规恶炒。

1995年2月23日下午，空方主力阵营中的辽国发临阵倒戈，突然空翻多，使327品种创出151.98元的天价。在大势既去的情况下，最后8分钟，万国证券先以50万口将价位打到150元，接着连续以几个数十万口的量级把价位再打到148元，最后一笔730万口的巨大卖单把价位封死在147.50元。在这一阵紧锣密鼓的狂轰滥炸之中，万国共抛出1 056万口卖单，面值达2 112亿元，而327国债总额只有240亿元。也就是说，万国证券卖空的数额超过该品种总额的7.8倍。

空方的第二主力辽国发也曾被视为证券期货界的一匹黑马。

1994年，辽国发举牌爱使股份，此次收购虽然并未成功，但作为第一次亮相，辽国发赚了一大笔钱，尝到了做庄的甜头。于是，举凡股票、债券、期货、资金拆借市场，只要哪里能弄到钱，哪里有赚钱的机会，哪里就有辽国发的身影。

后来暴露出来的事实表明，辽国发董事长高某等人，采取私刻公章、伪造证书和票据等欺诈手段，在沈阳、武汉等地大肆进行非法融资和证券、债券、证券回购、股票期货炒作等体外经营，负债98.66亿元，资产合计82.62亿元，资产与负债差额16.04亿元，给国家造成巨大的经济损失。

1994年5月，辽国发租用一家证券公司在武汉、沈阳、天津三地证券交易中心的席位，许诺给予15%～20%的丰厚回报。事后，辽国发就借该证券公司的名义拆借了十多亿元资金。例如，用武汉证券交易中心某分库的所谓入库通知单自行填写了巨额资金的国债，然后就到处去抵押融资。仅此案牵连的金融机构、证券公司、证券交易中心就达数十家，涉及金额数百亿元，亏损数十亿元。

1995 年 2 月 23 日上午，辽国发把几家关联户的空仓（卖出合约）集中在海南某公司名下，通过无锡国泰期货经纪公司大量违规抛空，企图压低价格，达到减亏或盈利的目的。当打压无效时，辽国发又率先空翻多，制造假象以扰乱市场秩序。事发之前，辽国发及其关联户也存在联手操作，超限持仓达 120 万口的严重违规问题。

“327 事件”后，上交所发现辽国发有 800 多个账户，但其提供的大批国债入库通知单均是空单，此时急忙向辽国发追还拆借资金，并将其及关联户的股票强行平仓，但这一切都为时已晚。由于当时对证券市场和证券公司的监管是由人民银行和证监会双重领导，事情未得到及时处理，各地涉及机构出于自我保护便动用了当地的司法机构，引起了争抢资金、争封账户、争夺管辖权的风潮。1996 年 4 月，最高人民法院明确要求各地中止对涉及辽国发经济纠纷的判决，由公安部门进一步侦查，并于 1997 年 1 月在武汉召开了涉及 8 个高级法院、5 个中级法院的协调会，此案才得以了结。

3. 多方大鳄

当聚光灯集中在“327 事件”的空方主角万国和上交所时，有意无意间却忽略了另一个多方主角中国经济开发信托投资公司（以下简称中经开）。

中经开，前身为中国农业开发信托投资公司，1992 年 1 月改为现名。中经开成立于 1988 年 4 月 26 日，基本核心业务为证券。中经开有着得天独厚的财政部背景：中经开的第一任也是唯一一任董事长，是财政部前副部长田某，中经开的总经理均出自财政部。1995 年时的总经理朱某是第二任，原是财政部综合计划司司长，当时主管证券、期货业务的中经开一代“枭雄”戴某亦出自财政部综合计划司。

其实，中经开虽然有着财政部背景，然而，这非但不能作为其不犯错误的先决条件，而且，恰恰是瓜田李下的最大嫌疑所在。只要细细考察事件的全过程就不难发现，信息不对称的优势不仅是其屡屡成功的原因，而且也正是引起这场危机总爆发的导火线。

中经开大约于1994年4月15日入场做多。先是炒作“313”品种，至5月27日，该品种上涨了3.30元。其间财政部与中国证监会于5月20日发出通知，要求严厉查处国库券卖空行为，迫使空方不得不大量回补国库券现货，而多方则于无形之中胜券在握。

1994年9月19日至23日，多空双方在“314”品种上再度开战。由于双方动辄数十万口大笔吞吐，上交所于9月20日发出加强国债期货交易风险管理的紧急通知，进而又作出不开新仓、双方平仓的决定，此役多方未获其利，而空方稍占上风。

“327”品种从1995年2月起，价格一直在147.8~148.3元区间波动，2月9日多方再度入场。多方做多的理由主要是对保值贴补率的预测，后来的事实证明了这一判断是具有预见性的。事实上，市场并未认真地计算价格价值比的走势，而在很大程度上进行的是资金实力和消息的较量。在这里，中经开非但没有回避瓜田李下之嫌，反而声名大振，成为著名的多方司令。2月23日多空短兵相接，多方基本控制着主动权，先以80万口在前日的收盘价的基础上提高到148.50元，接着又以120万口攻到149.10元，再以100万口改写150元的纪录。盘中出现过200万口的空方巨量封单，但瞬间便被多方收入囊中。这说明，违规操作的不仅是空方，多方也存在类似问题。但多方因有中经开，幸运便似乎总是与之相伴相随。空方在最后8分钟的疯狂举措在一定程度上掩盖了多方的违规事实。

4. 浮躁市场

国债期货市场早在1992年就开始试运作了。但鲜为人知的是，这个被称为创新之举的国债期货市场即使不是上交所个别领导人的心血来潮，也是先斩后奏的产物。

1992年，上交所增加了国债期货业务。1992年底推出首批19家国债期货经纪商。1993年10月25日向社会投资者开放。没想到，国债期货和股票不同，巨大的杠杆作用使其风险远高于股票。

1992 年发行的国库券，发行一年后的二级市场价格只有 80 多元，低迷的市场无疑极其需要刺激。虽然如此，国债期货市场兴办之初参与者并不多，市场规模不大，交投清淡。上交所一开始将保证金定在 2.5%，个人持仓不得超过 3 万口，机构不得超过 5 万口。但后来在执行过程中对持仓量的控制渐渐地就松了口，比如对万国证券就允许开 40 万口。

2 月 23 日下午收市前半小时，上交所发现成交量不对，急令快查。待到查完，已经收市了。当晚上交所宣布：23 日 16 时 22 分 13 秒之后的交易异常，经查是某会员公司为影响当日结算价而蓄意违规。故 16 时 22 分 13 秒之后的所有“327”品种的交易无效。这部分成交不计入当日结算价、成交量和持仓量的范围。经调整，当日国债成交额为 5 400 亿元，当日“327”品种的收盘价为违规前最后签订的一笔交易价格 151.30 元。上交所还表示：对明日的国债期货交易将采取相应措施。对违规的会员公司将在进一步查清有关情况后会同有关部门严肃处理。

尽管如此，上交所还是理所当然地受到了诸多指责：上交所为什么没有控制住持仓量？为什么会出现 200 万口甚至上千万口的封单？为什么有的会员账上没有保证金也能成交？1 056 万口需要 52.8 亿元保证金，账上真有这笔钱吗？为什么对上下差价达到 4 元之多的振幅没有预警控制？为什么不设涨跌停板制度？

“327”国债异常交易的第二天（1995 年 2 月 24 日），上交所针对异常交易，依据中国证监会恰巧在“327”国债异常交易事发当日发布实施的《国债期货交易管理暂行办法》，发布了《关于加强国债期货交易监管工作的紧急通知》，出台了如下几项应急、应对措施：一是实行涨跌停板制度，幅度为在前收盘价基础上上下浮动 0.5 元；二是限制持仓数额，机构投资者不得超过 5 万口，个人不得超过 3 万口；三是控制会员的持仓结构，会员自营持仓和单一品种持仓数量均不得超过持仓总数的 30%；四是严禁会员之间相互借用仓位，严禁会员向客户融资，或少收、垫付保证金。

5. 案件的处理

“327 事件”震撼了我国证券期货界。上海市委、市政府和中国证监会采取了紧急措施：（1）上海证券交易所通过全国专用信息系统宣布，2 月 23 日下午 4 时 22 分 13 秒后 8 分钟的 327 品种交易无效；（2）暂停国债期货的竞价交易，改为在场内办理协议平仓；（3）实行涨跌停板制度；（4）为防止挤兑风潮，由工商银行上海分行向万国证券提供短期拆借资金 5 亿元人民币。

2 月 27 日和 28 日，上交所开设期货协议平仓专场，暂停自由竞价交易。在财政部发出贴息公告后，“327”国债价格上升 5.4 元，其他市场上“327”的价格在 154 元以上，而上交所 2 月 24 日的收盘价为 152 元。多空双方意向相差较大，协议平仓困难重重。27 日，协议平仓只成交了 7 000 多口，而“327”持仓量高达 300 多万口。2 月 28 日，上交所再次强调：对超规定标准持仓的将采取强行平仓，平仓价将参照 27 日、28 日场内协议平仓的加权平均价来确定，大约为 151 元，致使平仓交易开始活跃，28 日平仓 140 万口，“327”国债占 85% 以上。

3 月 1 日又延期一天进行协议平仓，当天平仓量达到 80 万口。3 月 2 日虽然不设平仓专场，但“327”品种平仓仍达到 25 万口。经过几天的平仓，持仓量有了较大的减少。

最终，万国证券公司进行了改组，董事长徐某、副董事长兼总裁管某同时辞去所任职务。管某入狱。

在此前后，上交所总经理、中国证监会主席相继易人。

“327 事件”的二号主角辽国发，在“327 事件”后，为了挽回巨额亏损，于 3 月份又试图翻本，继续在债市炒作“329”品种，结果再度亏损。辽国发案不仅是证券期货违规问题，还有金融诈骗等严重犯罪，涉及金额数百亿元。但在查处时辽国发的负责人闻风潜逃，至今杳无音讯。

作为多头的中经开由于之后诸多违规行为于 2002 年 6 月 7 日被撤销。

“327 风波”之后，各交易所采取了提高保证金比例、设置涨跌停板等措施以抑制国债期货的投机气氛。但因国债期货的特殊性和当时的经济形势，其交易中仍风波不断，并于当年 5 月 10 日酿出“319 风波”。5

月 17 日，中国证监会鉴于中国当时不具备开展国债期货交易的基本条件，作出了暂停国债期货交易试点的决定。至此，中国第一个金融期货品种宣告终结。

二、监管分析与未来思考

（一）案件的监管反思

国债期货是国际上公认的风险最小、交易量最大、非常成熟的一个期货交易品种，从未出现过大的风险事件。为什么我国会爆发“327 风波”？今天来看这件事，有几点值得我们思考：

1. 国债期货市场规模过小

这主要是指国债期货赖以存在的利率机制并未市场化，金融现货市场亦不够完善。1995 年 3 月初，在国债市场上流通的国债只有五个券种，名义流通量约为 1 200 亿元，其中有近一半沉淀在居民和企事业单位手中，实际流通量不过 650 亿元。有限的现券数量对应着全国 14 个期货交易场所，容易发生逼仓问题，造成国债期货行情剧烈波动，严重扭曲价格的形成过程。

2. 国债期货政策风险过大

“327”国债风波中，保值贴补政策和国债贴息政策对债市气贯长虹的单边涨势起了决定作用。“327”国债可享受保值贴补，在保值贴补率连续数十月攀高的情况下，其票面收益大幅提高。在多空对峙时，其又受财政部公告（1995 年 2 月 25 日公布）的朦胧消息刺激而大幅飙升，使得“政策风险”最终成为空方失败的致命因素。于是，空方不惜蓄意违规，利用交易管理的漏洞演出了最后“疯狂的一幕”。

在高通胀的情况下，实施保值贴补政策有一定的必要性，但由于我国国债流动性差及品种结构不合理，每月公布一次的保值贴补率成为国债期货市场上最为重要的价格变动指标，从而使我国的国债期货由利率期货演变成一种不完全的通货膨胀期货。当时制定和公布保值贴补率和贴息的实际操作方法不尽科学，市场和社会公众根本无法对国债到期价格产生正确的预期。于是，国债期货交易成了保值贴补率的“竞猜游戏”，交易者利用国家统计局的统计结果推算保贴率，而依据据称来自财政部的“消息”影响市场也成了多空孤注一掷的筹码。凡此种种，对我国国债期货市场的风险控制产生了直接的冲击，并最终导致国债期货成为“政策市”、“消息市”的牺牲品。

3. 期货监管系统极不健全

“327”国债期货风波的产生虽有其突发性“政策风险”的因素，但各证券、期货交易所资金保障系统和交易监督管理系统的不健全也是“违规操作”得逞的原因。

（1）资金保障系统方面。国债期货过低的保证金比例放大了资金使用效应，成为国债期货投资者过度投机的诱因。“327”国债期货风波发生之时，上证所20 000元合约面值的国债收保证金500元，期货交易所国债期货的保证金普遍为合约市值的1%。这样偏低的保证金水平与国际通行标准相距甚远，甚至不如国内当时商品期货的保证金水平，无疑使市场投机气氛更为浓重。

我国证券期货交易所均以计算机自动撮合为主要交易方式，此种交易方式仅按国际通行的逐日盯市方法来控制风险，尚不能杜绝透支交易。而“327”国债风波发生时，上证所采用的正是“逐日盯市”而非“逐笔盯市”的清算制度，交易所无法用静态的保证金和前一日的结算价格控制当日动态的价格波动，使得空方主力违规抛出千万手合约的“疯狂”行为得以实现。

“327”国债在风波发生之时，已成为临近交割的合约品种。“交割月追加保证金制度”当时尚未得到重视和有效实施，这也是国债期货反复酿成市场风波的重要原因之一。

（2）交易监督管理系统方面。涨跌停板制度是国际期货界通行制度，而“327”国债期货风波出现之时，上交所甚至没有采取这种控制价格波动的基本手段。

没有持仓限量制度。当时中国国债的现券流通量很小，国债期货某一品种的可持仓量应与现货市场流通量之间保持合理的比例关系，并在电脑撮合系统中设置。从“327”合约在2月23日尾市出现大笔抛单的情况看，交易所显然对每笔下单缺少实时监控，导致上千万手空单在几分钟之内通过计算机撮合系统成交，扰乱了市场秩序。

浮动盈利禁开新仓，这项制度具有中国特色，行之有效，无疑对期货市场的过度投机起到了抑制作用。

4. 交易所监管缺乏硬约束

当时各地纷纷推出国债期货交易的交易所共有14家之多，交易规则和合约设计上各自为政，缺乏统一性和科学性。为了吸引更多的投资者，各交易所之间恶性竞争，有意放松保证金管理、持仓限额管理。有的交易所为了做大交易量，故意纵容机构大户透支交易和操纵市场，促使违规事件一再发生。

当时上交所规定，会员单位在国债期货每一品种上的持仓不能超过5万口，但万国证券却获得40万口的特别优待。难道仅仅因为管某的凶悍作风以及万国证券的地位就可以将既有市场规则改变？而据说在“327”国债期货事件的当天，万国证券实际持有200万口，远远超出市场规则的规定和上交所所开的小灶。对市场规则的践踏是对公平交易原则最大的亵渎，实际上“327”国债期货事件的起因就是万国证券持仓过重，导致巨额亏损。践踏市场规则的事件从中国证券市场诞生的那天起就没有停止过。资本的内在本质决定了资本为了获利而盲目扩张的本性，不对这种行为按照公平原则进行初期的约束，必将导致问题的扩大化以及市场上大资金的拥有者对监管当局的博弈行为。

监管当局应该对市场作出迅速反应。实际上，在“327”国债期货事件发生前，上海证券交易所已经出现国债期货合约上数家机构联手操纵市场的情况，也就是“314”国债期货事件，日价格波幅达3元的异常行情。但当时的上交所对此没有作出迅速反应，导致惊天大案“327”国债期货事件的发生。如果——仅仅是如果，当时的上交所对“314”国债期货合约的异动进行严厉查处，并出台相关规定防患于未然，那么管某也就不可能有机会透支炒作。

（二）重建债券期货市场

从1995年国债期货停盘至今已十几年，我国的宏观经济形势和微观交易环境发生了很大变化。我们认为，目前恢复国债期货交易的条件已基本成熟。

1. 债券现货市场已充分发展

从国际经验看，国债期货交易的顺利开展必须以一定规模的现货市场为支撑。各国开展国债期货交易之初，其国债占GDP的份额为14%～45%。目前，我国国债规模占GDP的份额约为15%，这样的一个比例甚至高于韩国开展国债期货时候的水平（14.4%），与德国、巴西等国（约20%）比例相当。因此，国债规模已不是制约我国国债期货交易的主要障碍。从发行方式和品种的期限结构上看，2001年开始发行15年至30年的长期国债，并采用贴现方式发行一年期以下的短期品种。从发行方式上，短期国债改集中发行为滚动发行。这一切进一步增强了国债市场供求的均衡性。

2. 利率市场化要求恢复市场

目前国内利率市场化的步伐在加快。2005年底中央银行宣布贷款利率上浮区间彻底取消。随着中央银行货币政策调控的节奏，市场利率也处于不断的涨跌变化之中，利率风险已成为企业、居民、机构投资者不能回避的金融市场风险之一。据上海期货交易所统计，由于银行准备金利率波动，国债现货市场价格大幅下跌，2003年8月1日至2004年4月29日，债券市场市值损失为2 451.6亿元。而我国目前对冲利率风险的工具十分缺乏，远远不能满足当前对利率风险管理的强烈需求。债券市场的投资者包括持有巨额国债的商业银行，迫切需要建立以利率衍生产品为基础，对利率风险进行动态、主动管理的模式。发达国家的经验表明，国债期货是最有效的利率风险管理工具，很多国家在利率管制尚未完全放开之前就已建立了国债期货市场。美国在1986年才实现了利率的完全市场化，在此之前，美国早已上市了2年、5年、10年、30年期等长期国债期货合约以及短期国库券期货合约。日本在1985年实现国债利率市场化的同时，就及时推出了10年期国债期货交易，而日本1994年10月才实现利率的完全市场化。

3. 市场重开条件基本成熟

我国债券市场机构投资者队伍近年来不断壮大。2003年末在中央国债公司开户从事债券业务的机构投资者总数已达2 895户，基本涵盖了中国金融体系内的各类机构。特别是近几年，通过专业培训资质考试及长期实践，期货市场从业人员的素质明显提高，已初步形成一支对期货业务有丰富实践经验的期货管理人员、经纪人与投资者队伍。

4. 统一期货监管体系已建立

吸取1995年“327”风波的教训，结合中国期货业的整顿和发展，有关部门1999年以来陆续出台了《期货交易管理暂行条例》和与其相配套的《期货交易所管理办法》、《期货经纪公司管理办法》等一系列制度，使我国期货市场初步形成了统一的法规体系，整个市场的发展也步入了法制化、规范化的良性发展轨道。在此期间，从中央到地方，对期货业务的监管队伍基本形成，监管经验得到不断的积累。

2006年9月8日，中国金融期货交易所正式挂牌成立，这天成为中国期货史上具有划时代意义的一天。

中国金融期货交易所是经国务院同意，由上海期货交易所、郑州商品交易所、大连商品交易所、上海证券交易所和深圳证券交易所共同发起设立的金融期货交易所，注册资本金为5亿元。2006年2月，经国务院批准，中国证监会成立筹备组，正式启动了中国金融期货交易所的筹备工作。根据筹备组的整体部署，中国金融期货交易所筹备工作分为前期筹备、挂牌成立、开业运营三个阶段进行。筹备组经过研究和论证，广泛吸取国内外经验，认真听取各方意见，基本完成了期货合约及业务规则设计、技术系统准备、投资者教育等第一阶段的各项任务，中国金融期货交易所正式挂牌成立。

金融期货是金融衍生品的重要组成部分，市场前景广阔。但金融期货交易有其自身的运行规律和特点，在我国发展金融期货市场，任重而道远。尤其在市场发展初期，必须采取十分审慎的态度，坚持稳妥起步，严格控制市场风险，确保市场平稳运行。金融期货的推出，虽然给投资者提供了一种新的投资工具，但投资者必须了解金融期货的风险特点，掌握金融期货的运行规律，做到理性参与。

第四节 基金经理“老鼠仓”案

一、案件介绍

（一）案件主体

“老鼠仓”，是指庄家用公有资金拉升股价之前，先用自己个人或者亲友的资金在低位建仓，待用公有资金拉升到高位后，个人或者关系仓位率先卖出获利的行为。近年来，基金经理通过“老鼠仓”损害中小投资者，为个人牟利的案件层出不穷。2009 年 8 月 19 日，深圳证监局对基金公司进行了突击检查。两天时间内，证监局共检查了辖区内 14 家基金公司。和此前例行检查调看公司监控系统不同的是，这次检查重点是各基金公司基金经理和投研人员的个人电脑。此次突击检查后发现，韩某、涂某、刘某三名基金经理涉嫌利用非公开信息买卖股票，涉嫌账户金额从几十万元至几百万元不等。

三起基金经理违法违规手法一致。其中，涂某是最早参与的。2006 年 9 月 18 日，涂某担任景顺长城动力平衡基金经理，在其任职期间，通过网络下单的方式，操作其亲属赵某、王某开立的两个证券账户，先于或同步于涂某管理的动力平衡等基金买入卖出相同个股，涉及浦发银行等 23 只股票，为赵某、王某账户非法获利 37.95 万元。

原长城基金旗下长城稳健增利债券型证券投资基金（以下简称债券基金）的基金经理刘某从 2008 年 8 月 27 日任债券基金经理起，通过电话下单等方式，操作妻子黄某于国泰君安证券深圳蔡屋围金华街营业部开立的同名证券账户从事股票交易，先于其管理的债券基金买入并卖出相关个股，涉及鞍钢股份、海通证券、东百集团3只股票，为黄某账户非法获利134 683.57元。

原久富基金经理韩某利用职务便利及所获取的基金投资决策信息，与妻子史某等人通过网络下单的方式，共同操作韩某表妹王某于招商证券深圳沙头角金融路营业部开立的同名证券账户从事股票交易，先于或与韩某管理的久富基金同步买入并先于或与久富基金同步卖出相关个股。或在久富基金建仓阶段买卖相关个股，涉及“金马集团”、“宁波华翔”、“澳洋科技”、“江南高纤”等15只股票，2009年2月28日《刑法修正案（七）》公布施行后至8月21日期间，前述交易涉及“金马集团”等14只股票。

（二）案件处理结果

2010年9月6日下午，中国证监会公布涂某、刘某和韩某三名基金经理违法违规处理情况。涂某被取消基金从业资格，除没收违法所得外，另罚款200万元，并终身禁入市场；刘某被取消基金从业资格，没收违法所得外加罚款50万元，并罚三年禁入市场；此外，通报称，韩某自2009年1月6日任长城久富证券投资基金经理至其违法行为被发现期间，利用任职优势与他人共同操作其亲属开立的证券账户，先于或者同步于韩某管理的久富基金多次买入、卖出相同个股，获利较大，涉及27万元，情节严重。证监会将长城基金原基金经理韩某涉嫌犯罪的证据材料移送公安司法机关追究刑事责任。2011年1月，深圳市福田区人民法院对基金经理韩某涉嫌利用未公开信息交易案作出公开判决，判处韩某有期徒刑一年，没收其违法所得并处罚金31万元。

二、监管思考

（一）原因分析

近年来，基金“老鼠仓”事件不断发生，极大地损害了投资者利益，影响行业信誉。这一现象之所以屡禁不止，主要是由基金经理人的道德风险与外在约束弱化决定的。

1. 基金经理在基金运行时存在道德风险。基金经理具备中小投资者无可比拟的优势：有着理性的思维，掌握着较多的资源，诸如股票池、仓位调整、资金等，并且基金经理管理着一个专家团队，研究各种市场信息以指导投资，因而有着独一无二的专业优势，所以基金经理可以凭借其占有的资源获得最大经济利益。但是问题是这个最大经济利益不是为自己获得，而是为其所服务的基金公司以及基金投资者获得，并且即使基金经理为基金公司获得了巨大的经济利益，自己所得的只是很少的一部分，具体能分得多少还得看这个基金经理所投东家大方与否。这个结果是和作为理性人基金经理的初衷不符合的，但是迫于监管部门的监管，如果基金经理私下建立“老鼠仓”被发现或处罚的力度太大，不符合成本收益的原则，则绝大部分基金经理会选择安分守己地运作基金为基金投资人谋取最大收益，借此给自己带来相对高额的分红收入。如果监管部门监管放松，基金经理的“老鼠仓”行为不易被发现或者违法成本较小，则基金经理会利用自己占有的资源进行违法操作，建立“老鼠仓”，为自己获得巨额非法收益来实现自己的利益最大化。本案例中，对三位基金经理处罚偏轻，这也难怪市场上的“老鼠仓”屡见不鲜了。

2. 基金公司内部控制不完善。第一，基金业内部控制监督机制亟待建立和完善。我国内部控制监督机制规范是从会计领域开始的，逐渐扩展到企业经济活动的各个领域。1999 年修订的《会计法》，第一次以法的形式对建立健全内部控制提出原则性要求；2001 年财政部制定发布了《内部会计控制规范——基本规范》等 7 项内部会计控制规范、证监会颁布了《证券公司内部控制指引》以及《做好证券公司内部控制评审工作的通知》；2006 年 6 月和 7 月，上交所和深交所分别发布实施了《上市公司内部控制指引》；2008 年 5 月，财政部、审计署、证监会、银监会和保监会五部门颁布了《企业内部控制基本规范》；2006 年，证监会发布了《基金管理公司投资管理人员管理指导意见》，2008 年发布了《基金管理公司设立审批》。但是，在目前已经发布实施的法规中只有《基金管理公司投资管理指导意见》、《基金管理公司设立审批》等较少的规范是专门针对基金行业的，并且规范中对于基金业内部控制监督如何执行只作出了原则性规定，缺乏内容具体的操作性规定。第二，对基金公司高级管理人员缺乏有效的内部控制监督机制。在景顺长城和长城基金公司老鼠仓事件中的三名涉案人员均为公司基金经理，属于公司高级管理人员。早在2000年就曾曝光上投摩根一名基金经理涉嫌“老鼠仓”事件，可见，景顺长城和长城基金公司高级管理人员违规并不是偶然个别现象。因为，当审视基金公司的内部控制监督机制设计时，不难看到实施监督职能的通常是公司的高层管理人员，公司基层人员的行为可以通过高层得到监督，但因为基金经理在基金管理中具有绝对的支配和管理地位，基金公司不可能因为监管而干涉基金经理的投资活动，因而对其的实际监管十分有限。第三，过分依赖IT技术导致监管漏洞。景顺长城和长城基金的“老鼠仓”事件，不是公司内部发现的，也不是在证监局的日常检查中发现的，而是在突击检查中发现的。这使得监管当局需要重新审视一下IT技术在监管证券投资基金业务中的作用。在信息化环境中，基金公司的内部监控活动分为两部分：自动化业务控制和信息系统控制。自动化业务控制是通过计算机程序自动完成交易业务的控制，对象仅限于基金公司的业务流程。而信息系统控制是指将整个基金公司及其所处的环境作为一个整体为保证系统的正确、完整与安全而采取的控制。其对象包括计算机系统软硬件资源、应用系统、数据和相关人员。显然，景顺长城和长城基金在内部控制监督方面都太依赖其自动化业务监控，忽视了内部控制IT治理中的人。

3. 外部监管弱化。证监会作为我国金融市场的监管者在执行监管职能时应追求效用最大化——将资本市场对我国经济增长的推动作用最大限度地发挥出来，并为我国经济发展和转型起到助推器的作用，提供有力的资本支持。但是，由于基金投资工作和信息披露有其特殊性，证监会如果按规程严格监管则需要付出巨额的监管成本，这不仅仅要求证监会要有足够的人力资源（监管人员）和财务成本（监管费用），而且还要采用高科技的监管手段。虽然证监会制定了相关法律法规来规范基金从业人员的行为，也实时进行监管，但在实际执行中还存在着诸多不足，从而导致“老鼠仓”现象屡禁不止：一是牛市严管，熊市放松。如果没有更好的投资渠道让证券从业人员利用自身优势进行投资活动，那么他们就自然会想到通过偷偷建立“老鼠仓”等一些非法手段寻求财富增值。除此之外，现阶段基金行业自我监管、基金持有人的监督，在证券市场上基本没有发挥作用。

4. 从法律层面来看，我国《证券法》制定的处罚力度远远不够，基金从业人员特别是基金经理从事“老鼠仓”等违法活动的机会成本太低。我国在对内幕交易者的处罚上仅仅是没收非法所得，同时对非法所得部分处以一倍以上五倍以下的罚款，如果没有非法所得或者非法所得金额低于三万元的，处以三万元以上六十万元以下罚款（见《证券法》第二百零二条），这样的规定就造成了几处明显的缺陷：第一，处罚力度太弱。在民事处罚上，对内幕交易的处罚仅以“非法所得”为基准，并没有包括“避免损失”等方面的费用。第二，机会成本太低。在行政罚款方面，对于没有非法所得或者非法所得在三万元以下的，最高罚款额只有六十万元。而在法制比较健全的发达国家如美国，同类案件最高罚款额达二百五十万美元，折合人民币将近一千六百万元，事实上，我国对此类案件的处罚额度只相当于美国同类案件处罚额度的4%左右。违法成本与违法收益之间不成正比——违法成本太低，违法收益太高，从而导致法律法规缺乏应有的威慑力，大量的内幕人用低成本换取高收益，纷纷铤而走险建立“老鼠仓”，从而“硕鼠”遍布神州大地，“鼠患”不绝。

（二）基金“老鼠仓”治理对策

“老鼠仓”存在范围之广，危害之大人所共知，基金“老鼠仓”问题可以说是世界性的难题，其所造成的危害非常之大，且有随着我国宏观经济和证券市场的发展愈演愈烈之势，如果这种势头不加以遏制而任其发展，当累积到一定程度时，将会对我国国民经济的发展产生极其不利的影响。在中国契约型证券投资基金的背景下，直接或间接运作管理基金资产的基金经理，其强势地位明显，是整个基金治理结构的核心，对其监督要多方面着手。

1. 改变分配方式，加强职业道德教育。在局外人看来，基金经理的收入已经相当高了，没有必要为了追逐“老鼠仓”的“小利”而舍却自身的职业道德的“大义”，甚至以身试法，这样做似乎得不偿失。但站在基金经理们的角度，他们似乎并不这么认为，他们认为相对于自己为投资者带来的收益来说，其所得收入是相对较少的。所以可以通过改变分配方式，让基金管理者购买一定金额自己管理的基金份额并长期持有从而减少基金“老鼠仓”的出现。这种做法能把基金管理者、基金持有人、基金公司的利益捆绑在一起。同时还可以适当增加基金经理的基金收益分成比例或者绩效奖金，以激励他们忠实勤勉地为投资者服务。这种做法在很大程度上提高了基金管理者对其所服务对象的忠实度，激励其更加忠实地履行自己的义务。此外，基金公司在收取基金管理费时不再按规模，而是按照收益来收取，同时，一方面降低基金经理的固定底薪，另一方面提高基金经理在基金收益中的分成比例或者绩效奖，以激励基金管理者勤勉尽责地为投资者服务。此外，防治基金“老鼠仓”还需对基金从业人员加强职业道德教育。通过职业道德教育来强化基金从业人员的职业操守和责任心，以提高其诚信意识和道德水平，同时加强行业自律，使其尽职尽责履行义务。加强培训以提高基金管理者的业务水平，让他们有清醒的头脑来面对越来越多样化的违法行为，同时可以通过组织竞赛等形式强化培训成果，并且创造更好的制度环境，如更多的晋升机会、更多的带薪休假机会等等，使其达到马斯洛需求理论中的最高需求——自我价值的实现。

2. 加强基金公司内部监管。治理基金“老鼠仓”问题时我们要注意加强基金公司的内部监管，完善内控机制。主要可以从以下几个方面进行：第一，正式控制与非正式控制相结合。从内部控制监督执行的角度看，监督行为的有效实施，既需要有制度化的内部控制规范作为组织实施监督的指导，也需要非正式的内部控制监督。因为在证券投资基金市场中有的内部控制监督如控制目标、内部控制活动和程序表达清晰的业务活动完全可以制度的形式予以同化，无需执行者的判断，正式控制占主导地位；相反，有的内部控制监督如管理文化、企业文化、道德价值观既有正式的控制，又有非正式的控制。因此，在完善证券投资基金市场的内部控制监督时，一方面要从内部控制“法”的特性出发，构建正式内部控制的强制监督机制，实现内部控制的最基本要求，达到制度他律的效果。另一方面，加强非正式控制的规范作用，对于正式控制制度无法规范的行为，可以通过公司价值观和内部伦理规则的引导和鼓励，实现道德他律的目标。第二，建立问责机制。新制度经济学认为，制度是依靠相应的惩罚机制而被有效执行的。内部控制监督机制和其他一切制度一样，同样是依赖严格恰当的惩罚机制而得以有效贯彻的。“老鼠仓”等违规交易行为看似是基金经理的个人行为，但实质上也重重地打击了基金管理公司的信誉，影响其在投资者心中的良好形象。在已被证监会查处的“老鼠仓”事件中，无一例外地被他们各自的管理公司归咎为“个人行为”。这种划清界限的处理方式也使基金公司的监管难以发挥真正作用。建议在对基金经理的“老鼠仓”行为进行处罚时，采取问责制。在问责制下，一旦基金经理人出现“老鼠仓”行为后，不仅其个人要面临处罚，其上司也应当负连带的监管责任，其所在的基金管理公司也应当承担相应的责任。只有这样，才可以增加内部经营活动各方逃避义务的风险，敦促各方增强严厉打击“老鼠仓”的意识，促使内部控制监督制度有效实施。第三，加强基金管理公司对基金经理监管的可控性。制度层面，基金公司应督促基金经理等从业人员遵守行为守则，要求其向基金公司及投资顾问、主承销商提交首次持股报告、年度持股报告和季度交易报告，管理层按照公司内部程序对报告进行审查，并定期审核雇员证券交易情况，包括对经纪业务确认书和会计报表的审核，检查其中不正常的交易情况。对于违反个人交易信息报告要求的行为，不仅内部人应负法律责任，基金公司也需负相应责任。这样可以督促基金公司采取措施杜绝延迟报告甚至不报告的情况，将监控的责任落实到基金公司。技术层面，基金公司应加强基金内部的监察、稽核，采取切实有效措施来防范因信息泄露给投资者带来的损失，确保保密信息的安全。对于交易室、电脑室等极度重要的工作区，严禁任何人未经授权以任何借口进入，基金经理和前后端的研究员、交易员应隔离，设置严密的隔离制度。另外，由于基金经理会使用暗语等方式传递信息，这样很难留下证据，但是不管他们使用什么方式，最终的目的是获得金钱财物，因此基金公司的监管层应该监视其银行账号，只要账号上有不明巨款，就应要求他们说明钱财的来源。

3. 加强外部监管，创新监管手段。可以说现阶段我国基金市场“鼠患”严重、“硕鼠”横行，作为保障投资市场公平公正交易的管理者，证监会负有不可推卸的责任。证监会需要从以下几个方面加强监管：（1）监管要有连续性，采取日常监管和突击检查相结合的方法。证监会要实时对证券市场进行监管，采取日常监管和突击检查相结合的方法。在日常监管中，在法律允许的范围内对基金从业人员特别是基金经理采取必要的通信监听和监视。由于现代通信技术方便快捷，内部人员一般都是通过电话、E-mail、网络聊天等方式将大量基金“老鼠仓”的内幕信息秘密传递出去的，所以遏制基金“老鼠仓”比较具有威慑力的办法是对基金管理人员的近亲属以及关系密切的朋友进行监听监视。但证券监管机构及其工作人员在采取这一监管方法的时候要注意对履行职责过程中知悉的个人隐私和商业秘密实行严格保密；同时，证监会还要对各个基金公司进行突击检查，让“老鼠们”措手不及，让那些作奸犯科者防不胜防，提高管理威慑力。但这样的措施要实现连续性和制度化。（2）在查处“老鼠仓”时证监会相关监管部门绝对不能将“老鼠仓”行为简单归结为“个人行为”，要深入追究事发单位的责任，对所在单位董事长、总经理采取“连坐”。同时，还要以某一人或某一件的“老鼠仓”行为为突破口，深查细究，挖出更多更加隐蔽的“老鼠”，千万不能文过饰非，一带而过。

4. 发挥基金持有人对基金经理的监督作用。考虑到现实情况，中国基金投资者人数庞大，基金份额也相当分散，要求代表百分之十以上基金份额持有人才能召集持有人大会，代表百分之五十基金份额持有人参加才可以召开的要求实际过高。为了使基金持有人大会的召开更加简便，可以相对降低召开持有人大会的门槛。中国香港规定审议普通决议的会议其法定人数为已发行单位或股份的10%的份额持有人，审议特别或非常决议的会议其法定人数为已发行单位或股份的25%的份额持有人。借鉴香港规定，可以将开会要求的50%的基金份额持有人比例降为30%，减少基金持有人大会因为不能满足最低份额要求而无法召开的情况。对于存在“搭便车”心理而消极行使权利的投资者，可以考虑采取投票代理制度。中国《证券投资基金法》第七十四条规定基金份额持有人可以委托代理人出席基金持有人大会并行使表决权。表决代理制度的设计主要为不能或不愿亲自参与基金持有人大会投票的投资者提供一种可以参加基金治理的机会。在投资者购买基金份额时，可要求其选择投票权代理人，该代理人可以是社会中介机构（如投资者权益保护机构），也可以是为其他投资者发起投票权征集活动的持有人。

5. 发挥行业组织监督作用。在美国，“老鼠仓”行为被称为“抢先交易”（front - running）。其对基金经理的规制，一方面通过判例法确立基金经理对基金和基金份额持有人负有忠实义务，同时在成文法中对基金经理个人交易行为准则作出具体规定。另一方面，美国的监管部门强调行业自律，基金行业自律性组织有三个：投资公司协会、投资管理和研究协会及美国证券交易商协会。它们负责制定有关行业规则，从事基金运作实务、经济和政策研究及基金市场统计。管理基金的广告宣传，发布基金广告宣传守则，并根据这些规则审核投资公司的基金广告。结合中国证券市场处于起步阶段的客观情况，中国基金的监管中应充分发挥行业自律的辅助作用。可以建立基金经理人自律组织，其任务包括：推广基金业务，扩大国内基金市场；监督基金的日常动作，使之规范化；出版基金管理专业刊物；培训基金从业人员；维护和树立基金业的良好社会声誉。对于违反自律组织规则的会员，行业协会能够对其进行处罚，降低其在本行业中的商誉形象，增加违法成本。总之，以行业自律从组织上来弥补政府监管效率不足的问题，使行业组织真正成为基金行业的一种自我协调、自我平衡和自我约束的自律组织。

6. 完善现行的证券监督法律法规。首先，修改证券法律法规，改

"堵"为"疏"，允许证券从业人员以公开透明的方式买入股票、基金等证券，光明正大地获得证券投资收益。同时，要规范化管理证券从业人员个人参与证券交易的行为。这方面我们可以借鉴国外的做法，建立财产申报制度，要求证券从业人员如实申报其财产和收入情况，做到收入"阳光化"。同时要求证券从业人员对个人投资记录资料定期或实时进行披露，并且，对于一些证券行业高管人员，如投资总监、基金经理，其财产申报的范围要扩大到"相关人士"，即只要这些高管人员对该第三人账户具有控制权和利益相关，即为相关人士。一旦发现基金从业人员涉及内幕交易或利益输送就严惩不贷。这种做法既满足了基金从业人员特别是基金管理人的投资需求，同时也能禁止和惩罚内幕交易行为，这样基金经理建立"老鼠仓"的必要性就大大降低，能从很大程度上避免"老鼠仓"的出现。其次，完善对基金"老鼠仓"刑事处罚的法律体系，加大对基金"老鼠仓"的刑事处罚力度，探索建立举证责任倒置制度。我国《刑法修正案（七）》对《刑法》第一百八十条第一款进行了修改，加大了刑事处罚力度，对证券行业内幕信息知情人或通过非法手段获取证券行业内幕信息的相关人员，在内幕信息未公布前，利用内幕信息进行非法交易或者泄露内幕信息或建议他人利用所获知的内幕信息从事非法交易活动的，如果情节严重，会被处以五年以下有期徒刑或者拘役，并处或者单处违法所得 1 倍以上 5 倍以下罚金；如果情节特别严重，则会被处以五年以上十年以下有期徒刑，同时处以违法所得 1 倍以上 5 倍以下罚金。并在该条款中增加了一款内容作为第四款，规定商业银行、证券公司、基金公司或其他金融从业人员，如果利用职务便利获取证券法规定的内幕信息以外的一些尚未公开的经营信息，并且利用这一未公开经营信息从事与该信息相关的非法交易活动或建议他人从事这一非法交易活动的，如果情节严重，则会按照法案第一款规定进行处罚。刑法修正案的这一法条修改，增加了从事内幕交易等证券违法行为的机会成本，不仅仅是民事及行政处罚，而且是上升到了刑事处罚的高度，加强了对"老鼠仓"等证券违法行为的威慑力，为我国对基金"老鼠仓"的治理提供了强有力的法律后盾。下一步，要加强对情节特别严重和再犯者的处罚力度，进一步完善此项法案，提高“老鼠仓”的违法成本，为进一步深入治理“老鼠仓”，肃清证券市场内幕交易行为提供法律支持。同时，积极探索和创新对“老鼠仓”违法行为的调查和处理方法，如建立举证责任倒置制度，即让基金“老鼠仓”的嫌疑人自己举证证明自己没有参与或者进行过内幕交易的行为，从而减小查处难度和查处成本，提高“老鼠仓”查处效率，为投资者营造公平透明的投资环境。

讨论与思考

1. 期货监管中保证金的意义何在？
2. 股指期货监管与国债期货监管有何异同点？
3. 如何加强境外中资机构期货交易的监管？
4. 基金监管的重点与难点是什么？
5. 基金经理道德风险的主要表现形式是什么？

第六章　保险业典型案例

第一节　新华人寿3.5亿元挪骗案

新华人寿江苏泰州中心支公司副总经理王某利用职务之便，在6年多时间内，诈骗、挪用和侵占保险资金约3.5亿元，涉及客户数千人。这起案件将新华人寿推到了风口浪尖。

一、案件回顾

（一）从职务涉案到非职务挪用

地处江苏省中部的泰州市忽然成为保险业关注的焦点，虽然在江苏省13个辖区中，2009年泰州的总保费收入仅列第9位，一起寿险公司的非法集资案却大大提高了人们对泰州的关注度，也再次引起了业界对新华人寿的“关注”。

2009年一份《关于新华人寿泰州中心支公司原副总经理王某涉嫌非法集资案问责情况的通报》下发到各保监局、保险公司、保险资产管理公司和保险中介公司。一直为外界所猜测的新华人寿挪骗案终于被官方证实。经查实，2003年至2009年10月期间，王某通过私自印制假保险凭证非法集资、截留挪用保费和退保资金等方式，诈骗、挪用和侵占资金约 3.5 亿元，涉及客户数千人。

2009 年 10 月，新华人寿泰州中心支公司原副总经理王某涉嫌非法集资案案发，保监会成立专项调查组赴江苏现场调查案件及责任，经过半年多的调查，该案件的基本脉络浮出水面。

王某 2002 年进入新华人寿泰州中心支公司，曾任副总经理。自 2003 年开始，王某通过私刻投保单位印章、拼凑假业务的方式承保，并用假退保单将退保金转入其个人账户或其控制的投资企业账户。

经公安部门侦查，王某挪用的资金合计达 1.85 亿元，其中约 6 700 万元先后用于投资设立 9 家公司企业、4 800 万元用于支付前期资金利息、2 900 万元用于赌博或个人挥霍、1 000 万元用于购置房产汽车、1 000 万元借贷他人、2 100 万元用于支付相关人员工资。

王某在泰州中心支公司先后任团险业务部经理、副总经理，他利用职务之便，以个单团做的方式拼凑团体保单，向被保险人出具保险凭证收取保费，但并不入账，从而截留保费，直接打入其个人账户或其所控制的企业账户。此外，王还冒充投保人申请退保金，挪作他用。

2003 年至 2006 年，对于到期需要兑付的保单，王某从个人控制账户中按时按息兑付，并对大部分续保客户，继续自行打印保险凭证，将续期保费再次打入其个人控制账户。

在 2006 年底的保监会现场检查中，查实新华人寿泰州中心支公司团体年金业务违规经营，涉及金额 5 401.90 万元。保监会给予泰州中心支公司责令改正、罚款 20 万元、停止接受团体保险新业务 1 年的处罚，王某也因此被免去泰州中心支公司副总经理一职。

在此之后，王某不但没有停止其疯狂的非法集资行为，反而变本加厉。他陆续在泰州市的大酒店、高档写字楼租赁办公场所，借新华人寿团体人身保险产品的名称，设计固定收益产品，自行打印“保险凭证”收取保费，甚至在其营建的 6 个“营销网点”公然招聘业务员，以销售保险产品的名义进行非法集资。

这两个阶段的挪骗过程如图 6 - 1 所示。

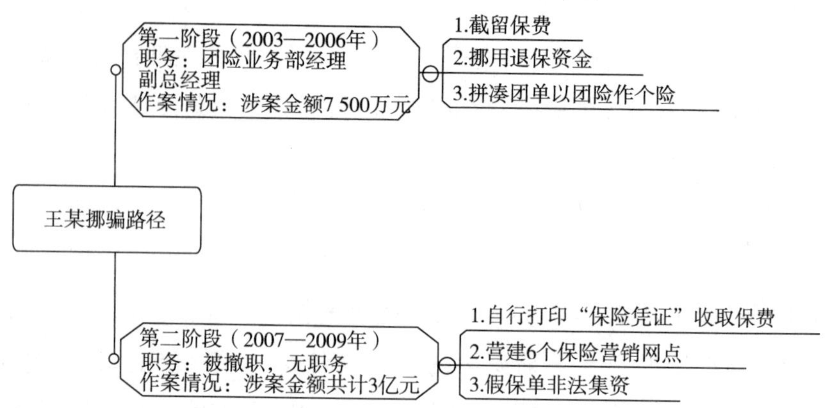

图 6－1　王某挪骗案违规示意图

（二）当事人集体被追究责任

长达 6 年多的截留和挪用保费造成了巨大的资金窟窿。据保监会通报，案发时该案件资金缺口约达 1.89 亿元。持续数年的违法违规行为，绝非王某一人独立操作，一个非法集资、挪用保费的组织已经形成。知情人士透露，新华泰州中心支公司的数名员工均参与了王某的非法集资和挪用保费活动，其中既有内勤，也有外勤；既有财务部负责人，也有技术岗位员工。保监会的通报称："泰州中支历任主要负责人管理不善，未能对团体业务的质量和风险进行有效制约和管控；泰州中支部分员工直接参与协助王某作案或客观上为王某作案提供帮助。"

据保监会通报，直接参与非法集资活动的泰州中心支公司营销业务室（原团体部员工）陈某、泰州中心支公司团体业务分部（原团体部外勤）朱某和原团体部外勤李某被开除，另有 6 人被劝退；泰州中心支公司原负责人和现任负责人分别被记大过和通报批评。

被追究责任的不仅是泰州中心支公司这 11 人，新华人寿总公司也有 7 位管理层成员和 2 位部门经理被问责，最高涉及当时分管团体业务和销售的总公司副总经理孙某、徐某、林某和总公司销售管理中心主任高某，4 人被处以严重警告，并处 4 万元罚款；此外还有 5 人分别被处以通报批评、降职或记过。

而在新华人寿江苏省分公司层面，则有8人面临问责，包括3位高管和4位部门总经理，分别被处以降职、开除、警告、罚款等。

按照通报，新华人寿江苏分公司存在的主要问题包括：时任副总经理杜某（分管团体业务）长期支持、纵容和庇护王某，导致泰州中心支公司团体业务管理失控，被予以开除；江苏分公司在对王某违法行为有所觉察，且经江苏保监局查明泰州中心支公司团险部大部分员工参与其违法活动后处置失当，未采取有效措施及时进行人员调整，导致王某的同伙继续在泰州中心支公司工作，甚至担任责任人。保监会一相关人士称，由于此案造成的影响非常恶劣，损失特别严重，因此监管部门对总、分各层级的相关责任人都追究了责任。

二、监管思考：内控弱化与外部监管指导

国外保险业经过长时间的发展以后，早已充分认识到了内部控制对保险公司永续经营的重要性。因此，国外保险公司在内部控制的建设和运行上相对成熟，在坚持稳健经营的前提下，建立了比较完善的内部控制体系，并成为其管控风险的第一道防线。我国保险业在内部控制的研究和推行上起步则相对较晚，改革开放后第一部针对保险行业的内控规范性文件是1999年8月中国保监会发布的《保险公司内部控制制度建设指导原则》。这部准则在保险业发展的初期对保证保险公司经营效率、防范经营风险等方面发挥了一定作用，但也还是存在不少问题与不足。为此，保监会于2010年8月10日颁布了《保险公司内部控制基本准则》，并于2011年1月1日开始实施。新规则实施前夕爆出的全国最大的保险业非法集资案件，让人们对当前国内保险业在内部控制方面存在的问题有了一定认识。

（一）内控制度的弱化

1. 公司治理结构及组织结构不合理。我国大部分保险公司包括新华

人寿，都是按行政区域设置，形成金字塔形的组织结构，实行多级管理，对内部控制的敏感度较低，并且各职能部门职责交叉，分工不明确，以至于总公司对分支机构不能够进行有效的控制，内部控制也因此存在交叉重叠与盲点。监管的盲点给王某以可乘之机，在其于2007年被免去泰州中心支公司副总经理一职并调离泰州中心支公司后依然可以调动员工，使其为之服务。

2. 缺乏内部控制文化，内部控制意识薄弱。目前，我国绝大部分保险公司还没有形成真正的内控文化，特别是分支机构的工作人员对内部控制和风险管理的具体内容和作用并不十分了解。有的分支机构负责人为了能够完成短期内的任务，重视业务发展，完全无视内部控制以及风险，甚至有时候把业务发展与内部控制对立起来，极其缺乏风险防范意识。新华泰州事件中，王某作为地方公司高管，一手遮天，不仅自身作案，而且几乎影响了公司的各个要害部门，其中既有内勤，也有外勤；既有财务部负责人，也有技术岗位员工。王某的这种做法并非首创，早在2006年，曾任新华人寿的董事长6年的关某就因涉及130亿元公司资金挪用而被推上被告席。可以说，作为下属王某的做法只是对其行为效仿罢了，众多员工的参与也进一步说明当时的新华人寿已形成了不良的公司文化，内控制度形同虚设。

3. 对内部控制系统的监控力度还有待进一步加强。保监会在新华泰州事件中采取了公正严明的态度，及时地进行了披露，这种做法对其他保险公司从业人员敲响了警钟。从新华人寿泰州中心支公司违规来看，该公司早在2006年就已经受过处罚，王某也因之被免职调任。但该公司并未引以为戒，而是纵容王某及一干员工继续违规运作。这说明之前保监会对王某个人的惩罚与对泰州中心支公司事后惩处不足以起到应有的警示作用。这种惩戒制度设计的违规收益高、成本低，投入产出比高有可能成为竞争不公平的一个重要原因。如果不提高惩戒力度，借鉴国外的清退不良保险分支机构退出市场的做法，市场可能出现优汰劣胜、“劣币驱逐良币”的情形，最终市场上违法违规的现象愈加泛滥。

（二）外部的监管指导

综合来看，我国保险公司的内部控制目前还很不完善，存在的问题也很多，随着保险业的飞速发展，内部控制的重要性将越发凸显，因此，提高对内部控制在保险风险防范及维护整个金融体系安全的重要性的认识，进而加速保险公司内部控制建设的进程是当前保险行业的当务之急。对于监管部门来讲可以从以下几方面着手：

1. 进一步加强对保险公司内控建设的指导。2010 年 8 月，保监会发布《保险公司内部控制基本准则》，为保险公司加强内部控制建设提供了基础性、权威性的指引。新准则强调保险企业不仅要防范保险风险，更要主动提高防范和化解风险的能力；新准则借鉴国际经验，首次提出把内部控制活动分为前台控制、后台控制和基础控制三个层次，并做了更具体的规范和指导，大大提高了内部控制标准的可执行性。为此，监管部门应依据新准则，对企业给予必要的指导，在企业内部控制建设上起到引领作用，促使外部监管内部化，保险公司的内控不再流于形式。

2. 进一步加强对内部控制的评价工作。新的内部控制准则已经出台，关键在于执行。监管部门应当在企业实施新内控制度后作好评价，在作出准确评价的前提下，采用最适当的监管对策。第一，借鉴国外同行的先进经验建立切实可行、准确高效的内控评价体系，提高监管人员的内控监管水平。第二，把内控建设和执行情况作为监管的重要内容，加强对内部控制的现场与非现场检查，将检查结果作为分类监管的重要参考，对内控问题严重的，从严处理。

3. 建立退市制度，以实现市场的优胜劣汰。根据不良保险分支机构表现形态不同，可以按不良程度逐次分为三类：第一类机构，是指经营活动严重违反保险法律法规强制性规定的机构。监管当局可以通过吊销保险业务许可证、取消其经营保险业务的资格强制这类机构退出。第二类机构，是指较长时期内责任缺失、管理缺失、模式缺失、高管缺失又整改无效、毫无改观的机构。对这类机构适用劝导退出，监管机构可以通过监管函提示风险劝其退出市场；对确需存在的中心支公司、支公司等，可以约请监管谈话，引导其将原机构降格设置或彻底退出。第三类机构，是指不能够经受住市场选择或者不被市场所认可的机构，主要表现为完全不能实现三年可行性经营目标、按经营规律应进入盈利期但依然亏损，或者因发展战略发生重大变化而必须退市。对于这类机构适用自发退出，对那些不适应市场需要、经济核算无效益的不良机构，或者因总体发展策略发生重大变化受到严重影响的分支机构，保险公司一般会主动提出撤并申请。对此，监管机关应着重审查原有保单责任的承接主体有没有落实到位，保单售后服务主体有没有明确，服务渠道是否合理便民，相关事宜有没有书面通知投保人、被保险人或者受益人。只有这三个方面问题已经明确落实，监管机关才可以同意撤并申请，同时要求其上级公司进行公告，从而切实保护保险消费者的合法权益。

总之，高度重视内部控制的重要作用，充分利用保险公司和监管机构的合力，建设和完善保险公司的内控体系，强化和落实对保险公司的内控监管，提升保险业的内控水平，是实现保险业又好又快发展的重要举措，也是一个需要常抓不懈的艰巨任务。只有如此才能真正杜绝或减少类似案件的发生。

第二节　平安保险亿元假保单案

一、案件介绍

（一）案件相关方简介

1. 平安保险简介

中国平安保险（集团）股份有限公司（以下简称平安保险）成立于1988年3月21日，同年5月27日正式对外营业，总部位于深圳。平安保险是中国第一家以保险为核心的，融证券、信托、银行、资产管理、企业年金等多元金融业务为一体的紧密、高效、多元的综合金融服务集团。公司控股设立中国平安人寿保险股份有限公司、中国平安财产保险股份有限公司、平安养老保险股份有限公司、平安资产管理有限责任公司、平安健康保险股份有限公司，并控股中国平安保险海外（控股）有限公司、平安信托投资有限责任公司。平安信托依法控股平安银行有限责任公司、平安证券有限责任公司。平安保险作为中国第一家股份制商业保险企业，开创了中国保险业的营销时代。平安保险的企业使命是：对客户负责，服务至上，诚信保障；对员工负责，生涯规划，安家乐业；对股东负责，资产增值，稳定回报；对社会负责，回馈社会，建设国家。公司倡导以价值最大化为导向，以追求卓越为过程，做品德高尚和有价值的人，形成了“诚实、信任、进取、成就”的个人价值观和“团结、活力、学习、创新”的团队价值观。公司贯彻“竞争、激励、淘汰”三大机制，执行“差异、专业、领先、长远”的经营理念。但就是在这样一家以诚信为本的保险公司中，却暗藏着一起保费近亿元的假保单案。如果不是因为两位业务员因佣金分配而产生纠纷，这桩中国寿险业中的巨额假保单案可能永远不会为外人所知。

2. 保单签订双方

（1）徐州发电厂。该厂于1976年正式建设，至1987年底全部建成，属国家特大型企业，是江苏省和华东电网的主力电厂。2000年被命名为国家电力公司一流火力发电厂。

（2）平安保险徐州支公司。平安保险徐州支公司成立于1994年4月，目前开办了近百个险种，拥有集体和个人客户15余万户。成功承保了徐州市大型电力、化工、建筑、煤炭、机械、电子等行业的重大标的，以及广大企业和个人的养老、医疗保险，为社会提供各种风险保障超过1 000亿元，累计为徐州市各界保险客户赔付款项5 000余万元。

3. 案件相关人物

何某系平安保险公司徐州支公司员工，有保险代理人资格。平安亿元假保单签订过程的重要参与者。之后由于在佣金分配问题上与其他员工产生分歧，引起法律纠纷，最终使得本案水落石出。

李某于2000年12月进入平安保险公司徐州支公司，当时她没有保险代理人资格证，与何某同为平安亿元假保单签订过程的重要参与者。由于在平安保险徐州支公司没有“工号”，所以她拉来业务，也必须把业务挂到其他人的“工号”下，让别人提取佣金收入，再私下将佣金分给自己。在与同事何某合作签订了徐州发电厂亿元保单后，与其就佣金分配产生纠纷，于是聘请律师刘某为其代理律师，后者在不断调查取证后发现亿元保单为代签假保单，最终通过不断投诉举报将案件真相澄清。

刘某，律师，法学学士，中国法学会会员，执业律师，新法网中国最具影响力大律师候选人，徐州市律师协会公司法和知识产权、建筑和房地产专业委员会委员。具有多年的企业法律顾问经验，办理过大量在国内、省内产生影响的疑难复杂案件。涉足的律师业务遍及徐州、宿迁、济宁、枣庄等淮海经济区城市，辐射全国。在平安保险亿元假保单案中，正是由于刘某为其中一名业务员作代理律师，在调查取证后逐渐发现代签假保单案情，通过不断的投诉与举报，最终成功促成国内第一大亿元假保单的撤销，在全国产生强烈的影响。

（二）案件经过

2002年5月22日，平安保险徐州中心支公司（寿险）与徐州发电厂签下了一单“十年期鸿祥附加定期寿险”。当年，这单业务在业内可谓尽人皆知：年保费980万元，10年保费9 800万元。这在当年全国七大保险公司寿险业务中名列第三，而在平安保险内部，这是当年最大的一单寿险业务。此亿元保单作为平安当年最大的一单寿险个险业务轰动全国。两年后此亿元保单再次轰动全国，是因为它是一起瞒天过海的假保单事件。拉来这个亿元大单的两个普通保险业务员之间的纠纷，让这一“辉煌”的本质被揭露出来。

李某2000年12月进入平安保险公司徐州支公司，当时她没有保险代理人资格证，因此在平安保险徐州支公司就没有“工号”。这意味着，即使她拉来业务，也必须把业务挂到其他人的“工号”下，让别人提取佣金收入，再私下将佣金分给自己。2002年2月，有“工号”的女同事何某找到李某，说徐州发电厂有一单大业务，希望一起合作。徐州发电厂是一家在徐州知名的国家特大型企业，拥有职工 4 000 余人。何某和李某两人一拍即合，随即签订了合作拓展业务的佣金分配协议，携手开始对徐州发电厂“攻关”。2 月到 4 月间，李某和何某几乎每周都去远在郊外的徐州发电厂，有时候一周去数次，而一去就在那里待上一天。不仅如此，2002 年 4 月底、5 月初，时任平安保险公司徐州中心支公司（寿险）总经理范某也亲自出马，带着李某和何某三顾徐州发电厂。2002 年 5 月 22 日，何某代表平安公司与徐州发电厂签订了保险协议——10 年期“平安鸿祥两全保险（分红型）附加定期险”，徐州发电厂每年缴纳保费 986. 7026 万元，10 年共计 9 867. 026 万元。一张“亿元大单”就此大功告成。如果不是因为两名保险业务员因佣金提成产生纠纷，这起亿元假保单大案几乎“暗度陈仓”。但是，黑幕终被揭露出来。

保单签成后，何某拿到了投保第一年的佣金 190 多万元，并于 2003 年 6 月再次领取了 48 万余元的续期佣金。根据李某与何某的佣金分配协议，10 万元以上的佣金提成，何某应该分给李某 20%。李某因何某没有按提前的约定将提成分给自己而十分气恼。李某多次找何某要钱，但何某却不承认李某也参与了这项业务，只承认李某是给她打工的，可以给李某劳务费，甚至说：“我就不给钱，有本事去法院，法院判多少就给多少，法院不判就没有。”2003 年 4 月 9 日，为了拿回自己按约定该得的“提成”，李某找到徐州金华星律师事务所的律师刘某，希望通过打官司来要回自己的那份佣金。出人意料的是，刘某调查之后却发现，平安保险公司与该客户签订的巨额保单中存在着一系列惊人的违规行为。惊人的黑幕终于浮出水面。当年，这笔亿元保单吸引了徐州的 5 家保险公司，而平安得以脱颖而出，在于它给该客户提供了一个别人根本不可能提供的承诺。在这份保险协议里，何某代表平安公司承诺：“乙方员工到期后领取生存金，领取金额为鸿祥保底金额另加分红，分红预期 6%，可能更高。”若按照这一承诺，从投保之日起，每年将可以得到超过 50 万元的分红。这是一个违规的利率承诺，因为早在 1999 年 6 月 10 日，中国保险监督管理委员会即已明文规定，各保险公司不得再签发预定利率超过年复利 2.5% 的寿险保单。

随着调查的进一步深入，发现平安保险没有说明这份协议究竟是如何签订出来的，也不能确认这份协议上的印章是否有假。换言之，一个简单的印章鉴别和内部调查工作，平安保险似乎也没去做。问题的关键在于，即便上述这份保险协议被平安保险认可，业务员何某也不可能拿到 200 多万元的保险佣金。奥妙在于，原本徐州发电厂所要求的一份团体险，最后被制造成为 4 035 份各自独立的个人保险合同。在通常情况下，寿险业务可以划分为团险和个险两种。团险（8 人以上）由所投保单位（企业）代表其所有职工签字盖章，个险必须由每个投保人签名。对于保险业务员来说，承办这两种保险所取得的利润有明显的不同，差别则在于：团险只能由经办人收取 2% ~5% 的手续费，这样算来，该厂这笔业务能给业务员的收入至多不超过 50 万元。而个险由业务员提佣金，10 年期鸿祥两全保险的佣金为 20% 左右，这样税后总数有 170 万元。仅此一项，二者就相差 120 多万元，还不包括以后 9 年的续期保费佣金。除了业务员以外，主管、支公司经理、分公司分管经理、总经理都有几十万元以上不等的佣金和奖金。这样，大家就成了一个利益共同体。这个利益共同体为了最大化自身的利润，想出了代替投保人签名的办法，企图在不让客户知道这单保险已经变成了个人险业务的情况下，让该厂 4 000 多名职工都“按照规定在保单上签名”——伪造个险保单。

在 2004 年 2 月 26 日，徐州发电厂致平安保险徐州支公司的函件上明确写道：“至今为止我厂无任何职工填写过该保险相关的投保单。”投保人一方表示从未收到过任何个险的保单；保险方——平安保险公司南京分公司负责人则表示：“我们并没有给厂办理团险保单，而是按个险保单来办理的。公司当时出具的保单是个险保单，出具的发票是个险发票，投保后发生的理赔、退保等都是按个险来操作的。”所有这些都指明，问题发生在办理保险的中间环节——保险经办人身上。利益相关的保险业务员对投保人进行欺瞒，私自把团险改为个险，伪造了大量的假保单，并进行代签名。同时把假保单上交公司，使得公司按个险来进行处理和操作。业务员就可以按个险提成标准收取高额佣金。在这个过程中，不但投保人被欺骗，保险公司也不了解整个运作过程。

（三）最终结果

在事件发生后，从2003年4月起，刘律师就开始向平安保险公司投诉有关问题。而在刘律师不断取证的过程中，徐州发电厂逐渐知道了平安保险的违规和欺骗行为，开始向平安保险方面提出交涉。平安保险不愿意轻易撤销这一保单，于是和徐州发电厂协商修改保单。但由于诸多原因，双方未能就修改事宜达成共识。最终平安保险公司与徐州发电厂就退保问题达成了一致意见，将保单作废，前两年收取的保费全部退给厂方。

二、监管启示

保险业中一开始就没有建立起风险意识，把保费收入的快速增长当做企业成长的核心指标，因此平安保险出现了为得到高额保费而制造假保单的现象，值得监管层深思。应当如何提高监管效率，减少类似案件的发生呢?

（一）加强分红保险产品的监管

平安保险亿元保单中签署的“十年鸿祥附加定期险”属于分红保险。分红保险是世界各国寿险公司规避利率风险、保证自身稳健经营的有效手段。相对于传统保证型的寿险保单，分红保单向保单持有人提供的是非保证的保险利益，红利的分配还会影响保险公司的负债水平、投资策略以及偿付能力。为了保障保单持有人的利益和保证保险公司的持续经营，各国保险监管机构都非常重视对分红保险的监管，除了将保险监管的重点集中在分红产品的红利演示、分红基金的红利分配、分红基金的信息披露、保单持有人的合理预期和分红基金的负债确认等方面外，还对不同的红利分配方式形成了不同的监管模式。在本案中，如果保险监管部门能从分红险的角度考虑，加强对大额保单的监管，那么平安保险公司违规案就可能不会发生了。

（二）科学设定寿险的预定利率

所谓“预定利率”，通俗地说就是保险公司提供给投保人或者消费者的回报率。预定利率越高，保险产品的竞争力则越强，保险公司也要承担更多的经营风险。预定利率一般会参考同期的银行存款利率。1999 年 6 月 10 日，中央银行连续第七次降息。保监会规定“将寿险保单（包括含预定利率因素的长期健康险保单）的预定利率调整为不超过年复利 2.5%，并不得附加利差返还条款”。正是这份通知，最终设定了目前寿险产品定价的“高压线”。

寿险产品预定利率一般是参照开发产品时的市场利率决定的，由于寿险产品期限较长，保单一经卖出，预定利率即已确定，即使市场利率发生很大变化，形成与预定利率间的很大差异，寿险公司也不能随意更改预定利率；另外，在利率变动时，保险客户的灵活性和选择性较大，这种情况可能造成无论市场利率向何种方向变动对寿险业影响的不利方面都会比较突出的局面。当市场利率处于上升趋势，引起保单预定利率上调时，从理论上讲，寿险公司可能从原来售出的预定利率较低的老保单那里获得利差益；但在实际市场运行中，由于保险客户在新旧预定利率差异过大时可选择退保，重新购买高预定利率保单或调整个人金融资产选择的方式规避风险（除非退保不利），使寿险公司不可能获得较大的实质性利差益。在市场利率处于下降趋势，使产品预定利率不断下调时，寿险公司不能强制性要求客户退保，或单方面下调老保单的预定利率，因此会承受一定利差损压力。在预定利率下调幅度很大，或在高预定利率保单数量很大时，老保单造成的利差损压力是巨大甚至是致命的。世纪之交，日本几家寿险公司破产或被接管的主要原因即在于预定利率下调引起巨大利差损，导致了偿付能力危机。因此，市场利率变动引起保单新旧预定利率产生差异，对寿险业的实际影响总体来说不是有利的，预定利率下降引起的利差损还可能危及寿险公司的生存。从理论上的分析我们不难看出，保险公司私自承诺较高的预定利率来吸引大额保单的违规行为是出于自身利益。然而从监管角度看，从1999年至今预定利率从未调整过，但利率以及人民币汇率在不断调整。设计科学的保证保险公司有可盈利空间的安全预定利率，是保险监管部门应尽快解决的课题。

第三节 永安保险违规被接管案

一、案件介绍

1997年12月1日，中国人民银行陕西省分行发布公告，依法对永安财产保险股份有限公司（以下简称永安）进行接管。这是我国首例保险公司被接管的案件。探究永安所产生的问题、出现这样的问题的原因以及怎样解决这些问题，即对中国保险业第一例接管案件进行研究，无疑将有助于我们发现保险业所存在的问题，有利于提高我国保险业监管水平，促进我国保险业的健康发展。

（一）永安的历史探究

随着改革开放的深入和中国保险市场的开放和开发，中国人民银行于1996年1月22日批准了筹建商业性财产保险公司——永安财产保险股份有限公司。同年8月25日该公司正式成立。永安的主要股东为国家电力、电子、邮电、有色金属、航空航天等行业的国营大型企业集团和骨干企业，注册资金为6.8亿元人民币，主要经营财产保险、责任保险、信用保证保险等保险业务。该公司实行董事会领导下的总裁负责制。

永安是我国唯一一家设在西部地区的保险公司，总部在西安，营业区域为西北五省及山西、四川省和重庆市。旨在奋力开拓西部保险市场、为西部经济崛起服务的永安，一起步就创造了国内保险业的三个第一：第一家将总部设在西部地区；第一家开业便同时建成全资拥有的各类设施齐备的现代化智能型办公大厦；第一家全面引进世界先进的计算机网络系统，将承保、理赔、财务核算等信息资料全部实行计算机管理，并聘请国外专家进行技术指导，按照国际惯例，实行现代化管理。永安在成立初期，十分注重社会效益，曾为西安市万名公安干警免费承保“公安机关工作人员意外伤害责任保险”，保险总金额高达5亿元。1996年，在正式成立后的4个月内，永安实现保费收入455万元。

（二）永安的违法违规行为

永安营业不足一年半，中国人民银行陕西省分行就发布公告称，鉴于永安财产保险股份有限公司存在严重违法违规等问题，中国人民银行决定对永安财产保险股份有限公司依法接管，并责成陕西省分行负责实施，接管期限为1997年12月1日至1998年5月31日，为期半年。在被接管的这一年，永安的保费收入为3 169万元。

永安之所以被接管主要是有两个问题：其一是违规经营，即存在异地展业问题；其二是资本金问题，即资本金不足，有的股东达不到股东资格，有的股东资本金未到位。中国人民银行是根据《保险法》（1995）第一百一十三条规定决定对永安实行接管的。第一百一十三条规定为：“保险公司违反本法规定，损害社会公共利益，可能严重危及或者已经危及保险公司的偿付能力的，金融监督管理部门可以对该保险公司实行接管。接管的目的是对被接管的保险公司采取必要措施，以保护投保人的利益，恢复保险公司的正常经营。被接管的保险公司的债权债务关系不因接管而变化。”保险业的违规、违法经营在中国的保险市场上时有所闻，永安的行为已经严重危及了公司的偿付能力，因而走向了被接管的道路。根据《保险法》第七十二条：“设立保险公司，其注册资本的最低限额为人民币二亿元。保险公司注册资本最低限额必须为实缴货币资本。”然而在永安被接管前，据陕西省有关部门的一份调查指出，永安注册资本为6.8亿元，实际到位不足1亿元。在永安的十余家股东中，西安飞机制造公司注资1 000万元，彩虹集团注资6 800万元，西北电力管理局注资1 000万元，因而实缴货币资本仅为8 800万元，远远达不到

《保险法》规定的 2 亿元最低限额。注册资本金是公司运营最基本的条件，注册资金不到位不仅仅涉及违法问题，还严重影响公司的偿付能力，直接损害投保人的利益。《保险管理暂行规定》（1996）（以下简称《规定》）第四十九条规定："保险公司最低偿付能力为中国人民银行规定的其实际资产减实际负债的差额。"在注册资金不到位的情况下，永安的实际资产必将大大缩水，因而偿付能力将受到极大的影响。偿付能力不足无法保证理赔的顺利完成，资本金是保险公司成立之初偿付能力的最后防线，而注册资本不到位严重削弱了永安应付风险的能力，为今后的发展和经营埋下巨大的隐患。

根据《规定》第十七条，未设分支机构的保险公司只能在该公司注册地开展业务。其他保险机构只能在中国人民银行批准的区域内开展业务。作为一家区域性的保险公司，永安的营业区域应为西北五省及山西、四川省和重庆市。跨地区经营会带来许多问题。从资本金方面来看，区域性和全国性的公司有不同的资本金要求。《规定》第五条规定："……在全国范围内开办保险业务的保险公司，实收货币资本金不低于 5 亿元人民币；在特定区域内开办业务的保险公司，实收货币资本金不低于人民币 2 亿元；设在省、自治区、直辖市、计划单列市政府所在地的分公司，营运资金不得低于人民币 5 000 万元。"营业区域的扩大意味着公司规模的扩大，因而需要相应的资本增加以抵御风险。从管理方面来看，扩大营业区域要求管理要跟得上。区域的扩大并不是简单地依靠增加分支机构，如何因地制宜地开展业务，如何实现公司的战略目标，怎样实现资产的保值增值以及取得利润最大化都是应当考虑的问题。从监管方面来看，保险公司不按规定的区域经营，必将增加监管的难度，监管的主体、客体概念不明确，责任不明晰。保费是一种低成本的资金来源，保险机构对保费的争夺有可能引发经营区域混乱的局面，从而造成监管的混乱。

除了到位的 8 800 万元货币资金，永安还拥有价值数亿元的固定资产——永安大厦。另外，在接管永安之后，中国人民银行立即撤换了永安的原董事长王某，并罚其 11 年内禁入中国金融业。由上述事实，我们设想这样的一种可能，即永安在筹得包括固定资产在内的资金后，非法取得验资证明并获得营业执照。这样的可能反映了当前我国保险市场上的一种信息不对称——保险机构真实财务信息的披露问题。无疑，虚假信息加剧了保险市场的混乱现象，使得市场正常的规则被扭曲，市场信息缺乏可靠性，市场行为的是与非、正与邪被人为复杂化，从而使保险市场变得更加难以解读。准确、及时、全面地获取和处理各种信息，是对保险业实施有效监管的一个基本前提。如果保险公司的财务信息披露不真实，任何形式的监管都是低效率，甚至是毫无意义的。

（三）监管机构存在的问题

我们再从监管者的角度来讨论永安事件给我们的教训。根据《保险法》第七十一条和第七十四条，设立保险公司，应有符合规定的注册资本最低限额，并且具有法定验资机构出具的验资证明。在公司注册资本实际到位不足1亿元的情况下，验资证明从何而来，这是一个很大的监管问题。《保险法》第七十八条规定："保险公司成立后应当按照其注册资本总额的百分之二十提取保证金，存入金融监督管理部门指定的银行，除保险公司清算时用于清偿债务外，不得动用。"在后来的《规定》中明确要求："在特定区域内开办业务的保险公司向注册地的中国人民银行省、自治区、直辖市、计划单列市分行交存保证金。"按照永安6.8亿元的注册资本，它应向中国人民银行陕西省分行交存保证金1.36亿元，在公司只有货币资金8 800万元的时候，它是怎样满足这项要求的？这是一个监管漏洞。依《公司法》，提供虚假验资证明的机构将受到处罚。作为地方监管者（中国人民银行陕西省分行），在知晓永安保证金不足的情况下却仍然允许其营业达一年之久，这一现象的产生与中国存在的地方保护主义不无关系。保险公司的设立应属于市场行为，而从实际来看，市场的准入带有强烈的政府色彩。在得到地方政府的支持之后，有法不依、执法不严的现象十分普遍，如何能够切切实实地依法办事，已经成为发展中国保险业甚至是发展中国市场经济的当务之急。作为中央监管者，由于保险管理力量薄弱等原因，其对保险业的监管往往偏重于机构设置，而轻视业务监督，监管力度明显不足。虽批准设立了一批地方性保险公司，但对其业务稽核、监督和管理，远远滞后于保险业的发展，因此出现了永安等违法违规的混乱现象。允许资本金不到位的保险公司经营，短期来看可以壮大我国保险业，但从根本上看这是以牺牲投保人的利益为代价的。

整个永安事件暴露的另一个问题是中国保险业监管的透明度不高。1998 年 9 月 1 日，中国人民银行陕西省分行发布公告，结束对永安财产保险股份有限公司的接管。永安在短短两年时间内，经历了成立、整顿、接管、延长接管、重组等阶段和事件，震惊了保险界，同时也震惊了整个金融业。但对于业内人士来说，是“雾里看花”，对业外人士来说，更不知实情。事实上，从成立到被接管，几乎找不到有关永安的新闻或其他消息，即使在中国人民银行接管永安之后，人们也很难从公开资料获得永安违法违规的具体信息。

二、监管启示

永安事件是具有历史性意义的。1998 年 11 月，也就是在中国保险业第一例接管案结束之后的两个月，国务院成立了中国保险监督管理委员会，依照法律、法规统一监督管理全国保险市场。之后一年半，即 2000 年 3 月，《保险管理暂行规定》也得到了较大的调整。2004 年 5 月 13 日通过的《保险公司管理规定》也因此加强了两个方面的要求以避免类似永安的事件再次出现：第一，加大了偿付能力监管的力度。第九十二条明确指出偿付能力是否符合要求是保险机构年检及日常检查的内容，第九十五条、第九十六条赋予了中国保监会根据需要对保险机构重点检查、随时检查的权力，保险机构必须予以配合，并按中国保监会要求提供有关文件、材料。第二，加强了对高级管理人员的控制。除了在第七条中继续规定“保险公司的高级管理人员必须符合中国保监会规定的任职资格”外，还在第二十一条中明确指出，保险股份有限公司单个股东（包括其关联公司或以其他人名义）持有保险公司股份总额超过保险公司资本金10%的，须经中国保监会批准。在罚则的第一百一十四条，对违反本规定的行为负有直接责任的保险机构高级管理人员和其他直接责任人员列出了详细的处罚项目。另外，对永安的接管意味着中国保险机构破产清算的可能性加大，《保险公司管理规定》中相应增加了第三十七条至第四十四条，对公司清算进行管理。但值得注意的是，对于监管机构在保险市场中不履行监管义务的现象，2004 年的《保险公司管理规定》并没有列出具体的罚则，只是在《保险法》第一百四十五条有所规定："对不符合本法规定条件的设立保险公司的申请予以批准的，或者对不符合保险代理人、保险经纪人条件的申请予以批准的，给予行政处分；情节严重，构成犯罪的，依法追究刑事责任。"保险市场必须有监管机构的参与，缺乏对监管者的约束无法使整个市场达到平衡。

在被接管之后，永安首先于 1998 年 2 月完成了第一阶段的任务，即查清问题，理顺资金、财务关系。在随后的半年时间里（包括接管延长的 3 个月），永安完成了资本金重组和内控机制建设的任务。原来的 14 家旧股东中，除了上述 3 家出资公司得以保留外，另有 9 家公司参股，全部注入货币资金，注册资本减为 3.1 亿元。资本重组后的永安，资产负债率不到 1%，是国内保险公司中资产质量最好的公司之一，公司新的领导全部是有 10 年以上保险从业经历的专家。

接管结束之后，公司董事会认真分析了永安的具体情况，提出了"以业务发展为中心，巩固接管成果，内求团结，外树形象，稳健经营"的基本发展思路，扎扎实实地采取了一系列的变革创新措施。公司大胆地在管理体制创新上做文章，逐步实现了由物的管理到人的管理、由经验管理到现代化管理的转变。在用人机制上，通过年度综合考核，进行末位比例淘汰，中层干部实行招标竞聘，形成了一种能上能下的格局；在考核机制上，推行量化目标奖罚责任制，明确权责，提高工作效率；在分配机制上，推行工效挂钩分配制度，形成了一个向贡献倾斜的分配机制；在效益管理上，推行了以经济效益为目标的成本核算约束机制；在业务管理上，从管理的正规化抓起，修订完善了各项业务操作实务规范。1998 年，永安实现保费收入 2 421 万元。由于永安存在的诸多问题，中国保监会在1999年底没有批准该公司设立新疆、重庆两家省外及陕西省内六家分公司的申请，保监会给永安的建议是：首先抓好业务。1999年，公司实现保费收入5 294.4万元，是接管前的2.3倍，完成年计划的108%，一举扭亏为盈，实现利润1 006.6万元，是年计划的3.4倍，弥补了前三年连续累计亏损后仍有结余；综合赔付率为26.9%，比上年降低33.2个百分点；年综合费用为39.8%，比上年降低75个百分点。2000年11月，永安在重庆、山西、新疆三地设立分公司的申请得到了中国保监会的批准。

由此可见，及时发现问题，依照保险业的规定处理问题，帮助永安发展了业务、加强了管理、健全了内部控制制度，走上了依法稳健经营的轨道。同时，保监会在永安的重新建立发展的过程中也起到了积极的作用。

通过这起首例保险公司被接管的案件，我们可以看到，保险机构在成立和业务发展阶段都会出现内部问题，同时监管机构监管不严，法规不完善，监管透明度不够，都是保险业存在的问题。通过对永安事件的分析，有助于了解保险业的现状，同时也有助于发掘保监会的积极作用，有利于提高我国保险业监管水平，促进我国保险业的健康发展。同时，永安事件也帮助完善各项法律条例，《保险管理暂行规定》、《保险公司管理规定》都得到了不同程度的修正和补充，所以在某种程度上，起到了积极的作用。

第四节　中国人寿“出海”被诉案

一、案件介绍

（一）事件前缘

中国人民保险公司的中保人寿保险有限公司成立于1996年8月22

日。1999 年 1 月，中国人民保险（集团）公司进一步重组，中保财产保险有限公司更名为中国人民保险公司，中保人寿保险有限公司更名为中国人寿保险公司。2003 年 8 月 28 日，约占我国保险公司一半资产的中国人寿保险公司（以下简称原中国人寿）经国务院同意，中国保险监督管理委员会批准，重组为中国人寿保险（集团）公司（以下简称中国人寿集团公司）和中国人寿保险股份有限公司（以下简称中国人寿）。

中国人寿于 2003 年 12 月 17 日和 18 日分别在美国纽约和中国香港上市。作为第一家在两地同步上市的国有大型金融企业，中国人寿受到了海外投资者的追捧，获得 25 倍的超额认购倍数，共发行 65 亿股，募集资金 35 亿美元，创该年度全球资本市场 IPO 筹资额最高纪录，取得了海外上市的巨大成功。

然而，上市仅一个多月的中国人寿于 2004 年 1 月 30 日便受到审计署的通报批评。不仅如此，2004 年 3 月 16 日，中国人寿又在美国被告上法庭，并遭遇集团诉讼。

（二）事件经过

1. 起因

与上市时的无限风光相比，上市后的中国人寿可谓是阴霾不散——爆发于 2004 年 1 月底的审计风波及其带来的影响挥之不去。

2004 年 1 月 30 日，审计署在工作报告中指出，在其 2003 年对原中国人寿的审计中发现原中国人寿存在许多违规经营，其主要问题有三类：非法代理、超额退保等不正当竞争问题，涉及金额 23.8 亿元；以出借、投资等方式违规运用保险资金 25 亿元；私设“小金库”3 179 万元。与此同时，审计中还发现该公司违法犯罪案件线索 28 件，涉案金额 4.89 亿元。

此时距离中国人寿上市不过月余，市场一片哗然。消息宣布当日，中国人寿股价大幅下挫，创下了上市以后的单日最大跌幅。2 月 3 日，中国人寿发布公告对一些问题予以澄清，指出被审计的为上市公司的前身，公司也尚未接获审计署的报告。公司还强调，所涉违规的资产和业务均已在重组中彻底剥离，因而不涉及上市部分资产。中国人寿集团公司也出面宣布，其将承担全部审计损失。另外，审计署新闻发言人 3 月 25 日指出："对原中国人寿保险公司审计的标准是中国国家审计准则。这些审计依据、审计标准与社会中介机构对上市公司进行审计的依据、标准是不同的，在某些方面与境外对上市公司的审计依据、标准差别较大。"安永会计师事务所中国业务开拓总经理李某对此说法表示认同："国家审计与上市公司审计确实不同。简单地讲，国家审计的重点在于国有企业运用资金时是否合规，而会计师注重的是财务报表是否公平、公正地反映企业的价值与利润。"

审计报告公布之后国际投行对中国人寿作出的反应中，包括花旗集团决定暂停其亚太区副主席任克英和驻北京的中国投资银行主管颜某的职务，并表示，造成此二人被停职的原因是任克英在中国人寿在美上市期间，"向监管层和公司提供了虚假的信息"。

然而事情并未就此打住。3 月 16 日，中国人寿在美国被投资者告上法庭，并遭遇集团诉讼——由美国一家名为 Milberg Weiss Bershad Hynes & Lerach（以下简称 Milberg Weiss）的律师事务所发起和组织。

一星期后的 3 月 25 日，又一家美国律师事务所 Cauley Geller 开始了对中国人寿的集团诉讼，使得这一队伍进一步扩大。

4 月 1 日，英国《金融时报》报道称，美国证券交易委员会（SEC）已经开始对中国人寿在美国的 IPO（首次公开上市）展开非正式调查。报道同时指出，这是 SEC 首次对一家中国国家控股的公司进行调查。

挑起诉讼事端的 Milberg Weiss 是美国一家有名的专打集团诉讼官司的律师事务所。据美国媒体报道，Milberg Weiss 在近十年间已经代理了全美近一半的集体诉讼官司。

Milberg Weiss 在其网站上贴出公告："任何在 2003 年 12 月 22 日至 2004 年 2 月 3 日期间购买中国人寿股票的投资者均可以在 60 天内到美国纽约南区联邦地区法院登记，以加入原告队伍。"

这家律师事务所在其向法院提交的诉讼状中称，中国人寿及其部分高级管理人员违反美国1934年的《证券交易法》，“明知负面的事实而没有予以披露”，即在中国人寿上市前，公司及管理层已经知道了重大负面消息，却进行了隐瞒。Milberg Weiss还在起诉书中列出了中国人寿在募股期间未披露的不利事实：（1）上市公司的母公司涉嫌6.52亿美元的巨额财务欺诈；（2）在IPO时，审计署已经完成了审计，并且马上就要公布对其母公司不利的审计发现；（3）母公司存在非法代理、超额退保、挪用资金和私设小金库等违法行为；（4）违法行为应当在中国人寿的股价中有所体现，毕竟2/3的被告是中国人寿原先的董事或者高级经理。

Milberg Weiss表示，投资者是在不知情的情况下，高价买入中国人寿的股票。上市后不久，这一重大负面消息被披露，引发中国人寿股价大幅下跌，造成投资者损失。Milberg Weiss认为，管理层的过错与投资者的损失有因果关系，因此要求赔偿。

在起诉状的被告栏里，除了中国人寿，还有五位自然人被列为被告，分别是中国人寿董事长兼总经理王某、独立非执行董事龙某、独立非执行董事周某、董事兼副总经理苗某及非执行董事吴某。这些管理层人士被告的理由是“知情不报”。

该律师事务所还称，在审计署公布了中国人寿的违规问题后，2月5日，5家投资银行降低了对公司的评级，其中有两家承销机构——花旗银行和德意志银行，并以此证明其与投资者的损失存在因果联系。

中国人寿对此坚决不予认同——“提起的诉讼没有任何依据”，并表示将进行“强烈抗辩”。

2. 被告中国人寿强烈抗辩

中国人寿宣称：如先前披露，中国人寿并未收到审计署的审计报告。公司在获得更多资料后将在需要时进一步披露。但除已披露消息外，中国人寿并无其他应披露事项，更不知悉任何根据上市协议条款须披露的可能构成股价敏感性事宜。

中国人寿上市承销商之一——中金公司的董事总经理李某称，中国人寿的上市是严格依照美国和中国香港两地法律监管规定进行的，中国人寿的所有财务信息都是采用美国和香港会计准则进行披露的。按照规定，在此之外的公司财务信息不应予以披露。因此，中国人寿不存在信息披露缺失的问题。此外，在中国人寿上市前，公司没有收到任何有关审计情况的正式信息，因此无法与中介机构取得沟通。

2004 年 4 月 7 日，中国人寿的公告称，审计署已决定，原中国人寿保险公司应缴税金和罚金总计约达人民币 6 749 万元，全部由中国人寿的母公司承担。公告称，集团公司于 3 月 30 日收到审计署的审计决定书复印件，并于 4 月 5 日交到了中国人寿手里。按照审计决定，原中国人寿应缴税金和罚金总计约达人民币 6 749 万元，其中 1 109 万元为罚金。根据中国人寿与集团公司于 2003 年 9 月 30 日订立的重组协议，集团公司将承担审计署审计决定中涉及原中国人寿的一切责任。

3. 事件背景

2003 年 1 月 22 日，审计署提醒中国人寿集团，2003 年会进行账目审核，而中国人寿集团知悉此行动对中国人寿上市有影响。

2003 年 8 月，中国人寿集团组成新的公司，即中国人寿准备在中国香港和美国上市。

2003 年 11 月，美国监管当局要求中国人寿进一步提交招股书，要求中国人寿延迟美国投资者会议。

2003 年 12 月 1 日，中国人寿开始在中国香港、美国作上市推介，由中国人寿董事长王某主持美国的路演。

2003 年 12 月 17 日，中国人寿集资 30 亿美元，发行 64. 7 亿股。

2004 年 1 月，审计署调查发现，中国人寿集团与部分国有银行卷入资金违规案件。中国人寿以独立于母公司为由，声称调查对中国人寿影响不大。

2004 年 2 月 4 日，审计署的调查结果正式公开，显示中国人寿集团在 2002 年度存在违规资金 6. 52 亿美元，2/3 的中国人寿董事及管理层牵涉在内。

事实上，在美国投资者起诉中国人寿前，中国人寿在香港亦曾遭到质疑。而这一切源于中国人寿的母公司——中国人寿集团被审计署查出诸多违规问题和巨额违规资金。

2004 年 1 月 30 日，全国审计工作会议在北京召开。审计署审计长透露了审计调查结果，并重点点名中国人寿集团和中国工商银行等三个单位。李某指出，中国人寿集团存在巨额违规资金，共计 6.52 亿美元。

而在审计署的官方网站上，对原中国人寿被审计的情况有简短摘登。

实际上，作为审计署金融司确定的 2003 年重点审计目标之一，原中国人寿在当年年初就接到了相关通知。此次审计内容的重点是 2002 年公司财务报表。这一审计进程恰与原中国人寿的重组行动同时展开。

4. 案件结果

中国人寿 4 月 7 日发表公告称，审计署报告指其母公司中国人寿集团违反中国《保险法》以及未如期缴纳部分税款，共须缴付 6 749 万元人民币的罚款及欠税，其中 1 109 万元人民币为罚款，其余为欠税，将由中国人寿母公司负责。

2006 年 6 月 8 日，SEC 终止其对中国人寿的非正式调查，中国人寿（2628. HK）在香港发布公告称：6 月 7 日，中国人寿收到美国证券交易委员会来函，该函称，调查已告终止，执法局并未向 SEC 建议采取任何执法措施。

“这表明，中国人寿在 2003 年的公开上市是符合上市监管机构的上市要求的。”中国人寿律师顾问丁某表示。在收到信函的 48 小时之内，中国人寿将 SEC 的来函寄给了负责集体诉讼裁决的美国联邦法院的法官。SEC 的正面结论为终结这场已经耗时两年多的跨国官司带来了胜利的曙光。

二、监管思考

作为首家在美国上市的中国金融企业，中国人寿在上市不久就遭遇诉讼，对此后赴美上市的金融企业，如中国建设银行等产生不利影响。以下几个问题值得思考。

（一）国有企业审计问题

国有企业审计的重要作用之一是避免国有资产经营中的违规行为，

它是保证国有资产保值增值、防止流失的重要外部监督手段。依照国家法律法规和事实出具审计报告属于审计署法定职责。审计署只要依照国家法律法规和事实出具审计报告，其行为就并无不妥。问题在于我们政府的“身份”是双重的，这种双重身份使得对政府部门的财政收支审计和对国有企业的审计有所不同。

一方面，政府是整个社会的管理者，理应公正和负责，这无须赘言。对政府部门的财政收支情况进行审计，其目的是为了避免政府及其雇员侵吞和浪费纳税人的钱，因此审计机构在执行审计任务时，应强调其独立性，完成审计任务后，应尽快昭示于公众，且透明度越高越好，这样便于社会公众对政府的财政收支情况进行监督。

另一方面，我们的政府又是国有企业的出资人（股东），在这种情况下，政府与竞争性市场中的一般市场参与者无异，目的是保证国有资产保值增值。政府委托或指派审计机构对国有企业进行审计乃属于股东保护自身财富的一种经济监督行为，是为国有股东服务的，本质上属于股东行为，而非公共行为，其独立性是相对的（相对于国有企业）。因此，政府在国有企业审计问题上仍应符合“理性经济人”原则，应该谨慎考虑审计报告对国有财富的影响（包括国有股股价的波动、法律诉讼等）。因此，国家应该尽快通过立法，对国有企业审计报告的性质、出具方式、发布时间和使用范围进行明确规定，以防止外部相关人对国有企业审计报告的片面理解和不当使用，这样才能符合国有资产保值增值的宗旨，维护国家股东的利益。我国国有企业数量众多且资产量巨大，关系到国计民生的产业基本由国有企业主导，国有企业上市在当前已成潮流，这个任务更显迫切。

（二）公司信息披露问题

原中国人寿6.52亿美元（49.1亿元，审计署报告）的违规行为，相对于商业银行系统简直就是小巫见大巫了。国内证券市场司空见惯的信息披露问题在大洋彼岸却被“小事化大”、“没完没了”，我们似乎从中国人寿的强烈抗辩声中感受到其满腹委屈。然而在推崇有效市场理念的海外证券市场中，对上市公司重要情况的充分披露是极为重视的，投资者对公开披露信息的理解和判断属于投资理念和能力问题，而上市公司对应当公开披露信息的漏报则往往涉及法律责任问题。笔者理解，美国投资者委任律师对中国人寿及其高管的指控不在于是否有“原罪”（尽管在事实并不清楚的情况下断言中国人寿的原罪是不公正的），而在于对于“原罪”的充分披露上面。这两个问题性质不同，是否有“原罪”是在讨要“说法”；“原罪”的充分披露是在表明“诚信”。只要信息得以充分披露，有无“原罪”对投资者而言并不重要，因为在有效市场下，有无“原罪”都会在股价中得到适当反映；但如果未能进行“原罪”的充分披露，将会引致资本市场对上市公司股价的误判，就有可能导致投资者利益受损进而引发法律诉讼。

海外上市需首先熟悉海外游戏规则，上市国的投资者是不会去考虑上市公司所在国的经济制度和变革背景等情况的。中国人寿在信息披露问题上尚有待完善之处。虽然执法当局未向 SEC 建议对中国人寿采取任何执法措施，但对后来准备到海外上市的中国公司而言这是前车之鉴，从这个意义上可以说，中国人寿风波未必全是坏事。

（三）投资银行尽职问题

当今各国证券市场无不以保护投资者利益为首要任务，因此，无论中国人寿如何澄清和辩解（主要内容是中国国有企业的改制特点和国家审计的特定职能），但和者甚寡。就连国际上几家著名的投资银行在中国人寿审计风波出现后，亦纷纷对此作出负面反应，这其中不乏当初在中国人寿改制上市过程中与其携手合作的投资银行，如中国人寿的上市承销商花旗银行宣布将中国人寿的投资评级降为“出售”，目标价为 4.5 港元；而财务顾问雷曼兄弟公司紧随其后将中国人寿的评级降为“减持”，目标价为 5.12 港元。这些投资银行对于吾国吾民并不陌生，它们既通晓海外成熟市场的规范，也熟稔处于变革中的中国政经运作特点，倘若在执业过程中更加审慎一些，应该能够了解到审计署对原中国人寿的审计情况。因为审计署在最终出具审计结论前一般会与公司及其负责人交换意见，且投行们的工作也并非始于审计署出具审计报告之后，如果投行的尽职调查工作做得完善一些，审计问题就能及时发现，那么中国人寿在信息披露方面的纰漏也就可以避免了。今天，这些依赖改制上市业务赚得盆盈钵满的投行巨鳄们，在面对全球投资者和深陷审计风波中的中国人寿时，它们当初如何体现了“专业”和“尽职”呢？在中国人寿的这场风波中，投行的专业工作能力和声誉亦受到一定程度的影响，也提醒准备在海外上市的中国企业在选择中介机构时不能仅凭感观判断而应强调理性考察。

（四）国有企业海外上市问题

审计署公布的原中国人寿诸多违规事件，充分暴露了我国金融保险业监管的不足与漏洞以及信息披露制度上的问题。上市，特别是海外上市是世界经济一体化发展的趋势，也是国有金融企业走向国际化、现代化的必由之路。海外上市成功的关键是求真务实。我们的相关机构和部门，在涉及企业信息披露的制度和程序上存在很大的缺陷。国内的各个组织、团体和部门应该尽快建立和完善一个制度化的信息披露规则。相关的政府管理部门，应该达到一种协调和配合，而这种协调和配合一定是建立在一个基本的、合规的、科学的、公平公正平台上。这样，才能够避免类似事件的发生，并有助于中国国企到海外上市。

面对海外市场的复杂情况，政策的制定、出台、颁布必须按照国际惯例进行。只有这样，才能够使政策效应达到最佳。这是人们从中国人寿事件应该吸取的教训。中国人寿的遭遇不只是中国人寿的事，它反映出国有企业改制后到海外上市面临的尴尬。

启示一：海外上市要求真务实，取信于投资者。中国人寿海外上市的成功和遭遇“诉讼风波”再一次证明，诚信是成功之本，货真价实才能取信于投资者。中国人寿在美国和中国香港市场同时上市，在很短的时间里，就能够赢得那么多的投资者，充分说明，我国金融企业在海外的资信还是非常高的。之所以遭遇“诉讼风波”，说明中国人寿在上市中有的环节、有的工作方面做得还不够深、不够细、不够实。因此，我们的金融企业在上市，特别是海外上市时，一定要坚持在符合上市条件的基础上，以求真务实的工作作风，把上市工作做深、做细、做实，也只有这样，才能真正适应海外资本市场的新形势，取信于广大的海外投资者。

启示二：大型国有金融企业海外上市，政府应加强监管，做好协调和统一工作。中国人寿海外上市，在美国遭遇“诉讼风波”的主要起因是审计署的网站公布了在2003年例行审计中所发现的原中国人寿违规经营的问题。这一事件说明三个问题：一是上市前中国人寿对集团公司和股份公司的有关问题协调不够；二是监管部门的监督力度不够；三是企业缺乏对政府及监管部门的透明度。为此，从中国人寿的经验教训中，我们应重视的是：首先，所有国有企业和金融机构在海内外上市之前均应该有独立机构全面审计资产负债，充分披露实质信息。政府有关部门应加强对金融企业海外上市的协调工作，统一审查上市条件、计划、方案，分析可能遇到的问题，做好问题预案，采取防范措施，达到协调一致防范风险。其次，应建立海外上市协调机构，加强对海外上市企业的有效监督，保证上市质量和信誉度。最后，对中国国有金融企业上市的有关问题，要统一信息统计和监管审计等口径，增加披露的透明度。

启示三：在上市企业的信息披露工作上，要做到真实、全面、准确。中国人寿之所以遭受“诉讼风波”的困扰，最主要的原因是信息披露上存在问题。因此，在信息披露方面应吸取教训。目前，我国的企业对海外的主要法律法规及投资者的研究尚有待加强，海外上市的经验表明，我们的信息披露工作稍有漏洞，企业就会遇到麻烦。因此，企业在海外上市，必须重视和加强信息工作，特别是对信息披露更应慎重，做到准确无误。

启示四：应加强对投资者进行中国国情及中国企业经营透明度的宣传。在中国企业海外上市的经验教训之中，我们认为，加强企业海外上市的宣传是取得海外上市成功的保障。一方面要向投资者宣传中国关于公司的法律法规，宣传中国企业的监管环境和管理文化；另一方面要宣传企业的发展前景，加强海外投资者对中国文化和企业经营管理环境的了解和理解，赢得海外投资者对中国企业的信心。

启示五：上市时间的选择。中国国有企业改革采取的上市策略，体现了战略上的一种大智慧，因为在目前政治、经济、法律的背景下，完全依靠政府来解决庞大的国有企业的问题，力量显然不足。现在的策略相当于把政府（所有者）应当做又难以做到的事情交给国内外的资本市场，把监管问题外包给海外监管当局。这是个很聪明的决定。

但关于上市时机的问题需要仔细斟酌。打个比方，就像摘樱桃一样，早摘下来有可能是生的，但是争取了时间；迟些摘，时间会拖得久一些，但会更加成熟。在上市的时候，这一因素会以价格作平衡。相对来说，还是成熟之后再上市更好。在所有者出售公司股份之前，本来是可以做很多事情的，能够提高投资者对公司价值的信心，进而提升上市时的价格，而不是在充满疑惑的情况下进行投资。所以，如果所有者很珍惜公司的价值，并且有能力事前做好功课，就会把重组改革而不是上市放在第一位，以便在上市时实现公司价值和当前股东利益最大化。

讨论与思考

1. 保险业的最大风险是什么？
2. 如何加强保险公司的内控制度？
3. 为何寿险公司不能启动破产程序？
4. 分红保险与普通保险在监管方面的区别是什么？
5. 如何加大保险业监管的透明度？
6. 保险公司国外上市应注意的事项是什么？

第七章　信托业典型案例

第一节　金信信托56亿元亏损重组案

一、案件始末

（一）顶峰时的光芒四射

金信信托前身为浙江省金华市信托投资公司，由金华市财政局1991年2月组建。2001年后，金华市信托投资公司增资到10.18亿元人民币，金华市财政局退出大股东行列，转由通和投资及其关联企业控股。但金华市财政局依然保持了金信信托大约10%的股权，并一度由金华市政府主管财政的原副市长担任金信信托的法人代表。这也决定了金信信托一度发展势头十分迅猛，在事发后资本重组过程中，最终奇迹般地起死回生。依托政府的支持，金信信托业务范围十分广泛：涉及资金、财产信托以及基金发起管理、企业并购重组等等。业务区域覆盖四大直辖市以及深圳等经济发达地区。借助这些资源，金信信托在证券市场上一度春风得意，曾经在2003年创下8天之内砸出5亿元连吞金地、伊利这两家上市公司的纪录，并在当年完成了对中国第一基金公司——博时的控股。此外，金信信托还是多家金融机构的主要股东。

（二）巨亏下的黯然失色

在二级市场上，金信信托曾经凭自己的优势一度赚取了大把金钱，其持有的股票涨幅可观，某只股票 3 年之内涨幅曾经达到 900%，“江南第一猛庄”的称号由此而来。分析金信信托的利润来源，主要利润来自证券投资。长期以来，金信信托和其控股的金信证券的资金一直混用，多年来在二级市场坐庄热炒，盈利颇丰，但 2002 年后股市连年走熊，金信证券亏损严重，特别是2005 年操盘伊利股份时，巨亏42 亿元。在证券方面损失了巨额资金后，金信信托严密封锁消息，开始借助其自身的品牌和影响力，高息向社会大量发行信托产品，融资后资金又追加到股市上，但股市一直没有起色，投资预期落空，金信信托陷入恶性循环。与此同时，金信信托在实业投资上也惨遭失败，亏损的窟窿越来越大。两类投资的失败促使金信信托濒临破产。2005 年 12 月 30 日，金信信托因资金链断裂被停业整顿，中国银监会委托中国建银投资有限责任公司托管金信信托，并成立停业整顿工作组进驻位于浙江省金华市的金信信托总部大楼。同时，金华市也成立了以市长挂帅的停业整顿领导小组。从 2005 年底，工作组对金信信托各个信托计划进行了清查，在金信信托的 50 个单一信托计划中，权属不清晰或被挪用、尚待认定的有 22 个，涉及资金 38 亿元。在这 22 个转信托计划中金信信托通过各种明托与暗托的方式将信托计划或层层分解，或以实拆表合的方式进行变相融资。前者指大客户与金信信托签订信托合同，然后由金信信托的营销人员帮助大客户以更低的收益率转托给小客户；后者是指个人投资者集资以单个人的名义购买信托产品。无论前种方式还是后种方式都涉嫌非法集资。北京天华会计师事务所的审计显示，截至 2005 年 12 月 30 日，金信信托实收信托资金 76 亿元，亏损达 56 亿元，其中固有业务亏损近 20 亿元，信托业务亏损约 36 亿元。

2007 年 12 月 26 日，在金信信托停业整顿收尾时，随着博时基金股权的拍卖，金信信托的命运出现了转折。在破产程序启动前，金信信托持有的博时基金管理有限公司 48% 的股权，以 63.2 亿元的天价卖给了招商证券。这不仅足以填补金信信托的亏损，甚至还出现了盈余。金信信托全部清偿了所有债权人的债务，这是我国金融机构风险处置中绝无仅有的案例。浙江方面在喜得博时基金股权拍卖巨款之后，即刻研究金信信托下一步处置方案。2008 年 1 月 4 日，金华市前市长、金信信托停业整顿领导小组组长慧某专程赶到北京，和有关监管部门沟通，提出了浙江省政府对金信信托未来处置的三个方案：其一是破产重整；其二是延长停业整顿及“三暂缓”期限，进行整顿重组；其三是行政撤销。最终沟通的结果是原则性同意保留信托牌照，但新的信托公司必须引入央企或大型金融机构为战略投资者。随后，浙江省政府成立金信信托重组小组，指定浙江国贸集团为接盘人，重组主要路径是清退老股东、引进新股东。经过一年左右时间，老股东的清退工作平稳完成。之后，重组小组开始接触中金公司，希望这家国内领先的投行能成为重组后新公司的战略投资者。对于中金公司来说，参股信托有利于其实现多元化转型。一直以来，中金公司是“中国第一投行”。在这光环背后其发展也存在隐忧：主业太强，业务收入过度集中在投行方面。通过参股信托公司，中金公司可以实现业务转型，分散经营风险。信托牌照是国内最具弹性的金融牌照，通过发行信托理财产品可以涉足股票、房地产等多个投资领域，还可以从事兼并重组、融资担保等金融服务。由于中金公司有着多年政府资源的积累，在协调、争取部委支持上优势明显。经过其斡旋，重组工作通过了一系列的审批，并最终成功。2011 年 7 月 29 日，金信信托在经过 5 年半的停业整顿之后重新开业，更名为浙商金汇信托股份有限公司，中金公司此次以管理输出的模式入股浙商金汇信托，成为券商参股信托公司的“第一人”。

（三）前高管们的灰暗结局

总体来看，金信信托的整顿复业历程颇具戏剧性。2005 年底停业整顿时，金信信托总资产 103. 07 亿元，其中固定资产 24. 62 亿元，信托资产 78. 45 亿元，累计亏损高达 56. 32 亿元。但是，在金信信托停业整顿工作组成功处置了金信信托持有的博时基金股权之后，金信信托全部清偿了所有债权人的债务，这是我国金融机构风险处置中绝无仅有的案例。金信信托的浴火重生并不意味着相关责任人的免责，在两年的停业整顿期间，与金信信托相关的司法调查亦渐次展开。2005 年底，原董事长、金信信托实际控制人葛某因“非法吸收公众存款罪”被正式立案，数名高管被监视居住。2007 年 12 月 12 日，葛某案已在金华市婺城区人民法院一审开庭。2008 年 2 月金信信托原总经理朱某被判有期徒刑三年，缓刑四年；金信信托原副总经理方某、黄某均被判处有期徒刑二年零六个月，缓刑三年。2008 年 7 月浙江金华市婺城区法院对金信信托原董事长葛某等人作出一审判决：葛某因非法吸收公众存款罪被判处有期徒刑三年，判处罚金 40 万元；因职务侵占罪被判处有期徒刑五年。两罪并罚被判有期徒刑六年，判处罚金 40 万元。另两名同案被告，通和投资控股有限公司财务总监、董事长朱某，因职务侵占罪、企业人员受贿罪，两罪并罚被判有期徒刑五年零六个月；通和投资副总经理朱某，因职务侵占罪被判有期徒刑五年。

二、监管分析

经过五年的艰难曲折，金信信托终于脱胎重生为浙商金汇信托，首开券商参股信托公司的先河。尽管经过多方努力浙江省这块信托牌照被保住了，但金信信托曾经在市场上叱咤风云的招牌却永远蒙上了灰，湮没于行业历史当中。仔细分析，金信信托的违法手段并无新意。第一，恶性关联。金信信托通过关联公司获得巨额的银行贷款。这种盘根错节的关联反映出金信信托拆东墙补西墙、借新还旧的窘境，使其资金链陷入了恶性循环。第二，非法集资。金信信托设计了众多名目繁多的“信托计划”，以高息为诱饵，汇集了大笔款项来填补资金黑洞。第三，谎言造势。金信信托在国内各主流媒体上编造了形形色色的谎言进行自我包装。例如，轰动效应最大的“苏格兰银行投资金信信托”，引起了社会的广泛关注。第四，混乱经营。作为控股股东的金信信托，长期与金信证券混用资金，最终捅下了大窟窿。

（一）频繁违规的因由

金信信托之所以在市场上敢于一再违法，原因是多方面的：既有企业领导人的道德内因，更有制度层面的外因。

首先，信托市场的道德风险巨大。由于目前我国信托投资业中的诚信制度不健全，面对利益的诱惑，企业很难秉承诚信的原则不去损害委托人利益。其一，受托人违背信托合同，以信托资金从事合同规定以外的投资，例如设立信托募集从事实业投资的资金，然后将资金投入资本市场。其二，违背审慎经营原则，使信托财产承担超高风险等。金信信托就是违规情况比较严重的一家。它违背了委托人的利益，将大量的单一信托资金挪用投资到了股票市场上，造成了无法弥补的损失。

其次，监管制度不完善。金信信托违法筹集、挪用资金并非一朝一夕之事，为何监管部门没能作出及时的反应呢？这与我国信托业的监管制度不完善密切相关。从条文层面看，我国虽然已经出台了《信托法》和《信托投资公司管理办法》，规定了信托业和信托投资公司的操作规程，但实际的业务中具体细节措施至今还没有规定，信托行为所涉及的其他法律如税务制度、财务制度、交易制度和投资制度等也还没有出台。从执行层面看，目前各级司法机关对《信托法》并不熟悉，在执行过程中并无统一尺度，执法不一甚至相互冲突在实际的司法监督中是屡见不鲜。此外，政府分业监管模式也是造成监管不力的重要因素。依据目前我国信托业分业经营、分业监管的现状，银监会监管信托公司的信托业务与银行委托理财，证监会、保监会监管各自旗下的委托理财业务，国家发展和改革委监管产业投资基金，社会私募性质资金无人监管。这意味着，在同样的信托市场上，企业做同样的业务或者实际上是同样的业务，只是因为公司类别或业务名称不同，可能分属于完全不同的法律约束，受不同机关的管辖，并且接受不同的管理。这种监管架构也给部分信托企业违法留下了可乘之机。

最后，信托企业违规成本低。信托企业往往与当地政府关系密切，给投资者造成政府信用担保企业信用的印象。在违法经营过程中，金信信托一直利用政府信用，非法筹集民间资金炒股。资金链断裂后，最后的风险也甩给了政府。当一些金融机构的风险不断暴露时，为了保持经济和社会的稳定，政府总会为这些机构的损失买单，这也似乎成了行业内大家默认的惯例。因而，信托企业的违法损失与违法收益存在严重的不对称，其肆无忌惮的违规经营行为也就不难理解了。

（二）监管改进的建议

金信信托个案部分反映出当前信托市场存在的问题。要改变信托市场经营不规范的现状，笔者有以下几点监管建议：

第一，监管者应当努力营造诚信氛围，促使信托公司诚信经营。诚信对信托制度而言，尤为重要。信托关系成立的前提和基础是委托人对受托人的信任，失去了委托人的信任，信托将无从谈起。要加强信托企业诚信建设必须强化信托机构的自律体系，以防范和控制风险为重点，引导企业建立和完善信托业的现代企业制度，建立健全科学、高效、严谨的内部运作和管理机制。

第二，改多头监管为统一监管，不断完善信托法制，加快配套制度建设。信托业多头监管由来已久，问题频出。目前应当改变这种监管模式，将多头监管模式改为统一监管模式。统一监管要求将原有分散的信托监管权统一归至银监会，由其对市场上的所有开展信托业务的企业进行统一监管。把银行、证券公司、基金公司、保险公司、信托公司等开展信托业务的金融机构都纳入统一的监管框架下。除此之外，监管部门应当尽快制定统一的信托业监管法，并依据该法出台系列规范，其中包括集合资金信托业务的办法、信托公司的信息披露和集合资金信托业务信息披露的规定、房地产信托业务管理办法、信托公司内部控制、公司治理方面的指引和评价办法以及分类监管的办法，等等。

第三，建立信托保险制度，摆脱政府兜底的现状，切实保障委托人利益。政府对企业的救助有时是迫不得已的。有些企业对当地经济影响过大，一旦破产后果不堪设想。2008 年雷曼兄弟破产引发的金融海啸让人心有余悸，政府不得不在救与不救中作艰难选择。金信信托与当地经济有着千丝万缕的联系，其倒闭直接影响金华的经济，政府不得不直接参与其重组的整个过程。如果建立信托保险制度，由保险机构来为委托人利益提供帮助，政府就可以超然于企业的经营之外，担任好第三方监管者的角色。具体来看，该项制度指经营信托业务的金融机构向特定的保险机构缴纳一定的保险费，当投保金融机构出现信托财产受损或兑付危机时，由特定的保险机构通过资金援助、赔偿保险金等方式，保证其清偿能力的一种制度安排。由于信托投资过程中可能存在违规行为，而且本身也面临着诸多不可控因素，信托投资不能按时回款，或者项目失败等情况是可能发生的，而到期支付的刚性和信托凭证缺乏流动性的特点使信托公司极有可能无法按期兑付。信托保险机构通过支付保险金的方式能及时帮助有问题企业缓解兑付危机，消除企业突然破产给投资者带来的心理负担，逐渐建立起市场经济条件下的信托企业有效的市场退出机制。

第二节　海南华银 264 亿元金融诈骗案

20 世纪 90 年代，海南房地产泡沫和中国金融秩序的混乱给世人留下了深刻的印象，而这种印象的典型代表莫过于喧嚣一时的海南华银国际信托投资有限公司（以下简称海南华银）一案。本节将结合海南华银的发展历程，对海南华银一案的前前后后进行分析，剖析海南华银案的深层次原因。

一、案件介绍

（一）海南华银的成立

20 世纪 90 年代以前，信托业是中国金融领域的一个最大“特区”。海南的信托业更是“特区”中的特区，海南华银就是最典型的一个，海南华银成为当时中国资本市场上红极一时的字眼。海南华银成立于1988年9月26日，并于1989年1月12日正式开业。股东分别为华远集团（前身为北京市西城区华远经济发展总公司，陈某任董事长）、中国金融学院、中国银行北京市分行，其中中国银行北京市分行的出资拟用于华银信托的外汇业务，但由于后来此项业务没有开展，这笔钱被退回。所以，海南华银的真正发起人股东是华远集团和中国金融学院两家。两个发起人股东中，中国金融学院出资400万元，华远集团出资700万元。公司性质为国有非银行股份制金融机构，注册地为海口市，注册资金1.5亿元人民币。但是据原董事长徐某后来介绍，海南华银的注册资金只有5 000万元。

（二）海南华银的发展历程

海南华银在中国金融界曾风光一时——帮助华晨汽车成功到美国上市，并融资8 000万美元。1991年上半年，华银信托将当时上海股市的龙头股真空电子股价从100多元拉抬至900多元（复权后），被称为当时“中国股市第一庄”。但作为一家金融机构，其“幸福时光”只维持了短暂的4年时间，其资金链的吃紧从1992年海南省房地产泡沫破灭就开始了。1992年，海南省房地产泡沫破灭后，海南华银业务重心向北方转移。北方华银是海南华银涉嫌犯罪的非常重要的一环，因为按照当时的规定，海南华银是在海南注册成立的金融公司，不能在北方和全国范围内开展业务。

让北方华银“名声大振”的一件事是：1990年左右，北方华银曾经违规为大连一家商贸公司提供600万元贷款，因该公司发生一桩刑事案件，在案件侦破中，北方华银这笔违规贷款也被公安机关查出，并下令查封北方华银的账目。海南华银董事长徐某为此多方努力，解冻这个封账，封账很快得到解决，“嗅觉灵敏”的金融机构就此认为海南华银有“特殊背景”，北方华银一下子由一个办事处变成一个业务重镇，业务从北京一直做到东北、西北等地区。作为北方华银的总经理，夏某当时的主要精力放在在香港注册成立的香港华博财务有限公司（此为仰某在香港的私人公司，徐某在离开海南华银后任该公司董事长，但该公司的一切经济活动由海南华银提供资金支持）和金杯客车（华晨汽车前身）的上市上，所以北方华银实际上是由石某主政。当时，石某打了很多政策上的“擦边球”，迅速将业务量扩大到海南华银的5倍左右。这也是海南华银能逃过海南房地产泡沫破灭、金融机构相继崩溃的原因之一。

1992年10月9日，华晨汽车在美国纽约股票交易所成功上市，发行500万股普通股，IPO价格为每股16美元，筹集资金8 000万美元。海南华银由此奠定了在业界的地位。这给海南华银带来了很多业务，海外上市也给其积累了丰厚的政治红利，这是其逃脱1993年海南房地产泡沫破灭一劫的另一个重要原因。

从1995年开始，石某取得了海南华银1993年参与组建的大连证券的实际控制权。1996年成为大连证券的董事长。1998年5月，石某接替朱某成为总经理和法定代表人。自此，石某大权独揽。石某全面执掌大连证券和海南华银之后，大连证券和海南华银每况愈下。

（三）海南华银违规调查

随着海南经济泡沫的破灭，海南华银的下坡路在所难免。而这条下坡路的起点则是证监会对海南华银青岛证券交易营业部（以下简称华银青证）的处罚。1996年7月至12月，华银青证利用从中国光大银行青岛分行拆借的资金（累计4.05亿元），通过42个个人股票账户申购新股，共获利120.24万元。1999年2月13日，证监会对华银青证处以警告，罚款50万元，没收违法所得120.24万元；对华银青证原任总经理吕某处以警告，并责令华银青证自收到本处罚决定之日起15日内撤销申购新股所用的42个个人股票账户。

1997年12月17日，新大洲因华银信托欠款向海南省高级人民法院提起诉讼，请求判令海南信托偿付欠款本金人民币45 839 721.46元，利息人民币4 960 894.80元及逾期付款赔偿金，海南省高级人民法院于1998年1月12日立案。新大洲于1998年5月20日收回其货币资金人民币950万元；依照海南省高级人民法院裁定书，于1998年7月2日获得其国债人民币 32 178 744 元（前一日收市市值）；依照海南省高级人民法院协助执行通知书，获得华银大厦第一层 A 区、第二层、第三层房产，协议作价人民币 17 286 467 元。至此，该公司已全部收回海南华银信托欠款 58 965 211 元。1998 年 5 月 15 日，海南华银将所持的武汉电缆（600879）悉数出让，共计 2 451.90 万股。其时，海南华银已是举步维艰。

2001 年 11 月 21 日，中国人民银行发布公告，对海南华银实施停业整顿，停止该公司有关金融业务活动，其下属的独立法人实业公司照常经营。海南华银的证券交易营业部由广发证券代为管理。2002 年年中，海南华银控股的大连证券被突然关闭，而其董事长兼总经理石某于 2002 年春节后离任，并因涉嫌参与违规经营而被捕。

检察机关查明：自 1991 年以来，海南华银向大连证券、新华证券、河北证券秦皇岛营业部、锦州证券、秦皇岛商业银行、无锡市商业银行天湖支行大量同业拆借资金，形成近十亿元的债务。而从 1997 年 6 月以后，海南华银授意大连证券先后非法印制了 19 万份“有价证券代管凭证”，用于向社会销售虚假国债。据检察机关审核，自 1997 年 10 月 1 日至 2002 年 4 月 30 日，大连证券等共计销售虚假国债 24 亿多元。

2000 年年初，海南华银法人代表石某通过私人关系了解到，中国人民银行对信托公司进行清理整顿时，将优先清偿个人债务。石某当即策划将海南华银所欠上述六家金融机构的债务转化为海南华银委托这六家金融机构发售国债而海南华银无力兑付的假象，试图将机构债务转化为个人债务，以骗取中国人民银行巨额兑付资金。为达到诈骗目的，石某煞费苦心。从 2000 年初到 2001 年底，海南华银与上述六家金融机构共同伪造“国分券委托代售协议书”27 份、“代售授权书”3 份，伪造未兑付的“海南华银国际信托投资公司代保管凭证”43 684 笔，共计 14 亿元。什么是“国分券”，别说一般投资者不清楚，就是中央银行专家也没听说过，而石某就是这个新概念的创造者。触发石某这个灵感的，就是中央银行清理整顿信托公司时针对不同债权人的不同兑付政策。在这个政策中，清偿的秩序依次是自然债权人、境外债权人和国内机构债权人，其中自然债权人可以全额兑付，机构债权人只能打折兑付。石某钻的就是这个政策的空子。为了偿还借款，石某与包括大连证券在内的6家机构合谋制造海南华银委托它们分销根本就不存在的对应实物券的国债合同，将机构债务转成个人债务。

2002年1月9日，中国人民银行在北京召开的六家金融机构会议上，最终决定不予兑付，并向公安机关报案，海南华银的问题得以全盘暴露。2002年3月26日，中国人民银行向国务院提交了“请求司法机关查处海南华银国际信托投资公司违法犯罪行为”的请示。有关领导迅速批示，由中央纪律检查委员会主办，最高人民检察院、最高人民法院、公安部等有关领导组成“3·30”专案组，并从全国各地抽调公安、检察、武警300余名，成立北京、大连、海口三个专案小组，分赴北京、上海、陕西等15个省（市）调查、取证，耗时两年多，最终基本查清海南华银诈骗案的情况，并确定6家金融机构单位的犯罪嫌疑人共25人。

2004年6月7日，海南华银金融诈骗案在海南省海口市中级人民法院开庭审理。除海南华银外，河北证券秦皇岛营业部、锦州证券、秦皇岛市商业银行、无锡市商业银行天湖支行也在被告之列，案情则涉及金融凭证诈骗、合同诈骗、非法吸收公众存款、私分国有资产四项罪名。2004年12月13日海口市中级人民法院第九审判庭开庭审理石某案，石某案是号称涉案金额264亿元的“3·30专案”的核心要案。石某贪污公款2.6亿余元，挪用公款1.19亿余元，私分国资264万元用于发放个人奖金；其中，贪污的2.6亿余元公款中有部分来自海南华银，其余款项均出自大连证券。

2008年1月，海口市中级人民法院作出一审判决：以贪污罪、挪用公款罪、私分国有资产罪、金融凭证诈骗罪、非法吸收公众存款罪，数罪并罚，决定对石某执行死刑，缓期二年执行，并处没收个人全部财产；另一同案犯梁某犯贪污罪、挪用公款罪，数罪并罚，决定对梁某执行无期徒刑。石某本人对这个判决结果不服，当庭表示上诉。而原公诉机关以原判对石某犯贪污罪判处死缓量刑畸轻，适用法律不当为由提出抗诉。

2009年9月，海南省高级人民法院对被称为“中国金融第一案”的海南华银金融巨案作出维持原判的终审判决，依法以贪污罪、犯挪用公款罪、私分国有资产罪、金融凭证诈骗罪、非法吸收公众存款罪等多项罪名，判处原海南华银国际信托投资公司负责人，大连证券有限责任公司法定代表人、董事长石某死刑，缓期二年执行。本案另一被告，北京利洋房地产开发有限公司法定代表人、董事长梁某被判处无期徒刑。

二、监管分析

海南华银在金融混乱的环境中，与其经营初衷渐行渐远有着必然的原因。

（一）金融监管不到位

海南华银诞生和成长于中国金融相当混乱的时期，监管缺失给海南华银及其高层违规经营甚至违法犯罪提供了土壤。这个时期的金融犯罪的共同特征是嫌疑人很少认为所作所为是违法的，相反，他们认为这是应该的，没有什么不对，这说明我国信托监管法律法规的建设远远落后于实践。信托业号称四大金融支柱之一，但长期以来，信托业缺乏权威的、行之有效的监管架构，金融监管机构的设置不能适应信托业发展和监管的客观需要，也与信托业的重要地位很不相称。信托法规建设的滞后可能与信托监督管理机构在级别和人员配备上的严重不足存在直接关系，信托业的监督管理实际上被人为地分割。我国信托业长期以来定位不清、功能不明、发展方向不明确、制度设计不合理、管理混乱等，可以说都与监管不到位有不同程度的关系。对信托业的监管，主要集中在浅层次的审批和问题的应急处理等管理性功能上，在监管观念、内容、手段等方面存在不足和缺陷，忽略了在行业规划、制度建设、配套政策、风险管理、市场协调等方面的服务性功能，而这些恰恰是对信托业规范发展真正具有决定性价值的东西。

（二）公司经营管理不当

据徐某介绍，海南华银成立后，主要业务分为三部分，一部分是实业，一部分是吸收存款，一部分是对外放贷。海南华银的实业主要是房地产，公司成立后不久曾以极低的价格在三亚鹿回头征得5 000亩地。当时的海南地产正处于恶性膨胀阶段，最高时曾涨至80万元一亩地，但海南华银没能在适当的时机将地抛出，到1992年海南省房地产泡沫破灭时，原本可以净赚30亿元的地反而亏损得一塌糊涂。此外，海南华银还涉足水泥、酒店等行业，但也无利润可言。

在吸收存款上，海南华银为了招揽业务，存款利率往往要比一般商业银行高出好几倍。而在对外放贷上，利率、抵押、担保手续，都没有明确规定。有时，贷款只凭个人拍胸脯保证，没有相应的风险控制。为了拓展这两项业务，海南华银经理层的工资奖励高到了“离谱”的地步——一个经理如果吸收了1亿元的存款，最高可以获得1 000万元的奖励；如果贷出1亿元，也可以获得1 000万元的奖励。不幸的是，其贷款业务中超过80%的部分是贷给了房地产行业，在海南房地产泡沫破灭时，这些钱就像打水漂一样有去无回。海南华银资金链的隐患在彼时埋下。渐感资金链吃紧后，海南华银的手伸向其控股的两家证券公司——大连证券、新华证券，这两家公司扮演了“提款机”的角色。与此同时，海南华银开始向银行、证券公司等金融机构大量同业拆借资金，并违规将这些同业拆借资金用于地产、水泥、酒店等见效期较长的长期投资。这些项目出现投资失误，投入的资金同样有去无回。日积月累，海南华银的债务到了积重难返的地步。

（三）公司治理不完善

完善信托投资公司治理结构，一直是信托业监管工作的主线，公司治理结构上的缺陷是信托业务经营中各种风险积累的蜂巢。从国际信托机构发展的过程中可以看到，只有与行业市场环境相适应的公司治理模式才有可能是合理或成功的公司治理，也只有这样的治理模式最有利于实现公司价值最大化。海南华银成立时期，许多新设立的金融机构管理都不是很规范，法人代表不是由董事长来担任，而是由总经理来担任，这就导致海南华银不可能建立一个强有力的董事会。1992 年，海南华银第一届董事会期满，大股东华远集团意欲夺权，虽然其从北京委派过来的董事长人选最终未能登位，但海南华银的董事会却从此“瘫痪”，经理层开始绕开董事会和董事长，直接和股东单位、监管单位打交道，并很快形成各自的“势力范围”。

第三节　金新信托 202 亿元非法吸收公众存款案

作为德隆系重要成员，金新信托投资股份有限公司（以下简称金新信托）的轰然倒地给经过 5 轮整顿之后的中国信托业致命一击。本节将从金新信托一案的导火索——“乳品信托计划”开始进行分析，在全面剖析金新信托案件始末的基础上，分析其给信托业发展尤其是监管方面带来的启示。

一、案件介绍

（一）案件导火索：信托计划到期未付

就在强热带风暴“蒲公英”突袭上海的同时，金新信托的乳品信托计划在上海的 197 名个人投资者听到噩耗：7 月 2 日到期的信托不能兑付本金和收益。5 个工作日之后，投资者的本金和收益依然没有下落。至此，信托业整顿重启之后的首个资金信托产品到期无法偿付案全面爆发。“乳品信托计划”到期未偿付也就成了整个金新信托案的导火索。

“乳品信托计划”，其全称是“乳品行业战略并购项目集合资金信托”，该产品于 2003 年 6 月 18 日，由金新信托通过交通银行上海分行发行。信托合同显示，此信托计划是天山畜牧业有限责任公司（以下简称天山畜牧）委托金新信托发行的行业战略并购资金信托，所吸纳资金用于收购北京三元种业科技股份有限公司15%的股权、新疆兵地天元乳业有限公司50%的股权，以及德隆畜牧玛纳斯乳制品有限公司35%的股权。本计划期满后，德隆国际将按金新信托（德隆拥有其37%股权）当期收购价的106.5%的价格，回购金新信托持有的上述三家公司的股权；扣除相关费用后，委托人预计可获得5.2%的回报（见图7－1）。

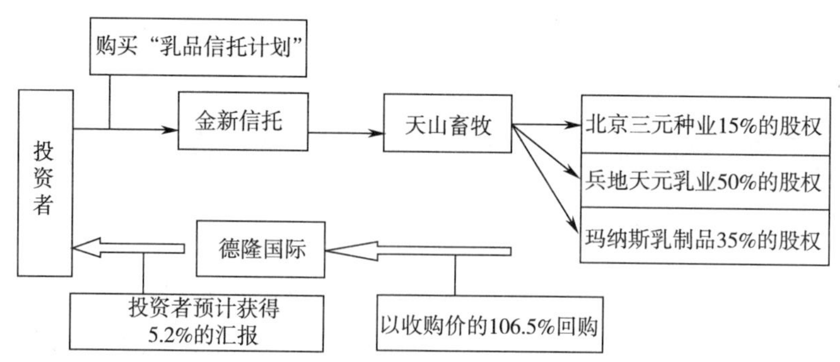

图7－1　金新信托“乳品信托计划”设计示意图

2003年7月8日，金新信托给购买乳品信托计划的委托人发了《关于金新信托投资股份有限公司乳品行业战略并购资金信托计划成立的通知》，告知投资者信托计划于7月2日成立。2004年5月，金新信托撤销了在上海的办事处，并给客户发了一封告知函。金新信托在函中表示，“金新信托目前仍处于正常经营情况，各项业务都在正常开展，信托计划也在正常发行”。2004年7月，乳品信托计划到期后，金新信托未能按期偿还本金和利息，引起投资者和业界的轩然大波。

其后，监管机构介入调查。调查发现：按契约约定该收购的三家公司的股权在还未过户到金新信托的情况下，信托资产8 600万元就转移到了天山畜牧的名下。华融资产管理公司重组德隆大幕拉开后，出于投资者的压力，第一步选择了解决“乳品信托计划”问题。2004年9月7日，该计划债权人登记工作完成。

由华融资产管理公司成立的金新信托投资股份有限公司停业整顿工作组（以下简称工作组）向投资者发布的《致金新信托“乳品行业战略

并购资金信托计划”受益人的函》，提供了两种信托计划偿付方式。方案一，信托财产处置完毕后，将受益人应享有的全部信托财产处置所得分配给乳品计划信托受益人；方案二，由华融资产管理公司按乳品计划信托受益权的本金部分，先行垫资支付50%。待信托财产处置完毕后根据处置情况分配给受益人。如信托财产处置完毕后最终分配比例不足50%，低于50%的部分由华融承担损失；如信托财产处置完毕后最终分配比例超过50%，扣除华融已垫付金额及相应利息（自垫付日至最终受偿日期间的利息，按年息2.25%计算）后分配给受益人。2004年11月15日、2005年1月15日，华融公司分两次向171位受益人垫付了信托合同本金50%的资金，共计人民币3 865.5万元。

2005年4月12日，工作组将一份厚达数十页、内含金新乳品信托计划处置方案的公函，寄到了上海金新乳品信托计划投资者的手里。工作组设计了两个方案：方案一，受益人可按信托合同本金金额，参照国家有关部门制定的个人债权收购标准，将乳品计划信托受益权转让给华融公司；方案二，受益人继续持有乳品计划信托受益权，待信托财产处置完毕后统一清算。工作组将根据投资者的选择做下一步处置工作。

（二）案件全貌：德隆危机的全面爆发

金新乳品信托计划只是金新信托案的冰山一角。金新信托前身为1988年成立的中国工商银行新疆信托投资公司，后经股份制改造，于1993年6月30日，由中国工商银行新疆信托投资公司、新疆航空公司、新疆石油总公司、新疆有色金属工业公司、中国工商银行新疆房地产开发公司共同发起成立新疆金新信托投资股份有限公司，注册资本1亿元。

1996年12月6日，经中国人民银行批复同意，中国工商银行新疆分行将所持有的金新信托的3 000万股转让给新疆德隆（集团）有限责任公司参股的新疆屯河。转让价格每股1.2元。新疆屯河遂持有金新信托30%的股权而成为其第一大股东。此前，新疆德隆业已取得新疆屯河19%的股权。

1997年至1998年之间，唐某（系德隆实际控制人）又通过德隆控制的壳公司，来回倒账，陆续收购了有色金属、新航以及金新房产的全部股份以及石油公司的部分股份，使得德隆系在其中控制的股权超过50%。然而，这些收购均未按规定完善过户手续，被收购方依然做着挂名的股东。在股东名单上反映的，依然只有新疆屯河是金新信托的大股东，占股25%左右。“我就和有色金属总公司签订过委托持有协议”，唐某在相关供述中如是说，“委托持有协议的内容就是我收购了有色金属总公司持有的金新信托的股权，有色金属总公司将拥有的所有权益都转给我。”

自1997年金新信托成为新疆德隆的融资平台后，一场大规模的“融资”行动也悄然开始。1997年9月至2001年，金新信托在全国设立了二十多家办事处，建立委托理财业务融资网络。1999年上半年，金新信托在上海设立理财管理总部，统一管理遍及全国的理财业务，许以高额固定回报。2001年6月5日，由金新信托、重庆证券经纪有限责任公司出资成立了上海友联。随后，金新信托在上海友联的指使和操纵下，继续开展非法吸收公众存款活动。2001年12月17日，经中国人民银行西安分行批准，公司名称变更为金新信托投资股份有限公司。1997年1月20日至2004年7月27日，金新信托在新疆德隆董事长、金新信托董事唐某、金新信托董事长何某、金新信托总经理王某等人的决策、纵容、指挥下，借信托理财之名，以委托国债、证券投资等形式，变相非法吸收公众存款。为逃避国家主管部门的监管，金新信托在与企业机构签订各种理财合同时，又与客户签订补充协议，承诺固定收益率；在与自然人签订合同时，采取高息揽存和承诺保本付息的方式，进行变相吸收公众存款活动。非法吸收的公众存款，主要用于新疆德隆和上海友联炒作新疆屯河、沈阳合金、湘火炬股票和兑付客户到期资金。1997年后的7年间，金新信托与社会不特定机构和自然人签订合同或者协议35 265份，非法吸收公众存款201亿多元。截至2004年7月27日，有42亿元资金未能兑付，德隆危机爆发。

2004年8月26日，华融与新疆德隆、德隆国际、屯河集团签订资产托管协议，全面接收三家公司合法拥有所有权的全部资产。8月29日，德隆旗下的金新信托发布公告，金新信托也列入托管行列。2004年8月

30日，金新信托被正式责令停业整顿，华融成立金新信托停业整顿工作组，并进驻金新信托。从2004年9月15日开始，华融开始了金新信托信托受益权和债权的登记工作。截至2004年11月9日，已登记自然人名义的信托受益权合同14 685笔，登记合同金额为131 783万元，占自然人名义的信托金额总额的92%；已登记机构名义的信托受益权合同314笔，登记合同金额220 727.5万元，占机构名义的信托金额总额的81%。此外，除信托受益权之外还登记其他债权37笔，登记金额75 349.87万元。

而由新疆维吾尔自治区审计厅、监察厅、财政厅、税务局、人民银行乌鲁木齐中心支行、银监局、高级法院、公安厅等单位组成的金新信托债务甄别办公室（以下简称“甄别办公室”）已于2004年10月15日开始工作，负责对金新信托的债务进行甄别并填制个人债权收购确认函，并与登记工作穿插同步进行。

自2005年1月20日起，工作组对经甄别确认的金新信托个人债权发放个人债权收购确认函。工商银行新疆分行营业部指定网点代理债权收购业务及资金兑付服务。此后，个人债权收购工作依次分批展开。

2005年9月22日，乌鲁木齐市中级人民法院公开审理金新信托及11名管理人员涉嫌非法吸收公众存款罪一案。乌鲁木齐市人民检察院指控：1997年1月至2001年8月，被告单位金新信托采取承诺固定收益率、保本付息的方式，与不特定客户签订委托购买国债、委托存款、委托资产管理等合同，非法吸收公众存款达201.73亿元；金新信托法定代表人何某等11人，明知信托公司不得向不特定客户吸收公众存款，但仍然指使公司有关人员开展非法信托业务。

2006年3月6日金新信托案有了一审结果。乌鲁木齐市中级人民法院一审以被告单位金新信托犯非法吸收公众存款罪，判处该单位罚金1 000万元。被告人何某、王某、辛某、唐某、逯某、王某、庞某、于某、韩某、彭某、王某因犯非法吸收公众存款罪被判处有期徒刑4年到1年不等的刑期，同时各被告人还被处以50万元到10万元不等的罚金。对一审判决结果，除被告单位金新信托、被告人何某、王某、庞某表示要考虑是否上诉外，其余人均表示不上诉。

唐某对金新信托的执著并非突发奇想。早在1990年，他在海南自学金融知识后，就开始有了进入金融业的想法。后来，1995年、1996年到加拿大、美国、巴西等国学习，收集了5 000多个金融产品，就更加想找一个金融平台，为将来从事金融服务行业奠定基础。

新疆屯河收购金新信托以后，在唐某的主导下对原来该公司的业务进行了调整。在融资方面，主要有三个新举措，一是代理买卖石化债券，二是托管国债业务，三是委托理财业务。在代理买卖石化债券业务中，他们主要靠超卖获利。超卖的意思就是金新信托当时只代理8 000万元的石化债券，但是金新信托在买石化债券时出具给客户的是金新信托的凭证，金新信托卖出一亿元的石化债券，就形成了2 000万元的沉淀资金，金新信托就可以拿这笔钱去做短期的股票认购，同时这8 000万元的资金金新信托也可以使用，因为石化结账不是当天就给。而对于国债托管业务，就是金新信托从客户手中收集到国债以后，就将国债卖掉，利用其套现的资金进行股票申购，到客户的国债到期后，金新信托就给客户兑现。虽然这两个业务都只进行了不长的时间，但是金新信托早期就是靠这两种业务才正式运转起来。

委托理财业务是后来金新信托“繁荣鼎盛”的看家绝技，当然也成了最后把唐某和他的德隆系拖向深渊的催命符。金新信托开展的业务统称委托理财，具体的合同名称有委托购买国债、信托资产管理、委托投资等，主要投资于二级市场的有价证券（股票和国债），还有以三方监管的方式购买股票。

以委托买卖国债为例，金新信托并不做单纯的委托国债投资，而是通过三种方式将客户做委托国债投资的资金转入股市购买股票。一是不买国债直接买股票；二是先买国债，然后卖出，套出现金后再买股票；三是先买国债，再进行回购，获取资金进入股市（见图7－2）。

1998年4月，王某和唐某出于“财务上的技术原因”提出：金新信托吸收来的资金，通过咨询公司进入股市。不久，德隆八大咨询公司成立。它们是上海致富、广州鼎盛、重庆华军、沈阳启迪、武汉金智、天津博致、西安天慧和中企托管公司。1999年下半年，咨询公司增加了七

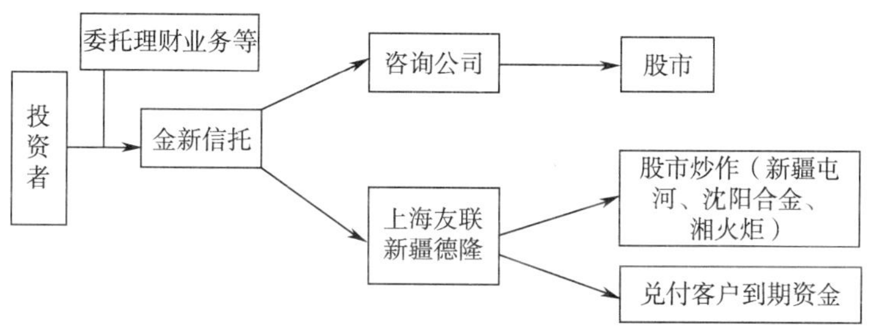

图7－2 金新信托违规吸收资金示意图

八家，分布于成都、沈阳、上海、武汉、重庆、天津等地。金新信托的资金分别划到这些公司进行股票交易。这种游戏从1998年开始，一直玩到2001年上海友联成立。

显然，作为独立法人的金新信托在游戏中显得无比尴尬。根据法庭上的相关证据，几乎从一开始，金新信托吸收来的资金，它自己就没有使用的权限，而要听从唐某的“总体安排”。而据王某（金新信托总经理）的一份供述：“资金流向由唐某直接指挥、预算……使用资金这一块肯定都由唐某最后确定的。”在这样的融资与抽资的游戏中，金新信托的窟窿越来越大。到2001年底，金新信托通过委托理财的方式进入股市的资金，按当时股票市值计算，大概有170亿元。但当时已经有41亿元资金无法兑付。截至2004年8月31日未兑付资金42.6856亿余元。然而，每年5月和11月，上海友联都会汇款给金新信托作为收益，所以金新信托的年报和半年报反映出来就都是盈利的。唐某在自己的供述中则称，这样做的目的，一方面是为了规避银监部门的监管，一方面是为了将来金新信托上市。

由于金新信托的老客户纷纷离开，新客户又发展不起来，后续资金中断。当时唯一的办法就是卖掉股票来兑付到期客户资金。“但是，一旦我们在股市上卖掉股票……就会引起恐慌……股价就会下跌，甚至连续跌停，造成客户亏损，客户亏损了我们就得赔，因为我们给客户承诺的是保底收益。”唐某在对公安机关的供述中说。而他作出的决定是，收购金融机构，扩大委托理财规模和增加金融资产规模。其后，在接下来的几年，德隆控制金融机构的数量迅速膨胀，到德隆崩盘为止，其控制数量达到二十余家。

根据新疆华信有限责任会计师事务所在2005年5月8日出具的审计报告，自1997年1月2日至2004年8月31日止，金新信托实际吸收资金总额为202亿元。其中，机构3 599笔，金额174亿元；自然人31 666人次，金额28亿元。其中，以委托存款吸收资金2 261笔，金额为117亿元；以信托资产方式吸收资金161笔，金额2.03亿元；以资产信托方式吸收资金31 156笔，金额为50亿元；以信托存款方式吸收资金6笔，金额为2.5亿元；以无合同方式吸收资金661笔，金额为22亿元。

在同一时间段，德恒证券等德隆系机构转入金新信托资金为154亿元，而金新信托向德恒证券等德隆系机构划出资金为228亿元。二者之差为74亿元。在公司经营方面，金新信托在同一时间段内，其经营亏损合计为17.5亿元。

二、监管分析

（一）案例剖析：信托计划是否违规

就金新乳品信托计划来说，有几个问题颇为关键：第一，金新信托是否尽责调查天山畜牧真实具有三家公司（北京三元种业科技股份有限公司、新疆兵地天元乳品有限公司、德隆畜牧玛纳斯乳品有限公司）的股权？第二，金新信托是否确实使用了8 600万元信托资金向天山畜牧购买了这三家公司的股权？如果已买来了股权，金新信托是否将股权进行了工商过户登记？第三，是否如实向投资者公告了信托财产的管理情况？

从披露的信息来看，第一个问题暂时无法调查；第二个答案是金新信托在2003年9月就发传真给投资者，称已经用这笔钱收购了北京三元种业等三家公司的股权。直至2004年6月事情败露后，金新信托含糊其辞，称签署了股权转让协议，但这毕竟与到工商部门办理过户手续的法律效力截然不同，有质的差异（而事实上，金新信托不可能收购三元种业股权，三元种业成立于2003年6月8日，根据成立时的协议，发起人股三年不得转让）。第三个答案如今也很明显，即金新信托没有履行如实告知的义务。投资者正是据此对该乳品计划的信托资金是否被挪用提出了质疑。

此外，金新乳品信托计划还暴露了一些问题，不容忽视。

其一，在原有信托管理办法中，是不允许信托公司异地经营的，仅此一点，金新乳品信托计划从一开始就是一个违规的金融产品。因为监管缺位，当上海银监局2004年4月发现金新乳品信托计划的时候，德隆财务危机业已曝光，即使交通银行在这个时候要求法院对涉及金新乳品信托计划的财产进行诉前保全也为时已晚。何况，交通银行上海分行在此信托中不过是信托资金代理收付行，不适合为信托委托人出面。

其二，金新信托、德隆国际和天山畜牧均是德隆集团的关联企业。按照《信托投资公司管理办法》第三十一条规定，信托资金是不能用于关联方投资交易的。同时，该信托资金安全最关键的一环——回购单位德隆国际同样是关联公司，违背独立第三方担保的原则。如果监管层把关严格一点，该信托计划不可能同投资者见面。

其三，由于信托的私募性质，在信息披露上要求不严，作为委托人的投资者在信息上面完全不对称。同时信托又缺乏流动性，投资者对信托投资的项目完全失控，也没有办法控制自己的损失。信托信用和银行信用毕竟还是有区别的，即便是担保，担保的具体环节也有不同，究竟是担保到信托项目还款还是担保本金和收益，很多时候，风险界定并不十分明确。无论在信托公司和信托业务方面都应该加强对投资者的信息披露。尽管信托产品是私募的，但作为金融产品，它是面向社会公众的，尤其是面向个人投资者募集的，而个人投资者是弱势群体，因此信托产品应对社会公众进行披露，让社会公众参与对产品的议论，借助社会舆论监督来促进信托公司的规范运作。

其四，交通银行上海分行的角色非常尴尬。投资者声称，当时如果是金新信托直接发售该产品，他们肯定不会购买。正是因为有银行的参与，使其认为该产品的风险很小。根据中国有关法律，交通银行上海分行代理该产品是合法的。但是不可否认的是，信托公司借用了银行背后的国家信用来销售自己的金融产品。而交通银行上海分行在推销该产品的过程中，没有向投资者告知该产品的风险，也没有就金新信托和项目的回购方——德隆的关联公司的关系作特别说明，投资者要求交通银行给说法也是可以理解的。所有购买该信托计划的投资者都把焦点集中到了交通银行的身上。

其五，交通银行上海分行信誉遭受很大损失。当时代理发行金新乳品信托计划的并非新疆本地银行，而是身处上海的交通银行上海分行。据了解，购买该信托计划的几乎全部是交通银行上海分行的 VIP 客户。按合同约定以及承诺，到期后，该信托的投资者不仅能收回一年前投入的本金，另外还能获得 5.2% 的到期收益率。原本以为找到了一条快速生财之道，结果血本无归。所以，值得警醒的是商业银行开展代理收付等中间业务，也是有风险的。作为代销银行，要交通银行为此次金新信托承担全部责任确实有点冤。根据此前签订的协议，交通银行上海分行“只履行代理信托计划资金收付的义务”，不承担其他的连带责任。事件发生之后，分行上上下下的领导都很着急，一方面从维护投资人利益出发，另一方面从防止 VIP 客户因此与分行反目考虑，分行对该信托计划的兑付问题已做了大量工作。

（二）监管启示：规范信托业刻不容缓

中国信托业的大整顿始于 1999 年，截至 2002 年，前后进行了五次清理整顿，制定了《信托法》、《信托投资公司管理办法》等一系列法规。2003 年之后，信托业重新放开，但仅一年就频生险情。信托业存在的问题包括：法律法规尚不健全；各地监管部门监管水平参差不齐；行业组织还在筹备；信托公司如何内控没有前人的经验参考。

金新乳品信托计划只是整个金新信托案爆发的导火索，也只是整个金新信托案的冰山一角。金新信托案是我国信托公司挪用客户资金、项目搁置等问题的典型代表，暴露了我国信托业发展中存在的种种漏洞，对规范我国信托业乃至整个金融业的发展有着重要意义。

第一，加强相关的法制法规建设。制度缺位是当前整个信托行业面临困境的根本原因。规范我国信托业发展的基本大法——《信托法》在2001年才出台，而此前的21年间中国信托业发展依赖的仅仅是一些“规定”、“通知”等政策性文件，层次较低、法律约束力较弱。这使信托业长期主业不明，与银行抢地盘、争资金，业务混乱，历次清理整顿也就难以避免。2001年1月，中国人民银行公布实施了《信托投资公司管理办法》；2001年4月全国人大颁布了《信托法》，奠定了信托业规范发展的基础，但与之相关的配套制度却很不健全，政府应进一步加强相关配套法规建设。

第二，建立健全信托公司的信息披露制度。在许多信托案件中，虚假信息披露或未按规定披露信息占据着重要地位。如在乳品信托事件中，在股权没有过户的情况下，金新信托给投资者发的告知函中强调的是“信托计划也在正常发行”，“和本次乳品行业信托计划相关的乳品公司、畜牧公司的各项经营业务也在正常有序进行”。如果能充分披露相关信息，再粗心的投资者也不至于会对风险毫无察觉。监管部门也要公布监管信息。自2005年1月1日起实行的《信托投资公司信息披露管理暂行办法》已经考虑到规范信托业务的信息披露问题，传出的政策信号十分具有积极意义，对规范信托公司行为具有良好的促进作用。

第三，放宽信托机构的政策约束，营造公平合理的竞争环境。针对目前信托机构展业空间受到的多方限制，必须对相关法规中不合理之处进行修改，并给予一定的政府倾斜政策，促进信托机构的起步运转。尽快解决信托计划200份信托合同数量、不得营销宣传等限制问题，为信托公司营造必要的业务发展空间，使得大多数信托公司能够在无须违规的情况下建立一种稳定的盈利模式。为营造中国信托业公平竞争的格局，可按照金融功能观点，建立由人民银行、银监会、证监会、保监会和外汇局组成的协调监管机构，按照《信托法》统一对信托业的监管规则和标准进行监管，避免不同类型的金融机构从事信托业务归口不同的监管部门监管，制定与《信托法》配套的可操作性相关法规，建立和完善资本充足率、监管者的监督检查和市场约束相辅相成的监管体系，使各利益相关者作出激励相容的正向选择，从而达到多赢的结局。

第四，监管部门依法监管，对暴露的问题尽快介入调查，发出整改通知，并对社会公众公告。尽管信托产品采取备案制，但在信托品种的日常运作管理阶段，当地监管部门应当对其进行现场检查和非现场检查，或进行审慎性监管谈话等，确保信托资金按照信托计划严格执行。信托产品一旦有出现问题的迹象，即应根据已有线索要求公司作出说明，并对此进行专项检查，并公布检查结果。《信托法》赋予了投资者知情权，应通过监管工作的透明化，进一步解决信托产品中当事人信息不对称问题。对于出现问题的公司及其高管，要依法及时、严肃处理，追究民事责任以至刑事责任，使得其他信托公司不敢效仿。该清除出局的，应该坚决清除出局，避免积累金融风险，同时让新的公司有机会加入这一市场，使信托市场因此达到一种动态平衡。

第五，倡导信托监管文明。从金新信托的东窗事发以及事后处理看，信托业呼唤监管文明。倡导信托监管文明，首先要树立科学的监管观，转变监管思路，按照市场经济的要求，依法监管。科学的监管观绝不是为了监管而监管，监管的最终目的是促进而不是制约行业发展。目前最紧迫的是需要尽快出台相关法律措施，解决信托公司资金来源问题；制定与信托业发展相适应的会计制度、税收制度和工商登记制度；放宽信托公司在外汇领域的业务以及信托公司自营金融租赁业务，允许其以项目打包的方式向银行抵押贷款，与金融租赁公司享受同等的政策；解决信托计划异地销售和200份限制等。有了相应的发展空间，信托公司才会减少投机和违规的压力和冲动。

倡导文明监管，还需提升监管者素质。信托是唯一贯穿货币市场、资本市场和产业市场的金融机构，信托金融创新本身需要不断打破既有的金融制度和规则，这需要监管者有高超的监管技巧和智慧。

第六，加强信托业的行业自律。集合资金信托刚刚出现时，信托公司对这个新业务也表现得相当谨慎。但后来许多产品好卖的事实，对其他信托公司产生一定的示范效应，再加上舆论起初也是喝彩声一片，一些公司受利益驱动，开始放松对项目的风险评估标准，甚至没有相关行业的专业知识，也迫不及待地承揽业务。其中所蕴含的风险之大，可想而知。因此，与其他行业一样，国内信托业除了监管部门进行监管来加以规范外，还要进行行业自律，由行业协会制定一些行业自律的规定共同遵守，共同来培育一个诚信和健康发展的市场。但信托业目前还没有一个全国性的行业协会，全国信托业协会还在筹备中，因此应该加快协会的建设步伐。信托从业者的素质也急需提高，因为信托从业者的素质决定着行业发展，其道德素质直接关系到行业风险。

第七，加强信托风险宣传。监管部门、中介机构要加强信托风险宣传，培养投资者的风险意识，避免信托公司出了问题以后，投资者把责任全部抛给政府和监管部门。中国的股市是这一方面的典型例证。在“股市有风险，入市须谨慎”的理念深入人心后，投资者面对中国证券市场出现的种种问题也会更加冷静和理性。基于所从事的行业特点及所受托管理资产的性质，信托投资公司必须加强对风险的重视程度，并将这种风险管理和风险控制的意识贯穿于所有业务活动的始终，最终形成一种业务本能。可以参考证券期货市场经验，借鉴证券期货公司的有关制度，给信托风险管理加“锁”。信托公司关联交易中面临的风险不可小视。如果关联交易的金额过于庞大，同时在关联交易过程中又完全没有按照市场价格，纯粹是人为抬高或压低价格来进行违规操作的话，肯定会导致风险。金新信托案件的一个重要特征就是关联交易。监管部门要加强对信托公司有关关联交易的监管。

第八，完善信托公司的公司治理结构。要完善信托公司的公司治理结构，理顺信托公司的委托代理关系，重点是推进信托公司的股权结构多元化和分散化，克服产权结构单一、一股独大的现状，设立“监督委托人”，代表小股东利益，强调董事会在公司决策中的作用。完善各项内部控制制度，建立有效的风险防范机制，构建公司内部研究、决策、操作实施相互联系又相互制约的现代化决策体系，确保信托公司稳健、规范发展。信托投资公司是我国金融体系中重要的一环，但一些信托公司大股东或关联企业，把信托公司变成了自己的融资平台。信托公司要避免一股独大，特别是避免某些心存不良的控股股东通过信托公司这样的金融机构来达到自身圈钱、洗钱或暗箱操作的目的。

第四节　广东国投 147 亿元破产案

广东国际信托投资公司（以下简称“广东国投”）破产案，堪称中国第一大案，其损失巨大，影响深远。认真回顾广东国投的兴衰始末，深入分析其破产原因，阐述这一案件对国内金融和经济产生的影响，对现阶段的金融监管仍有启示作用。

一、案情介绍

（一）案件概要

1999 年 1 月 11 日，在中国金融界和法律界发生了一件令人震撼的事，曾被誉为商业上一艘“航空母舰”的广东国投向广东省高级法院递交了破产申请书，理由是到期不能偿债，资不抵债。一石激起千层浪，国内外媒体竞相报道这起中国最大的国有金融企业破产案。

此前的 1998 年 10 月 6 日，经中国人民银行同意，广东省政府决定对广东国投进行为期三个月的行政关闭清算。关闭清算的初步结果是，广东国投总资产 214. 71 亿元，总负债 361. 45 亿元，资不抵债 146. 94 亿元。广东国投数百亿元人民币的债务 80% 以上借自包括日本、美国、德国、瑞士、中国香港等国家和地区 130 多家著名银行。破产后的清偿率不足五成。对国外债权银行更不利的是，广东国投所有债务偿还将依据国际惯例，除小额存户将获得照顾外，所有内外债务的偿还将一视同仁，外债并没有优先权。广东国投破产的消息犹如石破天惊，立即在全球市场上掀起巨大波澜。

（二）案件回放

1978 年，党的十一届三中全会召开，决定实行改革开放。当时国家百废待兴，为了筹集一些外资用于经济建设，吸收外国经验、先进技术，拟筹建一个在外资和内资之间牵线搭桥，起红娘作用的机构。于是，中国第一家信托投资公司——中国国际信托投资公司诞生，翌年 12 月，第二大信托投资公司——广东信托投资公司成立。国务院批准筹建中国国际信托投资公司时，赋予它的职能是：接受各部门、各地方的委托，根据中华人民共和国中外合资的有关法令，引进华侨资金、外国资本和先进技术、设备，共同举办合资企业。完全可以看出，当时理解的“信托”，并非是今天人们反复强调的“受人之托，代人理财”的信托。

改革开放之初的中国有着两种充当试点和先锋的“特区”，一是深圳那样的“经济特区”；二是中国国际信托投资公司这样的“公司特区”。这种“公司特区”的建立，一开始就带着一种“试点”的色彩。广东信托投资公司就是凭着“特事特办”的创新精神来发展开拓业务，并没有形成公司未来发展的科学蓝图。拥有进出口贸易、租赁、房地产和金融经营权的广东信托投资公司，从一开始，就决定了自身只能是一种主业不清晰的综合性金融事业集团。功能定位不确定，业务方位不明确，使得信托业做了不该做的事，而该做的事又没做好。地方政府也只片面强调信托的筹资功能，没有确立信托业应确立的生存空间和发展空间。

广东信托投资公司成立时，我国对于国际融资的认识仅限于政府双边贷款和国际性金融机构的贷款，对于国际商业性贷款和发债还很陌生。1982 年 1 月，新成立的中国国际信托投资公司进入日本东京外汇市场成功发行了一笔 100 亿日元的小额私募债券，从此打开了中国进入国际资本市场的大门。1983 年 10 月，在中国金融改革的进一步探索中，成立近三年的广东信托投资公司经中国人民银行批准成为国营金融企业，并获得国家外汇管理局颁发的经营外汇业务许可证。同年 12 月，广东信托投资公司更名为广东国际信托投资公司，并成为国家指定的允许对外借债和发债的地方级“窗口公司”。此后短短两年的时间，广东国投的实力迅速膨胀。1986 年，国务院下发 83 号文件，强调借用国际性商业贷款和发行外币债券的工作由中国银行、交通银行、中国国际信托投资公司、中国投资银行和广东、福建、上海、天津、大连五个省市的经中国人民银行批准的一至两个金融机构对外办理，其他未经批准的一律不得联系对外贷款和发债。广东国投的地方窗口公司的地位再次得到确认。文件发布后一个月，广东国投获得了日本公社债研究所给予的 AA－级信用评级，并在日本成功发行为期 10 年的 200 亿日元的武士债。1987 年在香港发行 5 000 万美元的亚洲美元债券。1988 年 5 月，广东国投进入伦敦，发行 200 亿日元的欧洲日元债券。1989 年 1 月 12 日国务院重发《关于加强借用国际商业贷款的通知》的 6 号文件，表示国家要收紧借用外债的窗口，除国家确定的包括广东国投在内的 10 个窗口以外，不再批准借用外债的窗口，这便是后来所谓“十大窗口公司”的由来。广东国投开始跨入风光无限的 20 世纪 90 年代，它开始利用其特殊地位，继续在海外融资方面发挥作用。1992 年 7 月广东国投再度进入日本武士债市场，发行了 150 亿日元的债券。1993 年，广东国投先后获得美国穆迪公司和标准普尔公司的债信评级，并且是相当于当时主权债的评级——AA 级，从而意味着广东国投在更成熟也更严格的欧美债券市场拿到了高级别的准入证。5 月，它进入欧洲美元债券市场，发行 1.5 亿美元债；11 月，进入世界上规模最大的美国市场，发行了 1.5 亿美元扬基债。至此，广东国投用了 10 年的时间，终于在多疑而挑剔的国际资本市场建立了自己的债信——当然是受政府背景和政府信用所支持的特殊的“窗口债信”。至 20 世纪 90 年代中期，广东国投已经发展成具有集团公司架构的自主权极大的大型金融财团，其资产以百亿元计，资产状况极为庞杂，进入金融、证券、贸易、旅游等几十个投资领域。

然而，转型期的中国经济发展本身充满变数。20 世纪 90 年代中期，中国利用国外商业性贷款的战略有所调整，窗口公司不复当年的特殊地位。1995 年以后，国家更明确规定地方政府不可自行举债，也不再为窗口公司进行担保。此时的广东国投已经站在自身发展的十字路口。从 1996 年下半年起，表面上依然风光无限的广东国投已经显示出某种败迹。

这年底，其下属的深圳分公司总经理李某被革职审查，不久又因经济罪嫌被捕。深圳分公司巨额债务随之曝光。1997 年中，在广东国投高层任职 10 年、任总裁职务长达 7 年的黄某离开广东国投，于 1998 年秋被扣留审查。1998 年是广东国投偿债的高峰年，而此时公司财务已几乎失衡，从 1997 年下半年至 1998 年中，广东国投虽然还在国际金融市场上为筹划新一轮发债或贷款而四处奔走，但其主要动机是为了借新还旧、借短还长。1998 年是还债高峰年，广东国投到期外债超过 12 亿美元。先天不足的地方国投营运体制加上广东国投自身经营管理混乱的固有弊病，以及此时亚洲金融危机的持续外患，使广东国投已无力支撑巨大的外债压力，1998 年 10 月 6 日，广东国投被实施行政性关闭。经过 3 个月的清查，广东国投资不抵债 147 亿元，资产负债率高达 168%，1999 年 1 月 11 日，广东国投宣布申请破产，如图 7－3 所示。

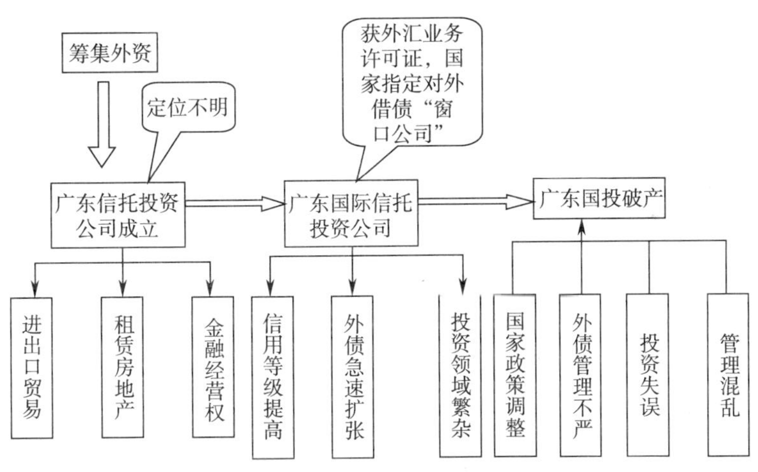

图 7－3 广东国投案件始末

（三）案件处理结果

1. 广东国投破产案审理结果

1999 年 1 月 15 日，广东省高级人民法院受理这起破产案，并依照《中华人民共和国企业破产法（试行）》（以下简称企业破产法）第三条第一项的规定："企业因经营管理不善造成严重亏损，不能清偿到期债务的，依照本法规定宣告破产。"和第八条的规定："债务人经其上级主管部门同意后，可以申请宣告破产。"认定广东国投公司管理极度混乱，严重资不抵债，不能清偿境内外巨额到期债务，符合法律规定的破产条件，于1999年1月16日裁定：

（1）广东国投破产还债。

（2）指定清算组接管广东国投。

裁定宣布后，广东国投的破产清算工作依法按以下步骤进行：

（1）债权的申报、审核和确认。

1999年1月16日，广东省高级人民法院分别在《人民日报》、《人民法院报》刊登受理广东国投破产申请公告，要求债权人自公告之日起3个月内申报债权，逾期未申报的，视为自动放弃。对广东国投的其他民事执行程序依法中止执行，申请执行人可凭生效的法律文书申报债权，对广东国投的其他民事诉讼程序也依法终结或中止。公告期限内，共计320家债权人申报了债权，申报债权总金额共计387.7738亿元（包括167家境外债权人申报债权320.1297亿元）。

1999年4月22日，广东省高级人民法院主持召开广东国投破产案第一次债权人会议，244家境内外债权人派代表出席了会议，占申报债权人总数的76%。法院向债权人宣布了债权人会议的职权，并根据各债权人申报债权的数额，指定瑞士银行、日本第一劝业银行、美国花旗银行、中国银行等9家债权人组成债权人主席委员会。破产清算组向出席债权人会议的代表报告了债权申报情况。会议通过了由破产清算组提出的广东国投破产财产处理的原则。

破产清算组对债权人申报的债权进行了登记和审核后，将审核结果分别以确认债权或拒绝申报的方式通知各债权申报人。债权人对清算组确认的债权无异议的，清算组提请债权人会议表决通过；债权申报人对清算组的确认结果有异议的，向广东省高级人民法院提请裁定。

根据债权异议人的申请，广东省高级人民法院分别对广东国投破产案中62件有关债权申报异议进行了公开审理，并分别作出了裁定：

A. 对依据安慰函申报的担保债权全部予以否认。

B. 信托存款的存款人可以申报破产债权，但对信托存款无取回权。

C. 债权人依据掉期合同申报的破产债权的确认。

D. 商业银行及其分支机构对广东国投拥有的债权总额及所负的债务总额在破产清算前等额抵销。

广东省高级人民法院最终确认，广东国投破产案的债权人共计 200 家，债权金额总计 202.2317 亿元。

（2）破产财产的审核、确认和处理。

广东国投破产清算组经清算认定，广东国投被宣告破产时的账面总资产为 209.3748 亿元。当事人对破产清算组有关破产财产的认定提出异议的，依法提请广东省高级人民法院裁定。

根据当事人的申请，广东省高级人民法院依法裁定确认了下列异议申请：

A. 确认原登记在广东省信托房产开发公司（以下简称房产公司）和广信实业有限公司（清盘中）（以下简称广信公司）名下的广东国际大厦实业公司的 100% 股权为广东国投破产财产。

B. 确认广东国投在其全资子公司中的投资权益为破产财产。

C. 确认广东国投所属证券交易营业部收取的股民保证金所有权属于股民所有。

对经依法确认属于广东国投的财产，广东省高级人民法院区别不同情况进行追收或变现：

对于广东国投在广东省内的债权，广东省高级人民法院依照最高人民法院《关于高级人民法院统一管理执行工作若干问题的规定》的规定，裁定指定由广东国投的债务人所在地的 58 个法院分别执行，共计追回 15.1 亿元。

对于广东国投在其他省、自治区、直辖市的财产，由破产清算组依法追收，共计追回 5.3823 亿元。

对于广东国投在美国、中国香港等国外和境外的财产，由破产清算组依据当地的法律规定予以回收，共计追回投资及贷款折合 2.2984

亿元。

对于广东省内69个政府机关为广东国投的债务人出具担保，被确认无效应承担相应的赔偿责任问题，广东省高级人民法院委托广东省审计厅组织审计小组对这些政府机关的预算外资金情况逐个进行了审计，根据审计情况依法对这些政府机关的预算外资金进行了强制执行，对于没有预算外资金的政府机关，法院依法办理了执行中止手续，共计追回0.7625亿元。

对于广东国投的破产财产，均采取拍卖或者竞买的方式予以变现。其中：广东国投对广东商品展销中心100%的股权以3.89亿元的价格成功拍卖；通过竞买，广东国投属下4家证券交易营业部以0.8093亿元的价格转让给广发证券有限责任公司；广东国投对江湾新城75%的股权及债权以3.5亿元成功拍卖；广东国投对广东国际大厦实业有限公司100%的股权和债权以11.3亿元成功拍卖。

（3）破产财产分配与终结破产程序。

对广东国投破产财产追收和变现后，依法优先拨付了破产清算费用（含中介机构专业服务费用、评估费用及其他清算费用），于2000年10月31日、2002年6月28日和2003年2月28日分别召开债权人会议，在优先清偿广东国投所欠职工工资、劳动保险费用和所欠税款后，分三次按照比例清偿破产债权。经广东省高级人民法院裁定准予，破产财产分配分三次进行，分配破产财产共计25.34亿元，债权清偿率共计为12.52%。对境外债权人的债权，经征得外汇管理部门同意，一律兑换外币支付。

广东国投破产案有关司法程序进行完毕后，破产清算组依法申请终结破产程序。广东省高级人民法院经审查认为，广东国投申请破产一案，债权确认工作已经完成，破产财产的范围已经界定，对外债权的追收工作已经全部采取有效法律措施，广东国投的主要破产财产已经拍卖变现，并已经分配给债权人，广东国投破产案已符合终结破产程序的法定条件，但因今后仍有可以追收的破产财产、追加分配等善后事宜需要处理，应保留破产清算组继续负责完成追收破产财产和追收分配工作，故应在同意破产清算组终结破产程序申请的同时，继续保留破产清算组处理有关善后事宜。据此，于2003年3月8日依照《企业破产法》第三十八条和最高人民法院《关于审理企业破产案件若干问题的规定》第九十七条的规定裁定：

A. 终结广东国投破产案破产程序。

B. 广东国投破产清算组凭本裁定向广东省工商行政管理局办理广东国投的注销登记。

C. 保留广东国投破产清算组完成追收广东国投破产财产、追加分配等善后事宜。

案件的诉讼费减半收取，从破产财产中优先支付。

2. 相关责任人处理结果

随着广东国投破产案审理的推进与审结，与案件相关的责任人员也受到了应有的处罚。

广东省深圳市中级人民法院认定，1994年1月，广东国投深圳公司下属的深圳广信实业公司与开平市财贸房地产开发公司共同注资成立深圳京信投资发展公司。时任广东国投深圳公司副总经理的被告人李某兼任京信公司董事总经理。同年下半年，京信公司董事会决定向广东国投深圳公司贷款人民币1 000万元用于购房和装修，李某代表广东国投深圳公司批出该笔贷款。1995年1月，李某被任命为广东国投深圳公司总经理，同年5月又兼任京信公司董事长。而后，李某多次代表广东国投深圳公司批出贷款给京信公司投资酒店。自1994年10月至1996年上半年，京信公司董事副总经理宾某将在经办购房和装修事宜过程中所收受的部分回扣款80万元分三次送给李某。1995年9月5日，经李某批准，广东国投深圳公司将人民币600万元存入茂名市油城城市信用社，并要求“将该笔存款安排作为中大公司贷款”，事成后，中大公司总经理送给李某5万港元。同年11月，李某代表广东国投深圳公司与深圳新胜都实业有限公司订立抵押贷款合同，新胜都公司法定代表人蒋某以其自有的房产作抵押。李某在双方均没有对该抵押物在规划国土部门依法办理抵押登记的情况下，六次违法批给新胜都公司贷款共计人民币1 800万元，致使广东国投深圳公司的巨额贷款本息至今无法追回。2000 年 9 月 15 日，广东省深圳市中级人民法院对原广东国际信托投资公司深圳公司总经理李某作出一审判决，以受贿、违法发放贷款罪判处其有期徒刑十五年，并处罚人民币二万元。

2000 年 12 月，深圳市人民检察院就原广东国投深圳证券部主管钟某的职务犯罪案向深圳市中级人民法院提起公诉。据检察机关起诉书指控，被告人钟某自 1993 年至 1998 年 10 月 8 日，在“金盈”等 13 个透支户透支公款余额总共 8 718 万多元，仅存股票市值及资金余额 3 349 万元（以 1999 年 1 月 16 日为基准日），两项相抵尚有 5 369 万余元无法收回，给国家造成巨额经济损失。2003 年 10 月，深圳市中级人民法院一审判定，钟某犯挪用公款罪，判处无期徒刑，剥夺政治权利终身；并判将钟某非法所得和部分个人财产发还给广东国际信托投资公司深圳公司破产清算组，抵偿被告人钟某挪用公款造成的损失，不足部分继续追缴。一审判决后，钟某不服上诉，广东省高级人民法院认为，原审判决部分事实不清，于是发回深圳市中级人民法院重审。2004 年 8 月，深圳市中级人民法院重审后判定，钟某构成挪用公款罪，且数额巨大，判处其有期徒刑 15 年。

2003 年 12 月，广州市中级人民法院依法对广州市人民检察院提起公诉的原广东国投法定代表人、副董事长兼总经理黄某玩忽职守、非法吸收公众存款一案进行开庭审理。公诉机关认为，被告人黄某身为国有公司法定代表人和直接负责的主管人员，违反国家金融管理法规，同意广东国投向社会非法吸收公众存款，严重扰乱国家金融管理秩序，数额巨大，情节严重，其行为构成非法吸收公众存款罪；在工作中严重不负责任，不认真履行职责，造成国家经济遭受重大损失，情节特别严重，其行为分别构成玩忽职守罪、国有公司人员失职罪，根据《中华人民共和国刑法》第十二条从旧兼从轻原则，应适用 1979 年《中华人民共和国刑法》第一百八十七条，以玩忽职守罪论处。法院认定，自 1993 年 5 月起，以被告人黄某任法定代表人兼总经理的广东国投，因没有资金承兑到期的债券，在未经中国人民银行批准的情况下，擅自在广东国际大厦一楼营业部以委托投资、项目入股等形式变相开办吸收存款业务，向社会公众吸收存款，吸存人民币定为一年期，利率比银行同期利率高40%；港币和美元的存期分设半年期、一年期和两年期3种，利率比银行同期利率高20%。从1995年7月至1997年5月，广东国投以“委托投资收益凭证”和“项目入股证”的形式，以存款人民币年利率8%至15.37%、港币年利率5.175%至6.6%、美元年利率6.075%至6.6%，公开向社会公众吸收存款，共吸收存款人民币逾7.6亿元、美元近1 500万元、港币近2.3亿元。除支付存款单位及个人利息人民币2.6亿元、港币近2 700万元、美元166万元外，其余款项用于公司的经营运作。由于经营管理不善，造成大量资金不能回笼。至该公司宣告破产时，无法归还存款人员的款项为人民币3.5亿元、港币3 800万元、美元193万元。法院认为，被告人黄某身为广东国投的法定代表人、总经理，为了单位利益，以单位名义，违反国家金融管理法规，同意广东国投向社会非法吸收公众存款，严重扰乱国家金融管理秩序，数额巨大，情节严重，被告人黄某作为公司的法定代表人、总经理，是广东国投该行为的最后决策者，应作为单位犯罪的直接负责的主管人员承担刑事责任。法院同时查明，被告人黄某在履行职务期间，在工作中不认真履行职责，致使国家利益遭受特别重大损失，其行为已构成国有公司人员失职罪。在公诉机关指控被告人黄某的7宗玩忽职守犯罪事实中，被告人黄某的大部分犯罪行为及结果均跨越1979年、1997年的新旧《中华人民共和国刑法》，由于1999年12月25日的《中华人民共和国刑法修正案》对1997年《中华人民共和国刑法》第一百六十八条作了修改，因此鉴于被告人黄某失职行为的结果大部分发生在1997年《中华人民共和国刑法》施行期间，故对被告人黄某追究刑事责任应适用1997年《中华人民共和国刑法》，由于1999年12月25日的《中华人民共和国刑法修正案》已施行，故对于被告人黄某玩忽职守的行为应适用《中华人民共和国刑法修正案》的规定以国有公司人员失职罪处罚。2004年6月，广州市中级人民法院对非法吸收公众存款的广东国际信托投资公司总经理黄某进行一审宣判，以非法吸收公众存款罪判处其有期徒刑9年；以国有公司人员失职罪判处其有期徒刑6年，数罪并罚，决定执行有期徒刑14年。

二、监管分析

（一）案件原因

曾经风光无限的广东国投，以破产收场，其原因是多方面的。

1. 过渡性“窗口公司债”的滥用

“窗口公司债”并不是主权债，但也不是真正的公司债，只是介于政府与公司之间的转型期的过渡性信用的债券，所以称之为“窗口公司债”。它不具有主权债务的性质，却因有政府的支持而享有极高的信用，但其发债成本高于主权债。中国“窗口”融资的探索始于20世纪80年代初期，当时还是广东信托投资公司的广东国投开始了发行“窗口公司债”的探索。

广东国投成为国营金融企业，并成为国家指定的允许对外借贷和发债的地方级“窗口公司”。1989年1月12日，国务院颁发第6号文件，《关于加强借用国际商业贷款的通知》，其中第6条规定要收紧借用外债的窗口，除国家已确定的中国银行、交通银行、中国国际信托公司、中国投资银行、广东国投、福建投资企业公司、海南国际信托投资公司、上海市投资信托公司、天津国际信托投资公司、大连国际信托投资公司10个窗口外，今后不再批准借用外债的窗口。在改革开放之初，连中国工商银行、中国农业银行和中国建设银行都没有获得“窗口公司”的资格，而作为一家地方非银行金融机构的广东国投却拥有了这一资格。有了这柄“尚方宝剑”，广东国投在国际资本市场上“如鱼得水，频试身手”，过度举债（见表7－1）。

表 7-1　广东国投（广东信托投资公司）部分境外筹资状况表

单位：百万元

时间	币种	金额	形式	债券发行地
1983 年 12 月	美元	136	银团贷款	
1984 年	美元	207	银团贷款	
1986 年 9 月	日元	20 000	武士债	日本
1987 年 8 月	美元	50	亚洲美元债	中国香港
1988 年 5 月	日元	20 000	欧洲美元债	伦敦
1989 年	美元	70	银团贷款	
1992 年 7 月	日元	15 000	武士债	日本
1993 年	美元	150	欧洲美元债	伦敦
1994 年 5 月	美元	150	扬基债	美国

一国政府在借用外债时，都会考虑本国的债务率、偿债率、中长期外债比率，且在自身实力（外汇储备）的有效保证下进行，合理安排借债期限，以错开还债压力，避免形成某一时期的还债高峰，多借中长期外债，少借甚至不借短期外债。广东国投对此却无任何前瞻性措施，信用膨胀，不加节制地举债，不计后果地借款。在泡沫经济与资金饥渴症的交替刺激下，广东国投内部盲目投资、冲动投资，“关系贷款”比比皆是。没有真正好的项目，投资如何见效？拿什么来支撑外债的还本付息？借的钱总是要还的，并不因投资没有回报而减免债务。因此，借钱能力与用钱能力严重畸形，埋下了广东国投倒闭的祸根。

2. 特殊畸形“窗口信用”的泛滥

国际资本市场对一家企业、公司的信誉相当看重，广东国投这样的“窗口公司”用了整整 10 年时间，才在国际上建立起自己的债信，这当然是“政府加企业”的一种特殊的畸形的“窗口债信”。可是广东国投并没有因为这种畸形信用中存在的不合理因素，而去改变、建立自己真正意义上的独立的公司债信，只是一相情愿地相信，作为一个国家设定的对外金融窗口，广东国投身后是广东省政府，而广东的背后又有强大的中国政府，政府是不会不管广东国投的，只要把“蛋糕”做大，无须考虑公司的盈利能力、偿债能力，出了问题自有国家负责。20 世纪 90 年代中期，随着改革的深入，中国利用国外商业贷款的整体性战略开始调整。从1993年开始，我国每年都一次或多次发行主权债，虽然“窗口公司”模式继续存在，但已没有当年的特殊地位。1995年以后，国家更明确规定地方政府不再以财政收入为“窗口公司”进行担保，并决定对外债实行全口径管理，并对发债窗口实行“定期评审制”。

可是，许多人并没有注意到“窗口信用”的内涵已发生了实质性的变化，认为其还具有政府色彩，离不开政府概念。所以，靠所谓“政府概念”建立起来的信用，就越来越多地包含了虚假的成分。但是，境外投资者对广东国投这样的“窗口公司”，仍以“准主权”信用看待，对其所发债券以“准主权债券”对待。此时的广东国投正站在自身发展的交叉路口，如果种种制度落实到位，通过一系列重组，转型为产权明晰、结构合理的独立现代公司，成为具有竞争力和较强盈利能力的企业，也可使借天时地利之便建立起来的高级别“窗口信用”获得自身可靠实力支撑，转变为真正意义上的独立公司债信。然而，广东国投并没有抓住机会，反而创造出种种“变通”的办法来，在发债备忘录中作出种种暗示，强调“政府提供支持”，等等，可这些暗示既没有可靠的财务基础，也缺乏法律根据。

广东国投的倒闭捅破了“窗口公司”那层薄薄的窗户纸，使国际资本市场终于认识到：中国政府将不会背负它不应该背负的包袱。多年来借用政府信用建立起来的“窗口信用”顷刻间降为零。

3. 内控机制不健全，盲目投资

广东国投在管理上极度混乱，境内外乱设分支机构，造成风险失控。广东国投自身都不清楚究竟下辖多少子公司、孙公司，分布在何处，法人代表为何人。年报上有案可查的分公司36家，二级公司自查为105家，而经过3个月的清算，子孙公司竟达240家。财务报表不能真实反映公司资产负债的数量、质量和业务状况。申请破产时，公司管理层根据自己账面掌握的数字，称广东国投的资产负债率为95%，净资产为17.6亿元人民币，还没有达到资不抵债的地步。但经清算，并经毕马威会计师事务所核查，严重资不抵债147亿元，资产负债率高达168%。

1995 年至 1998 年，广东国投计划财务部的总会计师及副总经理在未经董事会授权的情况下，擅自以计财部的名义，先后 10 次向在香港的一家子公司出具承诺函。当这家子公司在香港进入破产程序后，香港清盘人据此要求广东国投对其香港子公司若干经营损失赔偿人民币 26 亿元。广东国投经营管理混乱程度可见一斑。

由于缺乏有效监督，广东国投存在着严重的“账实不符”问题。例如，破产清算当日，广东国投账上记录应付其在香港的另一间子公司人民币 14 亿元，但经长时间艰苦对账后，清算组与香港清盘人初步认为，反而是广东国投应从其香港子公司收回人民币 5 亿元，来回差异竟高达人民币 19 亿元，差异主要是广东国投长期漏挂内部借款所致。

境外融资便利，致使广东国投过度举债，粗放经营。整个集团公司的资产急剧膨胀，而状况却极为复杂，共投资参与了 3 000 多个项目，涉及金融、证券、贸易、酒店、旅游、投资顾问、交通、能源、通讯、原材料、化工、纺织、电子、医疗、高科技等几十个领域，特别在房地产开发领域倾注巨资，成为广东省最大的“地主”。由于我国实行宏观调控，房地产价格大幅度回落，广东国投大量资金沉淀，最终导致周转不灵。此外广东国投利用违规手段，大规模借钱发债，毕马威会计师事务所在清算中发现，在广东国投所欠 19.3 亿美元外债中，半数为违规借贷。广东国投非法吸取的存款或集资款超过 2 万笔，部分存款及集资款的利息竟高达年利率 16%！同时，广东国投在向外贷款时，却很少对债务人情况进行全面审查。在泡沫经济与资金饥渴症的交替刺激下，冲动贷款、关系贷款比比皆是，如 1995 年，广东国投深圳公司总经理李某在没有依法办理抵押登记的情况下，6 次违法批给深圳新胜都公司贷款共计人民币 1 800 万元，致使巨额贷款本息无法追回。根据账面显示，广东国投共有对外贷款 341 笔，其中 143 笔得到承诺提供抵押品，但直到行政关闭后一年，只有 1 笔贷款抵押品办妥了抵押手续。发放的 100 多亿元贷款余额绝大部分都没有按时收回。据广东省政府发言人对外介绍，广东国投查明收不回的投资、贷款及利息损失高达 96 亿元人民币。

广东国投的多元化经营，与其自身管理能力不相适应。广东国投并不具有经营一个国际型大集团公司的复杂投资组合能力，低劣的资产状况本应令人担忧，可广东国投高层却循“权力经济”之途而不为公司业绩操心。国际上的很多商业性金融机构经营较为稳健，理应对贷款、放债之事严以求之，但有一些外资银行和机构给广东国投贷款，却没有按国际惯例行事，把风险都抵押在地方政府和部门违规甚至是违法开出的担保、承诺和“安慰函”上。

经营理念和经营机制欠佳，不加控制地盲目扩大规模，又没有按照金融机构的“三性”原则规范操作，再加上监管不力和腐败因素，造成不少投资决策的失误。而外国投资者和银行还把“窗口信用”视为主权信用，放松了对广东国投本身财务状况的严格审查，大量资金流进来，产生不了效益，没有回报，直至沉淀，成为坏账、死账。

4. 高管贪污腐化，中饱私囊

广东国投法定代表人、总经理，曾上了世界最著名的财经杂志《商业周刊》的封面而风光一时的黄某，以“乱吸收、乱投资”的行为导致巨额的国有资产损失。

第一，充当银行，高息吸收公众存款 12 亿元。1993 年 5 月起，黄某在担任广东国投法定代表人、总经理期间，因没有资金承兑到期的债券，在未经中国人民银行批准的情况下，擅自在广东国际大厦一楼营业部以委托投资、项目入股等形式变相开办吸收存款业务，向社会公众开展高息（高于正常利息 20% ~40%）吸收公众存款业务。其间，广东国投信托金融部和其下属曾多次提出纠正违规吸存的建议，但大权在握的黄某并未采纳。法院最后查实：在 1995 年 7 月到 1997 年 5 月近两年的时间里，广东国投共非法吸收存款人民币 7.62 亿元以上，港币 2.25 亿元以上，美元 1 498.7 万多元，共计约人民币 12 亿元，除支付存款单位及个人利息人民币 2.55 亿元、港币 2 668.79401 万元、美元 166.278752 万元外，其余款项用于公司的经营运作中。由于经营管理不善，大量资金不能回笼。至该公司宣告破产时，无法归还存款人的款项为人民币 3.5 亿多元、港币 3 838.4540 万元、美元 193.4492 万元。

第二，盲目投资，香港违规买楼损失数亿元。黄某在担任广东国投总经理期间，由于严重不负责任，不认真履行职责，致使公司在其指使下进行了多项错误的投资，造成国有资产损失近 9 亿元的严重后果。1992 年 12 月，黄某在没有进行任何可行性研究的情况下，私自决定以广东国投名义出资 1 200 万元投资河北省白洋淀温泉城，后因白洋淀公司经营不善，广东国投损失 1 080 万元。1993 年 8 月，黄某又盲目为梅州市丽丝织造印染有限公司向香港某公司租赁设备提供巨额担保，共垫付租金本息合计 2 429. 0022573 万美元（折合人民币 2. 01059 亿元）。后该公司破产，再次造成广东国投 1. 8 亿多元的巨额损失。1994 年 3 月，黄某在未经可行性调查的情况下，听从广东国投（香港）有限公司在香港买卖楼宇的建议，违反国家关于境外投资的规定，未经有关部门审批，擅自决定以购买楼花的形式，在香港购入总价约为 5. 2 亿港元的写字楼粤信大厦。随后因香港楼价下跌，广东国投损失港币 4. 9 亿元。此后，黄某又多次盲目进行巨额投资和为他人做担保，导致数亿元人民币的国有资产接连打了“水漂”。

5. 金融监管与风险预警机制的缺乏

我国信托业的监管工作一直由中国人民银行负责，中国人民银行在信托机构的设立、业务检查监督、高层领导人的任职资格审查及问题严重的信托机构的调查处理等方面做了大量的工作。但总体而言，当时对信托业的监管还显不力：长期以来，对信托业的监管工作更多停留在机构批设、资本的真实性、业务范围的合规性等事后监督上，对于保护债权人利益、防范信托业风险的事前监督尚显不足；缺乏资信评级机构、会计师事务所等中介机构参与的社会监督体系。广东国投在 20 世纪 90 年代初期如日中天之时，从现代金融监管的角度看就已经潜伏着巨大的风险危机，但由于缺乏有效的风险预警机制，广东国投在这条危机的道路上一意孤行，导致了它最终的倒闭。

6. 内地和香港经济增长放缓

这是广东国投破产的导火索。一方面，广东国投主要从事筹借外汇、贷放人民币业务，却没有相应的对冲风险管理机制，金融危机以来，举借新债难度加大导致财务危机；另一方面，广东国投曾积极活跃于香港楼市和股市，随着香港楼市、股市的急跌，红筹股价更是下降了 80%，因此损失巨大。

在如此内忧外患的压力下，广东国投的破产并不偶然。

（二）监管思考

1. 广东国投倒闭产生的负面影响

广东国投的倒闭给国内企业，尤其是信托业带来了巨大的负面影响。

（1）广东国投破产直接影响粤在港窗口公司的形象。在香港上市的红筹股公司大多有地方政府作支撑的背景，因其良好的形象而一直被香港股市看好。规模仅次于粤海集团的广东国投是广东省第二大省属企业，也是仅次于中国国际信托公司的国内第二大对外融资窗口。广东国投事件曝光后次日，财务股价逆市下挫 12.8%。粤海企业集团也遭殃及，其控股的粤海投资和广南集团的股价分别下跌 5.8% 和 4.6%。广东省、广州市其他在香港上市公司的股价也出现不同程度的暴跌。

广东曾是 20 世纪 80 年代我国改革开放的“试验田”，又与香港有着唇齿相依的独特联系，因此广东国投破产免不了会给香港带来一定的心理和实质性影响。从香港金融界的反映看，其影响超过此前对中创投资公司、海南发展银行、中农信托和中银信托公司的清盘理债。

（2）广东国投破产拖累我国信托业信用评级下降。广东国投宣布关闭后，国际著名评级机构穆迪投资服务公司和标准普尔公司分别将广东国投资信评级列为“检讨中”和“无意义”，此外穆迪宣布可能调低粤海企业的高级无抵押长期外币债务评级；标准普尔还将广东国投三批合计 4.5 亿美元未到期的债券评级降至 BBB 级，并列入负面观察之列。

1995 年中央宣布中止对省级信托公司的无条件支持后，标准普尔曾将广东国投的信用评级降为 BBB 级。随着亚洲金融危机恶化和中央对信托公司的进一步改革，1998 年 5 月广东国投的评级展望又被降为负面。此次处理广东国投问题除降低了广东同类机构的信用外，还累及国内同行，沪、闽、深、津等地国投公司和银行的评级都不同程度地降低。

（3）广东国投破产使各地政府对外融资困难加大。隶属地方政府的信托投资公司原是地方政府直接的对外融资窗口，20世纪90年代中期以来为在香港上市的窗口公司所取代，而这些上市公司不少仍由信托投资公司控股。信托投资公司由于有银行及地方政府支持，信誉颇佳，尤其获地方政府担保的公司，借外债更是轻而易举。据香港金管局统计，香港对国内各地国投公司的借贷共达550亿港元，约占香港贷款总额的1.6%。此番处理广东国投令外资金融机构对政府直属机构的还款能力产生怀疑，大大削弱了中资公司的融资能力。

2. 广东国投倒闭的教训与反思

广东国投的破产既是中国首宗非银行金融机构破产案，也是全国法院受理的首个涉及财产金额最大、境内外债权人最多的国有企业破产案，还是首宗涉外债务破产案。“窗口关闭”自然引起了境内外的巨大震惊。作为一家大规模且老资格的“窗口公司”，广东国投破产的原因是多方面的，教训深刻，影响深远，值得认真总结与反思。

（1）发展社会主义市场经济，必须坚持政企分开的原则。自20世纪80年代以来，广东省的许多企业，特别是乡镇企业，大多是由各级政府作为直接投资者，或由政府提供担保借贷、负债经营发展起来的，有的企业资产负债率高达80%。企业能够借到这么多钱，当然靠的是政企不分条件下的政府信用。所以，从投入到产出，从生产到经营，都存在着直接的政府行为。应当说，这种政府主导型的经济模式，在广东省经济发展过程中是功不可没的。但是，这种企业依赖政府帮助进入市场、政企不分的模式，实际上是一种既非计划又非市场的做法，始终不是真正意义上的市场经济。产权模糊、政企合一，不仅严重窒息了企业发展的活力，而且严重扭曲了政府作为社会管理者和仲裁者的角色定位。尤其是在市场发育日趋成熟的今天，它已成为阻碍建立真正完善的市场经济体制的一个主要因素。因此，必须加快政府机构改革的步伐，真正实现政企分开，让企业真正以独立法人的身份进入市场，建立真正的企业信用。

（2）加强金融监管，防范金融风险。我国的金融系统，必须建立起谁借钱谁还债的机制，建立起真正的市场规范。过去，各家借钱，尤其是外债，都要由政府甚至中央政府来还钱，责任不明确，权利和责任不对称，无法使企业和各级政府形成有效的金融监管。只有明确了责任机制，国家主权信用才会在分清责任的基础上得到加强。正因为广东国投的债务不能视为中国的国家主权债，所以中央政府没有像以往那样大包大揽，而是由债权人、债务人自己承担风险，债权人损失了资金，作为债务人的广东也损失了资金，并在一定程度上损失了信用。

中国政府加强金融监管，以市场规则为准绳，将使中国的投资环境更趋健康，使中国信托业真正走向市场，在金融服务业对外开放时处于有利地位。

讨论与思考

1. 信托业为什么具有“乞丐文化”特征？
2. 如何在信托业中营造诚信的经营环境？
3. 如何区分合法信托融资行为与非法吸收公众存款行为？
4. 信托业的春天是否已经来临？
5. 如何看待近年来房地产信托红火的景象？

第八章　金融业腐败典型案例

第一节　银河证券高管贪污案

一、案件介绍

杨某1958年10月生于辽宁沈阳。1998年6月至2003年8月，杨某利用担任中国长城信托投资公司北京证券交易营业部（先后更名为虎坊路营业部、望京西园营业部）总经理的职务便利，以为本单位运作资金为名，侵吞巨额资金。2005年12月，杨某因贪污6 800余万元被一审判处死刑，上诉后，该案被北京市高级人民法院以贪污金额认定不清为由发回重审。北京市第一中级人民法院又对该案进行了再审，杨某再度被判死刑。2009年4月21日北京市第一中级人民法院通过第四次审判，决定对杨某执行死刑、剥夺政治权利终身并处没收个人全部财产。2009年12月8日上午，北京市第一中级人民法院遵照最高人民法院院长下达的执行死刑的命令，将利用职务之便大肆贪污、挪用公款的杨某执行死刑。由于之前证券行业并无死刑先例，杨某也因之被称为“证券界死刑第一人”。

杨某出生于辽宁沈阳一个干部家庭，家境不错。1975年杨某高中毕业后，响应国家号召到铁岭插队。在恢复高考后，杨某于1978年4月考入沈阳农学院学习，本科毕业后又成为西北农学院农经系的研究生。1985年杨某回到沈阳农学院工作。1986年10月，杨某进入了中国农业银行总行工作，并且一干就是20年。20年间，杨某经历了研究所、研究室、农行信托等部门，几乎见证了农业银行的发展历程。杨某先后在不同的部门工作，积累了丰富的金融经验，也体验到了早期中国证券市场的不规范，而行业不规范的市场操作则对他以后的违法违规行为影响深远。20世纪90年代是中国证券市场迅速发展的时期，应形势发展的需要，1997年7月，他开始担任中国长城信托投资公司北京证券交易营业部总经理。2000年8月，长城信托与华融信托、东方信托、信达信托、人保信托5家公司所属的证券业务部门和证券营业部，合并组成国有独资的中国银河证券有限责任公司。杨某由此得到了新的任命，被安排担任该公司北京虎坊路证券营业部总经理。2001年，该营业部迁址到望京西园，杨某继续担任更名后的北京望京西园证券营业部总经理。在营业部任职期间，杨某出色地操作了几起证券业务，他突出的业务能力为公司同事称道。

2004年，杨某被调回银河证券总部，本应稳健前行的事业却突然在此时戛然而止。杨某的事业与人生，在此时突然出现了戏剧化的变化。2004年4月23日凌晨，在北京一处偏僻的房子里，杨某喝完一瓶白酒后，打碎酒瓶，割破了自己的左手腕。然而，老天未遂“人愿”，流出的血很快凝固。划下了十几道伤口仍不能结束自己的生命，杨某又打开了房间内的煤气阀门，但却突然引起了爆炸。这场爆炸引起了人们的注意，中国银河证券向警方报案，这也让杨某的贪腐大案大白于天下。

（一）涉案资金2.19亿元

这起证券业内前所未有的贪污案立刻引起了舆论的关注，然而，与外界沸沸扬扬的议论相反，被捕后的杨某显得出奇的“平静”。在接受检察机关的问询时，杨某很快坦白了指使他人取出公款供自己使用的事实。然而，具体金额多少，他却没有说清，因为“取款次数太多，自己都记不清了”。法庭审理过程中发现其作案手法异常简单：利用职务便利，指使员工使用营业部管理的身份证，开设了96个股票账户，共涉及资金2.19亿元。其来源为某市农村信用合作社委托理财资金1.12亿元，营业部账外自营收益4 200万元，银行转入资金6 005万元。

1998年6月至2003年8月期间，杨某通过电话或当面告知的方式，指使银河证券北京望京西园证券营业部总经理助理章某，从以上账户中为其提取现金。据杨某说，取款的次数很多，每次金额较少，“少的几万元，多的十几万元”。而章某取出钱后，“把钱装进信封，放到他办公桌上”。章某曾在2000年记过一本流水账，但被杨某发现后要求其当面销毁。之后章某取款完全没有账目记录，这也是被发回重审的原因，由于没有记录，准确的金额难以确定。为了确定涉案金额，重审时北京市人民检察院的检察官从营业部搬回264本账册，逐页查找章某的取款记录，并逐一核对笔迹，这一工作耗时将近10个月。但还是有些取款行为无法确认，导致各次审查金额都有所不同，杨某对金额也不争辩，“章某说多少就是多少”。杨某的贪污行为基本上只有他和章某两人知道。每次指使章某去取钱，杨某只是说“要用钱”，章某也曾问过这些钱的去向，但杨某只是回答“不用你管”。甚至他的妻子都不知晓杨某的所作所为。案发后检察机关曾去检查他妻子的经济状况，但发现其银行存款基本上全是工资收入。同时，也没有证据表明他的赃款流向国外。至此，6 000多万元赃款人间蒸发，至今是一个谜。

（二）挪用公款购买房产

除了涉嫌贪污，对杨某的指控中，还有一条挪用公款的指控。虎坊路营业部租用的场地在2000年到期，公司决定另租场地，不久，公司在望京新城找到了一处房产。但杨某的心里同样打起了算盘，他想将这处房产“买下来”。为此，他再次指使章某从公款中取出了300万元，杨某将这笔钱连同三张身份证交给了张某，但只是对他说：“这三个（身份证上的）朋友要办公司，请你担任法定代表人管理公司，按总投资额的1%给你一部分股份。”张某于是用这笔钱注册成立了佳杰堂公司，随后，杨某再次从公款中取出2 480万元注入佳杰堂公司，并用其中的2 078万元购买了营业部新的办公场所，即望京西园某处商品房。紧接着，营业部从佳杰堂公司将这处房产租下，并支付了三年 1 210 万元的房租。杨某又从公款中取出 1 300 万元，连同租金一起用于归还购房挪用的公款。就这样，杨某将数额巨大的公款“玩弄于股掌之间”。案发后，佳杰堂公司的账簿材料被全部销毁。销毁材料的望京营业部某副经理辩称，曾用佳杰堂公司的钱为营业部员工发过奖金，“怕牵扯到大家”。最终，还是有将近 1 300 万元公款没有追回。

（三）赃款去向不明

在经济案件中总会涉及各种资金款项，并且这些款项总会有来源与去向，但令人不解的是与一般案件不同，审理 4 年来，杨某始终守口如瓶，没有交代这笔巨额赃款的确切数字与去向，而检察机关也没有找到赃款的去向。在问询中，当被问到钱款去向时，杨某要么声称“记不清”，要么直接沉默以对。检察机关也没有在杨某家中及银行账户上发现巨额资产。但“杨某一直在喊冤”，一位参与侦查的检察官说：“他一直坚持自己不是贪污，而是操作失败。”即使杨某 2004 年离职之后，在与其继任者进行交接时，杨某仍再次指使章某取出 104 万元公款，其中 60 万元用于个人炒作期货，虽案发后归还，但剩下的 44 万元至今不知去向。杨某贪污的公款主要来自某市农村信用合作社的委托理财资金，但杨某与之签订的收益率较高，光靠买卖国债无法达到收益率的水平，其他运作也就不可避免。另一被告人章某也在法庭上供认：“1999 年的时候，杨总对我说，现在仅仅在营业部运作已经不行了，让我从那些账户里提现金交给他，他拿出去运作。”然而，这些现金多数有去无回。在无法收回公款后，杨某还指使员工修改电脑操作记录，以期瞒天过海。2000 年底，杨某指使交易部门某经理将本营业部 23 只股票、基金账户中的约 1 900 万元资金转出，以撤销指定的方式，分仓到其他几家证券营业部，运作一年后，再转回望京营业部。

然而，一年过后，这笔资金发生了 150 余万元的亏损，杨某于是指使该经理从此次转回资金中提现 376 万元。这笔钱同样石沉大海，到底是杨某用来运作以图挽回损失，还是另作他用，外人无从得知。除了投资失败，另一个关于资金去向的猜测，是被杨某用作了“特殊用途”。在第二次一审法庭上，杨某的辩护律师大胆猜测，赃款中的相当部分是被杨某用来行贿。这一点，所有人都认同，杨某自然心知肚明。但是，究竟是些什么人，让他死心塌地地保护，也是一个谜。4 年了，从侦查人员到律师，都希望他能够坦白，争取立功。但无论是看守所里的讯问还是在法庭上，只要说起钱去哪了，他都立即沉默。只有在2009 年3 月25 日庭审中杨某首度承认部分赃款“作为费用给了相关部门和个人”，但当检察官询问这些赃款具体给了哪些部门和个人时，杨某又故伎重演不再往下说了。杨某为自己的顽固作辩解：“我不想给社会带来不必要的麻烦，请相信我的出发点是善意的。”对于这种态度，公诉人认为他不思悔改，主观恶性很深，应该受到严惩。

（四）法院的判决

法院查明，1998 年6 月至2003 年8 月间，杨某以为本单位运作资金为名，多次指使财务人员违规从该营业部的资金账户内提取现金共计6 536 万余元，并予以侵吞。2002 年1 月至4 月间，杨某多次指使本单位工作人员，将本单位在其他证券营业部经营的股票、基金变现，共计侵吞376 万元。案发后，杨某拒不交代该款去向，致使上述国有财产遭受损失。2000 年8 月至12 月间，杨某以虎坊路营业部变更经营场所需另租场地为由，将营业部的资金2 480 万元转至其个人控制的北京佳杰堂物业管理咨询有限责任公司，用于该公司购买北京一商业用房，并出租给营业部使用。此后，杨某将营业部一次性支付的三年房租款中的1 210 万元，以及再次从营业部转出的公款1 300 万元，共计2 510 万元归还给营业部。至此，杨某挪用公款2 480 万元。案发前，尚有1 270 万元未归还。此外，2003 年11 月，杨某被免去北京望京西园证券营业部总经理职务，调往公司总部工作。他利用工作尚未交接完毕、仍负责部分资金运作的职务便利，以需要运作资金为名，于同年11 月至2004 年3 月，多次指令他人为其从营业部控制的资金账户内提出公款共计60 万元，用于他个人期货经营。案发前该款已退还。根据上述法院认定的犯罪事实，杨某贪污公款共计6 912万余元，挪用公款共计2 540万元。2005年12月，北京市第一中级人民法院一审判决，以贪污罪、挪用公款罪，数罪并罚判处杨某死刑。此案经过北京市第一中级人民法院和北京市高级人民法院两次审理，虽然杨某一直拒不交代其贪污、挪用公款的下落，但他终究难逃法律的严惩。2009年4月21日，北京市高级人民法院经过审理终审判处杨某死刑，并上报最高人民法院对杨某进行死刑复核。同时认定章某有自首情节，由有期徒刑6年减刑为5年。2009年12月8日上午，北京市第一中级人民法院遵照最高人民法院院长下达的执行死刑的命令，将杨某押赴刑场执行死刑。

二、监管分析

沸沸扬扬的死刑案终于落下帷幕了，但在金融业日益繁荣，金融违法乱象不断的今天，我们需要从金融公司、行政监管机构、司法机构三个层面对案件进行思考分析。

（一）建立财务人员垂直管理的内部控制

从表面上看，内控制度属于企业内部行为，但企业有着自己的经营目标，在缺少外部监督时，很容易出现内控缺位或虚设的情况。杨某案就是一个很好的例子。杨某在金融机构工作了20余年，亲身见证了中国证券市场的发展，也深刻体察到了其中的不规范和现存的漏洞。如果银河证券能有一个很好的内控制度，领导者决策时能够受到制约，那么杨某的种种违法动机就不可能转为现实。杨某作为分公司的领导，既未受到上级的制约，也未受同级的制衡，事实上身处于一个监管缺位的领导职位，当其个人的贪欲超越了道德底线时，违法犯罪就在所难免了。从这个案例中不难看出内部控制的重要性。在内部控制制度中，财务的垂直管理制度是重点。完善的财务人员垂直管理体制，可以从制度上防范恶性案件的发生。对于有较多分支机构或下属子公司的企业而言，总公司的目标和利益往往会与其分支机构或下属子公司的利益产生冲突。子公司的管理者往往会从局部利益出发，实现利益最大化。这其中的关节点在于财务人员的配合，如果总公司能通过垂直财务管理制度对子公司的财务人员进行把控，则在监管时能起到事半功倍的作用。在完善的财务垂直管理体制下，委派的财务人员制止不了所在单位负责人违法行为时，可以向上级汇报，通过上下组织监管机制来实现有效约束。

（二）行政监管应构建风险预警体系

监管层应当建立证券业的金融风险预警机制，防患于未然。在目前情况下，列入该系统评量之内的金融机构均为吸收存款的金融机构，并未包括证券公司。这使得证监会对于该类公司的监管存在一定的滞后，往往等到事件发生后才进行补救。为此，可以借鉴银行的监管系统通过风险预警制度来实行事前监查。风险预警系统中，检查是重要的方式之一，具体而言可以分为检查资料评等与申报资料排序两项，检查资料评等主要依检查报告资料进行评量，而申报资料排序系统则系依金融机构定期自行申报的资料进行评量。为了确保监管数据的真实可靠，应建立强制性信息披露制度和真实性责任追究制度。监管部门可以要求公司主要签字负责人对有关报告、报表以及其他信息的真实性负责，发现虚假行为，要追究签字负责人责任。除了对常规业务的预防式检查外，监管层还应当建立金融业务创新的监控系统，实现对金融新产品风险的动态分析和综合评估，以便早预警早防控。除此之外，在具体施行时，要加快各金融机构内部控制监管信息网络化、监管当局与金融机构互动的网络信息平台的建设，实现系统内部业务发展与监管信息同步反馈，创造条件实现监管部门和监管对象业务系统之间的信息联网，从而使得金融机构的原始信息能够更真实有效地反映到监管部门，增强信息的透明度和准确性，以便监管层能动态观察与分析监管对象经营活动的合规性和风险情况。

（三）司法处罚时乱世用重典

在金融市场规范尚不健全时，司法机关应当通过对金融犯罪分子的严惩以儆效尤。杨某被处以死刑在金融犯罪案件审判中起到了先例的作用。之前金融类案件从未有过死刑判例出现，杨某的死刑案首开先河，将对金融界的监管产生深远的影响。案件审理结果表明了监管层的态度：对于金融界的违法犯罪行为绝不姑息。随着资本市场的快速发展，金融衍生品将会越来越多，如果没有严刑峻法，金融界的违法乱象也会愈演愈烈。尽管杨某并未交代出赃款的去向，但对其的审判并未受此影响。这也给后来的案例树立了一个标杆：即便嫌疑人严防死守、拒绝配合，法律也一样能公正判决。

第二节　光大集团高管腐败案

一、案件介绍

朱某1954年生，原籍浙江，1976年加入中国共产党，1983年毕业于上海财经学院夜大，金融专业。历任黑龙江查哈阳农场八分场团委副书记，中国人民银行上海市分行金融研究所副所长、外汇管理处副处长、行长助理兼外汇管理处处长，中国人民银行上海市分行副行长，新华社香港分社经济部副部长，副研究员。1993年7月至1996年11月任中国人民银行副行长。1994年1月至1995年9月兼任国家外汇管理局局长。1996年10月至1999年7月任中国光大集团第三任董事长。之后近三年时间，朱某消失在公众视野中。2002年，北京市第一中级人民法院以受贿罪判处朱某有期徒刑15年，并处没收个人全部财产。

1996年7月，朱某调往中国光大集团任董事长兼总经理。在短短的一年多时间中，朱某在光大展开了一系列的并购活动，这使得光大集团扩张势头十分迅猛。时值香港回归前后，炒家借势发力，光大系股票扶摇直上，成为红筹股中最热门的炒作对象。一时间，朱某变成红筹公司当之无愧的形象代言人。有香港媒体更直接将此归纳为“朱某热”。正所谓“成也光大，败也光大”，当朱某在光大如日中天之时，1999 年 7 月初，中纪委、监察部收到了一封举报信。举报信称中国光大集团董事长朱某在与港商富贾刘某的经济交往过程中，存在玩忽职守、贪污受贿等经济犯罪问题。几乎同时，一位中央领导也收到了一封同样的举报信。中央领导于当年 7 月批示要求中纪委彻底调查此案，依法处理。专案组人员经初步调查，发现朱某确实存在重大经济犯罪嫌疑。朱某随即被“双规”。他与妻子任某收取巨额贿赂的事实终于浮出水面。

（一）笑纳港商贿金，违规发放巨额贷款

尽管事起于光大，但朱某的不法行为在其担任国家外汇管理局局长时就已有端倪了。1994 年 6 月，时任中国银行副行长的周某认识了港商刘某。刘某向周某提出，为其在香港设立的公司提供贷款。周某承诺愿意为刘某撮合贷款事宜。几天后，周某便将这位港商介绍给了时任国家外汇管理局局长的朱某。周某希望朱某对刘某的项目予以支持。不久，刘某打算在香港投资购买君怡酒店和增加流动资金，遂请求朱某帮助解决域外外汇贷款。朱某表示，根据规定，国家外汇管理局的专项外汇不能直接贷给港商用户。朱某建议刘某找一家中资银行进行运作，由外汇局把外汇存入该中资银行后再转贷给刘某。刘某便按图索骥，在香港找到了嘉华银行的董事长金某，金某表示只要外汇局的钱转过来就贷给刘某专用。朱某让刘某转告嘉华银行直接与外汇局联系，此时嘉华银行成为刘某从外汇局贷款的渠道。至此，这些悄无声息的私下交易，便演变成表面似乎合理合法的正常业务往来。1994 年 12 月 17 日香港嘉华银行致外汇局资金申请函，请求外汇局存入 2 亿美元资金“用于所指定的公司”。朱某决定向嘉华银行特批拆放 2 亿美元，嘉华银行遂将此款贷给刘某的启逸公司、康成公司用于购买君怡酒店以及进行其他经营活动。具体违规关系如图 8－1 所示。

不料香港法律对金融监管制度非常严厉，香港金管局很快发现嘉华银行对两家公司进行的无抵押 2 亿美元贷款存在问题：嘉华银行此笔贷款超过了该行资本金 25% 的限额比例且没有进行抵押。1995 年 6 月，香

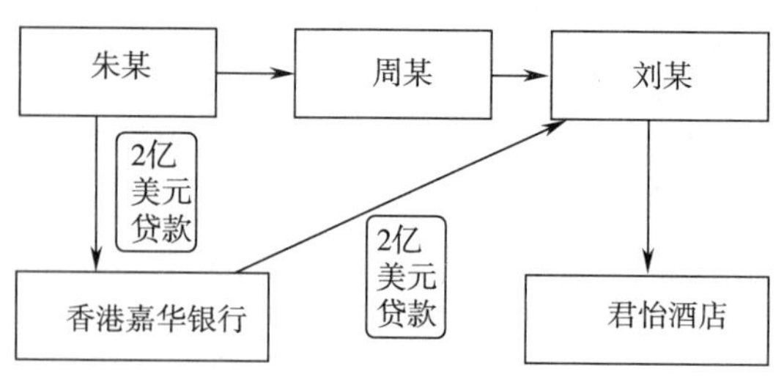

图 8-1　朱某案示意图

港金管局调查该事件并表示要诉诸法律。在这种情况下，嘉华银行董事长金某和刘某请朱某帮忙，要求中国银行出面担保。经朱某协调，中国银行香港分行对这笔贷款提供了备用信用证的担保。与此同时，朱某同意外汇局向中国银行出具反担保。后来，这笔贷款到期后，刘某不能按时还款，为此中国银行香港分行被迫代刘某向嘉华银行清偿，并于 1996 年 6 月将该笔款项转为中国银行向刘某的贷款，以君怡酒店为抵押，期限至 2005 年。这期间，此事引起了中央有关领导的关注。朱某在向领导进行汇报的过程中，隐瞒了将 2 亿美元存放在嘉华银行就是为了贷给刘某的事实，而谎称是属于外汇局外汇的正常经营和管理。担任光大集团董事长后，朱某与刘某的交往更加密切起来。1997 年 1 月至 1999 年 5 月，朱某在未经公司董事会和执行董事讨论批准，也没有进行抵押的情况下，违反规定擅自决定给港商刘某及其家族公司（新立基财务公司、新立基有限公司、新立基物业发展公司等）先后贷款六次，共计 7.7 亿港元、4 000 万美元，总计折合 10 亿港元之巨。截至 2001 年 9 月底，刘某累计欠款 9.2 亿港元。2000 年 1 月 24 日，刘某被北京市公安局以涉嫌诈骗罪立案侦查并依法逮捕。刘某案发后，经查朱某在数次违规借款给港商刘某的同时，大量收受刘某奉送的巨额贿金。刘某出资数次邀请朱某赴港、澳及东南亚免费旅游。1997—1998 年，朱某赴美访问期间，刘某出资并陪同朱某两次赴美国赌城拉斯维加斯游玩。当时朱某身为高级干部，却置外事纪律于不顾，大肆豪赌。其先后赴赌城两次，用刘某提供的筹码进行赌博，并赢得大量美元。豪赌完毕，朱某除将所赢回的大量赌资欣然收入囊中外，还两次收受刘某奉送贿赂计5万美元之多。

（二）收取股票36万股，违规参股经营

1996年11月，杨某为了提高其所有的华利资源公司的地位和名声，想利用光大集团这块金字招牌。杨某通过双方都较熟悉的朋友苏某，表明华利公司欲聘请朱某担任公司顾问的意向。朱某欣然受聘。杨某便将公司顾问费10万港元以及该公司的10万股原始股票送给朱某。当时原始股票价值已由每股0.8港元升至1.2港元。根据相关规定，朱某私收顾问费的行为，违反了驻港工作人员关于兼职收入必须上交的规定。1997年5月间，为筹集资金，提高公司实力，杨某给朱某写信，要求光大集团对华利资源股票进行全面收购或者参股。经朱某批准，光大金融控股公司出资购买了华利公司4 000万股股票。当年6月，杨某为感谢朱某，送给他46万股上市股票。朱某收下后交给了妻子任某。后来，任某向杨某提出把股票按当日每股4港元的价格给付现金。杨某叫妻子胡某即付给任某现金108万港元。

（三）收受300万港元，擅自提供担保

1997年初，深圳新世纪集团公司董事长港商丘某专程找到朱某，请求光大公司出资购买其公司开发的深圳侨光广场（后更名为新世纪广场）。为此，朱某出于将光大公司南方总部集中设在深圳的考虑，便指示光大公司所属裕策公司与新世纪国际（控股）有限公司签订1亿港元的借款合同，新世纪国际（控股）有限公司以侨光广场60%作为抵押。其后，光大公司付款1.8亿港元购买2万平方米写字楼，解决了丘某资金紧张的燃眉之急。1997年7月，朱某再次批准光大金融控股有限公司为丘某从深圳发展银行贷款1 200万美元提供担保。如图8－2所示。

1998年初，丘某以给朱某在美国某大学上学的女儿提供读书费用为由，将400万港元现金送到朱某家中。朱某妻子任某将款收下，并告诉了朱某。朱某得知此事后，曾让任某把款退给丘某，但此后未再追问是否退还，并在与丘某的多次接触中从未向丘某问及送钱及退还之事。

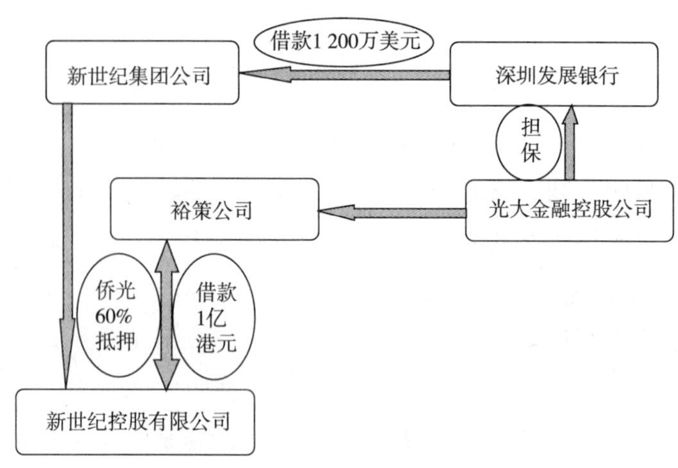

图 8－2　擅自提供担保示意图

（四）案件水落石出，曾经高管锒铛入狱

随着朱某案调查组调查工作紧锣密鼓地进行，朱某收受贿赂的犯罪事实渐趋明朗。调查的证据表明，朱某所收受的港商杨某 108 万港元和港商丘某 400 万港元都给了妻子任某保管。1999 年 7 月朱某刚刚被中纪委、监察部采取“双规”措施后，早有防备的任某闻风而动，于 1999 年 8 月携带赃款逃往美国。任某自知难辞其责，于 2000 年 11 月在美国自杀身亡。而朱某案件的审理也于 2002 年落下了帷幕。2002 年北京市第一中级人民法院经审理查明，1997 年至 1999 年期间，朱某利用担任中国光大集团董事长、中国光大金融控股有限公司董事长的职务便利，接受他人请求，决定中国光大金融控股有限公司出资购买华利资源控股有限公司股票，批准中国光大金融控股有限公司通过中国银行香港分行为该公司代理开办信用证；同时决定中国光大集团投资购买新世纪国际（控股）有限公司、新世纪建设发展（深圳）有限公司开发的新世纪广场房产，批准中国光大金融控股有限公司为新世纪国际（控股）有限公司提供贷款担保，其间，收受他人股票及现金折合人民币共计 405.9 万余元。北京市第一中级人民法院认为，朱某身为国家工作人员，利用职务上的便

利，为他人谋取利益，非法收受他人财物，其行为已构成受贿罪。受贿数额特别巨大，情节特别严重，应依法惩处。鉴于朱某有如实供述司法机关尚未掌握的本人受贿罪行的自首情节，依法对其减轻处罚，故以受贿罪判处朱某有期徒刑15年，并处没收个人全部财产。之后朱某提出上诉，北京市高级人民法院于2002年驳回其上诉请求，维持了原判。

二、监管思考

（一）高管腐败案频发的缘由

朱某被提起公诉的消息，引起业界的震动，“为何高管腐败案频发”、“如何有效约束金融界的高管”成为人们关注的话题。朱某从曾经的贫寒人家到手握重权的高管经过了漫长历程，其中个人努力不言而喻。是什么原因让朱某成为腐败分子，让其所有的努力付诸东流呢？我们认为个人道德的滑落与外部监管的缺失是主要原因。

第一，从道德层面来看，朱某的所作所为违反了基本的“守信”原则。首先，作为国家的公职人员，朱某本应本着“守信”原则为人民谋福利，但他却滥用公权牺牲了大众的利益，为他人牟取了不正当的利益，同时为自己的小家捞取了好处。其次，在担任光大集团董事长后，朱某也没有对股东负责，在巨额不动产购置时，不是从企业成本最小化出发，而是独断专行，购买了人情公司的房地产，之后又为该公司作了担保，当然其个人也获得了巨大经济利益。古人云：君子爱财，取之有道；受人之托，忠人之事。朱某先后接受了大众、股东的委托，就应当尽全力为所托之人谋利。但朱某并没有这么做，而是为自己谋求了私利，可以说这违背了最起码的契约精神。

第二，从企业内控的角度来看，光大集团内控制度薄弱也是腐败的重要原因。事实上不仅光大集团，中国大部分大型的金融机构内控制度都存在不健全的问题。多年的政企业不分使得这些企业多少染有政府的色彩。从这个意义上讲，与其说这些机构是商业机构，不如说其是行政机构。它们的经营行为往往是出于政治考虑，而不是商业考虑，因而内控制度形同虚设也就不足为奇了。企业董事长拥有了绝对的权力，这种权力也就难免成为个人寻租的工具，国有金融企业的高管腐败案件频发也就不足为奇了。

第三，从外部监管的角度来看，下海的官员成为监管难点。朱某违法乱纪始于其任国家外汇管理局局长之时，他利用外汇管理上的漏洞为商人刘某违规贷款，事后打政策的擦边球，让事情不了了之。2 亿美元的外汇贷款，在 1994 年可以说是巨额，为何在香港的金融监管机构发现后才引起国内相关部门的注意？之后为何事件又大而化小了呢？分析原因，不得不说这和朱某是当时外汇管理局的一把手有关。正因为如此，当朱某任光大集团董事长时，其频频违法受贿的行为也未能及时受到惩戒。传统上中国是一个“官本位”、“关系”的国家。尽管经历了辛亥革命、新民主主义革命，但时至今日，“官本位”观念仍然存在，官员依旧自恃职位，感觉高人一等，而百姓也天然认同并崇拜这些群体。而文化中的“关系”在金融监管中也有所体现，曾经同是一堂共事，总有三分熟悉，情面依旧在。当体制内的官员下海后，这种人情面子不可避免地影响到监管的独立性，对这些群体的监管实践难以有效施行。

（二）高管腐败防治的制度建设

中国有句古语“千里之堤，溃于蚁穴”。金融界频发的高管腐败案已影响到金融市场的有序运行，如何防治腐败成为业界重要课题。诚然，腐败与个人修养有关，但我们认为仅靠个人道德的自我约束来防治腐败远远不够，更重要的是要通过有效的制度来防范。

第一，企业内要建立必要的长期激励机制。激励机制缺乏是国有金融机构高层腐败的重要原因之一。只有将高管的薪酬水平和管理业绩挂钩，实现个人风险与收益相匹配，才能降低高管们通过旁门左道获取灰色或黑色收入的动机。值得一提的是，为了避免高管们的短期行为，这种激励制度应当具有长期性。为此，可以通过借鉴国外的期权激励制度来实现。高管们在任时可以获得一定比例的股权，其收益随股价的增减而增减，最终出让股权变现的时间应当在其卸任后的若干年。当这种激励机制设置得足够巧妙时，高管们不仅在任时能考虑公司的收益，在选择新的接任者时也会以贤任人，保证公司长远发展。

第二，提高金融机构管理和内控水平。管理失控是金融机构高层巨额贪污、挪用银行资金的主要原因。改善内控制度可以通过以下几条途径：一是严格管理制度和程序；二是对关键操作岗位进行严密设计，防止操作权集中于个人，加快关键岗位的轮换速度；三是提升技术手段，通过实时的信息监控、风险分析系统及时预警；四是变高层管理者个人集权决策为集体决策，通过不记名表决的多数票制度决定金融机构的重大事项。

第三，加大对高层腐败行为的外在监管。金融高管具备智商高、能力强的特征。在此前提下的外在监督制约机制必须科学严密。这样的监督制约机制应由规范体系、运行体系、反馈体系、调控体系、保障体系五大体系构成，具有法定性、强制性与自动性三大特性。具体的措施包括以下几方面：首先，加强审计监督，建立和完善金融高管绩效审计和离任审计制度；其次，加强司法监管力度，一旦案件已触犯刑律，行政监管部门就应当将案件及时移送司法机关；再次，加强群众社会监督，建立有效的举报机制，允许风闻言事；最后，是新闻舆论监督，充分发挥媒体的作用，把握媒体的主动权，树立全社会对反腐败的信心。以上四种监督最终构成一个全方位、立体式的监督网络，有效制约金融高管们的经营行为，最终确保其不愿腐败、不敢腐败、不能腐败。

金融行业是一国经济中最活跃的行业，也是离金钱最近的行业。行业中充满了各种利益诱惑，当这些金融高管手握重金时，如果没有很好的个人自律精神与严格的外在监管制度，那么腐败将不可避免。朱某案例只是行业中高管腐败的一个缩影，如果不深入地反思案件，切实改进金融界的反腐制度，那么朱某案件的查处就不可能是腐败大案的终结，而这恰恰是希望金融行业健康发展的人士所不愿意看到的。

第三节　证监会发行腐败案

一、案件介绍

（一）案情回顾

北京西城区检察院反贪局于2004年11月对王某（证监会发审委工作处副处长）、林某（北京华章投资管理有限公司执行总裁）立案侦查，几天之后上述两人被逮捕。

在检方的起诉中，王某和林某涉嫌在一些企业谋求上市的关键时刻，出卖证监会股票发行审核委员会负责审核这些企业的委员名单。其中，王某涉嫌受贿，金额为140万元；林某涉嫌公司人员受贿，金额为31万元，两人总计受贿170余万元。

王某被带走，北京西城区检察院反贪局手中的材料起到了关键的作用，拉王某下水的一位神秘的关键人物林某渐渐进入人们的视野。

林某，福建省福州市平潭县人，1969年出生。在福州上完大学后，留在当地一家银行工作，1997年进入福建华兴信托投资公司投资银行二部（后并入华福证券）任职。1997年6月，他负责福建双菱上市。离开华兴信托后，林某转投湘财证券投行部，2000年7月参与了冀东水泥的配股项目。之后，林某进入东北证券，任东北证券上海投行总部福建办事处代表。在这个位置上，林某展示出了他的活动能力。很快，东北证券在福建迅速打开局面。

在发行审核中，王某负责协调联络工作，而长期从事投资银行业务的林某，由于工作关系，与发行部工作人员颇多接触，一来二往建立了较密切的关系，尤其与王某交往甚深。

王某与林某更密切的关系始于深圳。2002年10月，林某离开东北证券，旋即前往深圳。此时，王某也在深圳。2000 年底到 2001 年初，证监会为筹备深圳中小企业板，发行部副主任及王某等一行人借调到深圳证券交易所。王某 2003 年下半年才回到北京。巧合的是，此时林某从深圳到了北京，并在北京一家公司找了一份工作。

林某到北京后，就职于北京华章投资管理有限公司，公司主要业务为财务顾问、项目融资、企业购并、证券投资、资产证券化、MBO 及股权激励等。投资银行业务为核心，兼营资产管理、创业投资、金融研究，业务辐射全国及香港地区。该公司注册地在北京市密云县新中街 42 号，办公地点在亚运村汇宾大厦。该公司法人代表马某，河南郑州人。林某出事前还在这家公司拿项目，做投行业务。

王某在作为中国证监会发行部派驻深圳证券交易所筹办创业板的工作人员期间，利用职务便利，在审批甘肃亚盛集团向中国证监会有关部门申报可转债发行上市的业务中，于 2002 年间收受该审批项目代理人福州东方纵横企业管理顾问有限公司法人代表林某给予的好处费 18 万元。

王某主要是利用职务之便公关，掌握大量发审委委员的情况，每次确定哪些委员上会，都是他们安排。对于不负责任的人，就多安排上会；对于认真负责的人，安排上会的次数就少。为了将过会的过场演得逼真，他们会经常安排一些责任心不强的老好人委员上会，这些老好人最容易受“点炮人”言论的影响。

企业上市的程序大致是：企业在辅导期结束后，企业上市材料先交到发行部综合处，由其分配给审核部门，由两名预审员审核。在预审员达成共识后将材料分报各处，准备上发行部部务会议。之后写出预审报告。预审报告转至发审委工作处（王某所在部门），由其安排发行审核委员会会议，进行最终审核。在这个流程中，任何一个环节都有寻租空间（见图 8－3）。

王某是在初审过后“沟通”，安排会议的环节上做文章，“帮助”企业 IPO 过会的。然而天网恢恢，疏而不漏，2004 年 11 月，王某与其同谋林某一起被捕。

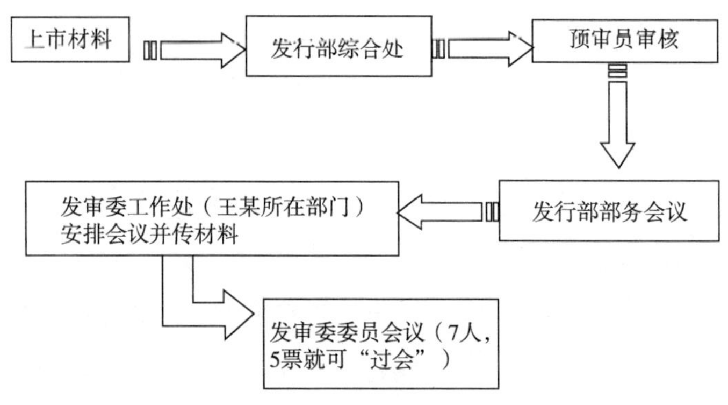

图 8－3　王某案示意图

（二）案件处理结果

2005 年 10 月 24 日，北京市人民检察院第一分院以京一分检刑诉［2005］52 号起诉书指控被告人王某犯受贿罪，被告人林某犯受贿罪、公司人员受贿罪，向北京市第一中级人民法院提起公诉。王某涉嫌受贿案于 2005 年 11 月 8 日在北京市第一中级人民法院开庭审理。北京市人民检察院第一分院起诉书指控：（一）2002 年 2 月至 9 月间，被告人王某、林某经共谋，利用王某担任中国证券监督管理委员会发审委助理调研员的便利，在接受福建凤竹纺织科技股份有限公司的请托，通过中国证券监督管理委员会发审委其他工作人员的职务行为，帮助该公司股票申请上市过程中，非法收受该公司贿赂款人民币 140 余万元，后被二人伙分。（二）2002 年三四月间，被告人林某利用担任东北证券有限责任公司驻福州办事处负责人的职务便利，在通过深圳交易所为甘肃亚盛实业（集团）股份有限公司申请发行可转换公司债券的过程中，向该公司索取贿赂款人民币 31.8 万元。北京市人民检察院第一分院认为被告人王某身为国家工作人员，无视国家法律，利用本人地位形成的便利条件，伙同被告人林某通过其他国家工作人员职务上的行为，为请托人谋取不正当利益，索取请托人财物，数额巨大，情节严重；被告人林某身为有限责任公司的工作人员，无视国家法律，利用职务上的便利，索取请托人财物，为请托人谋取利益，数额巨大。被告人王某、林某的行为触犯了刑法，王某的行为已构成受贿罪；林某的行为已构成受贿罪、公司人员受贿罪。

2005 年 12 月 9 日，北京市第一中级人民法院一审宣判：被告人王某犯受贿罪，判处有期徒刑十三年，并处没收个人财产人民币十二万元。被告人林某犯公司人员受贿罪，判处有期徒刑九年，并处没收个人财产人民币十万元；犯介绍贿赂罪，判处有期徒刑一年零六个月，决定执行有期徒刑十年，并处没收个人财产人民币十万元。2005 年 12 月 19 日，王某与林某不服一审判决，向北京市高级人民法院提起上诉。北京市高级人民法院作出裁定：驳回上诉，维持原判。

二、监管思考

（一）案件成因

1. 新发审委制度自身存在先天不足

王某之所以敢明目张胆地卖名单，一方面是因为这种“潜规则”的盛行，另一方面也说明中国股市的发行机制存在着极大的漏洞。中国股市的发行体制一直是为了融资而设计的，企业和管理层无须为这种融资行为承担任何责任。发审委只是根据提供的材料进行形式化的审查，就可以作出一个决定，给一个企业带来几亿乃至几十亿元的廉价资金，而一旦出现问题也不要他们承担任何责任。发审委员手中的权力与责任的失衡已经成为滋生权力寻租的温床。

其实，王某案的曝光是早就埋下伏笔的。在证监会的各种章程里，不仅有“发审委委员不受任何单位和个人的干涉”、“不得接受发行申请单位、与发行有关的中介机构或者有关人员的馈赠，不得私下与上述单位或者人员进行接触”等等规定，而且为了确保这一系列规定的有效执行，还规定了很重要的一条原则，那就是“发审委除当然委员，其他委员的身份应当保密”。为了防止名单泄露，有关部门采取了多种措施。例如，证监会曾经实行过一段时间的“A、B组制”，即通知两个组的委员同一天参会，待委员到会之后，才告知由哪一个组进行审核。从中不难看出，管理层对于发审委委员与上市公司之间的权钱交易早就心知肚明，只不过束手无策而已。

证监会有关负责人曾在2004年底颁布《中国证券监督管理委员会股票发行审核委员会暂行办法》（以下简称《办法》）时表示，《办法》与在此之前的《中国证券监督管理委员会股票发行审核委员会条例》（以下简称《条例》）相比作了七大改进：一是取消了原来的发审委委员身份必须保密的规定，并明确规定，向社会公布发审委会议时间、参会委员名单、审核企业名单及发审委会议审核结果，全面提高发审委工作的透明度；二是将发审委投票表决方式由无记名投票改为记名投票，强化委员的审核责任；三是将委员人数由80人减至25人，并设部分专职委员，提高审核工作的质量和效率；四是将原来的二审制改为一审制，发审委对企业的发行申请只进行一次审核，减少原有二审制情况下由于两组委员审核标准掌握不一致而导致审核结果出现重大差异的情况；五是对委员参加发审委会议提出了具体要求，如要求委员必须对证监会职能部门出具的初审报告和发行人的申请文件进行全面审核，参会前必须在审核工作底稿上提出有依据、明确的审核意见，并在会议结束时签名提交证监会等；六是将原来的9名委员开会、6票赞成为通过，改为7名委员开会、5票赞成为通过；七是设专章对发审委工作的监督作出了规定，建立了发审委委员的问责机制和监督机制。

如果简单地将新办法与老条例相比，新办法的确会让人感到先进许多，但仔细推敲却不难发现，新办法本身存在诸多先天不足之处。七大改进措施中发审人员被完全“曝光”在大庭广众之下，一方面，一些会计师事务所与律师事务所在其工作人员担任发审委员后，2004年的盈利大幅提升，不少拟发行公司均闻名而来。尽管制度上规定不允许接触发审委委员，但再好的企业上市都不可能不尽量和委员们接触。发审委委员都是业内专家，券商和他们本来就有过接触或者有过业务上的合作。另一方面，委员投赞成或反对票的风险完全不同。委员投反对票时，不仅要给出详细的反对理由，而且需要承担人身风险，相对地，投赞成票则容易多了。而尽管《办法》也规定实行“问责制”，但仅仅是指“出现发审委会议审核意见与表决结果有明显差异的，中国证监会可以要求所有参会发审委委员分别作出解释和说明”。这些无疑为日后发审过程中可能存在的利益交换开了后门。

2. 新发审制度中，三大环节的寻租漏洞不容忽视

根据《证券法》的规定，发审委是股票发行上市的最终审核人。参加具体某一股票发行申请审核会议的，通常为 7 名发审委委员，由他们组成一个专门的审核小组。只要同意票数达到出席会议委员人数的 2/3，股票发行申请即获通过，俗称“过会”。

表面上看，王某只是出卖了发审委委员的名单，但是因为发审委委员能够决定一家企业是否“过会”上市，因此这个名单就成为决定企业能否上市或能否再融资的“秘密武器”。在中国，企业为了上市或再融资可谓殚精竭虑。在企业上市的整个过程中，从券商的辅导改制、重组包装，到会计师事务所的资产审定，再到发审委的最后表决通过，每一个环节都存在大量的权力寻租和权钱交易。其风气之盛，已经演变为行业内的“潜规则”，成为大家心照不宣的秘密。由此可见，王某出卖的是名单背后的权力。

证监会工作流程（A 股 IPO 全过程）中存在三大寻租环节：

（1）不透明的反馈机制。在向证监会发行部上报材料的 10 日后，企业将接受证监会人士关于发行人需要遵守哪些规定的聆讯，此后，预审员将不断地与券商、发行人就上报材料进行意见反馈。问题在于，在证监会的反馈意见中，只是要求企业对书面材料的情况进行进一步解释或核查，不会告诉企业“你的问题出在哪里，应如何改正”。

（2）不公开的初审报告意见。在反馈过程结束后，发行资料将排队等着上初审报告会。会议由发行部的预审员、处长、主任及发审委委员参加。初审报告中关于企业存在哪些问题的内容不对企业公开。

（3）企业未过会的原因不公开。自《行政许可法》公布以后，中国证监会不再向企业或券商公布“未过会的原因”。企业如有异议，可申请

行政复议。

3. 责任缺失：保荐人和发行人充当了发审委的挡箭牌

面对出现的上市公司丑闻，市场不禁疑惑为什么发审委在审核时不能发现这些不难识破的问题？如果按照《办法》规定，投资者对发审委的“不作为”指责却是没有道理的。发审委只负责针对申报的公司材料判断是否符合上市条件，而对其材料的真实性、完整性并不承担责任。对材料的真实性、完整性的把握由保荐人与发行人负责。这是由中国经过改革后的股票发行审核制度和证券监管体系所决定的。目前的情况是，对发行人未来发展产生重大影响的纰漏，每一委员均坚持原则；而对于某些不完全符合发行规定，但占盈利比重并不大的问题，俗称灰色地带，委员们掌握尺度的松紧便各有不同。所以在2004 年7 月13 日，江苏琼花因未能于上市公告书中披露有关委托理财事实而受到深交所公开谴责，次日被证监会立案调查。作为项目保荐机构的闽发证券也受到业内人士质疑。事件出现后保荐人和发行人无形中成为发审委的挡箭牌。

但换一种思路思考一下，发审委不承担责任之说是毫无道理的。《办法》第十条规定：“发审委的职责是：审核股票发行申请是否符合公开发行股票的条件；审核……中介机构及相关人员为股票发行所出具的有关材料及意见书……”这里的措辞相当含糊：“审核申请是否符合公开发行股票的条件”，是实质性地审查还是仅仅审查其是否符合上市程序？“审核中介机构所出具的有关材料及意见书”，是指审核这些材料和意见书的内容的真实性，还是仅仅审核其是否合乎形式化的程序要求？假定是前者，发审委就需要对申请上市企业进行深入调查，这样才能作出合理的判断。显然，发审委没有进行过这样的调查，而只是根据提供的材料进行形式化的审查。坦率地说，这样的审核，随便懂得一点金融和法律知识的人，都可以承担。

不负责任的审核会给一般投资者一个错误的印象，以为审核本身是对申请上市企业的状况进行实质性审查。在不少股民眼中，发审委的审核程序加上证监会的批准程序，相当于将国家的信誉授予了上市公司。发审人作为“看门人”应阻止弄虚作假者入场。

4. 道德缺失

在很多人的眼里这只是一种泄露一般机密的问题，然而要是往深层次去考虑恐怕就没有这样简单了。一般而言，发审委的名单并不难得到，但如何与发审委人员接触才是难点：一是如何避嫌，既要与发审委的人员接触，又要保证不被别人发觉；二是如何让帮忙人放心，接触后怎么才能让别人帮助你，而且要人家心甘情愿地帮忙；三是寻找捷径，即如何避免初审的尴尬；四是尽量“达标”，即提高通过的几率；五是提高送审速度。打通这五大关，绝非一家公司依靠自身力量所能及的，因此市场上出现了各种大大小小的上市公关公司、上市财务顾问公司，林某的公司也在其中。上市公司在不断通过这些“中介”做发审人的“公关”工作，而这些“公关”工作是非常有效果的，否则单纯一份发审委的名单对上市公司而言并无用途。因此，尽管《条例》明确规定“不得接受申请上市公司的钱物”，但指望当事人的道德自觉是不可靠的。王某事件恰恰暴露的是这种道德的缺失。

当然，我们并不能因此否定监管部门改革的决心和魄力，以及已经作出的成绩。可以看到，近些年来，证券监管部门为证券市场制定了一系列法规，这些法律法规对市场的发展也起到很大的作用。而从中国股市发展史来看，制度屡建不善、风险屡出不担，正是这种没有监管、没有约束、不要承担风险与责任的宽松环境造成的。因此，建立起一套科学的、能够对监管部门自身进行约束的监管制度是我国证券市场繁荣发展的一个重要前提。

王某的落网揭开了中国证券市场地下财经公关的层层黑幕。财经公关，是随着商品经济的发展特别是资本市场的发育逐步分离出来的一种专业公共关系活动。财经公关就像一座桥梁，连接起融资者、金融机构、媒体和投资者。在今天公关已经不是一个令人们好奇的新事物，几乎所有的工商企业都感受到它的存在，并曾尝试利用它的作用，对上市公司来说更是如此。但是在中国，一种另类的财经公关公司更加吃香，它们声称能“搞定”企业上市中要应付的各政府部门和有关官员，“保证”企业能顺利发行股票。

目前在众多等待发行的准上市公司眼里，上市资格是一种稀缺资源，并不容易取得，争夺很是激烈。申请上市少则一年，多则三年甚至更长，如果一年之内“搞不定”，第二年的报表便要重新编写，律师、会计师、评估师等费用也要重新支付，这笔费用也不下百万元，与其支付这些费用，企业宁愿花一点钱“买个放心”。地下财经公关公司便应运而生。该类公司主要分两类：一类是有些人利用自己与中央有关部门有些关系，从事财经公关活动。这部分财经公关公司的一大特点是，它们本身不以公关公司身份出现，主要隐藏在一些律师事务所、会计师事务所、协会、研究所，甚至媒体或券商的下属部门之中，主要靠与官员的人脉关系打通“后门”，令监管部门防不胜防。另一类是打着证监会官员的旗号，称与某某委员很熟，能提供委员的电话号码、合影照片等，赢得企业信任。它们在收到首笔保证金后，有些便逃之夭夭，有些则真的能够让企业与有关官员搭上线。

王某事件只是财经公关黑幕的小小一角。在2004年中小企业板上市的38家企业中，有6家列支了网上路演推介费，本来花费并不高昂的网上路演，最少的就支出了75万元，最高的一家支出高达230.88万元。高额支出与背后的公关公司不无关系。

（二）未来发审委制度构想

在发审会上，企业作为一权利主体行使辩护权，对于完善目前的发审会制度，提高股票发行审核工作质量，具有重要作用。

1. 制度改革的未来取向

（1）促进发行市场化。发行部、发审委同属证监会部门，都作为行政行为的主体作出行政判断，对外而言，每一次核准企业都是证监会单独作出的行政决定，往往带有审批制的色彩。如果让企业以单独利益主体的身份参会辩论，委员将倾听各方的声音，使封闭式决策改为开放式决策，极大地推进审核市场化，强化社会对发行部、发审委审核工作公开、公正性的认同。

（2）保证审核质量。按照目前的发审委工作程序，发行部在发审委会议召开5个工作日前将2～4家企业申请材料送交发审委委员。考虑到发审委委员大多属各经济主管部门的领导和行业专家、著名学者，他们往往身兼数职，本身工作较繁忙，在5个工作日内高质量研读完4～8份甚至更多的材料，作出分析判断有客观难度。同时，在企业没有充分陈述、答疑、辩护的情况下，发审委仅靠申报材料难以充分、全面了解掌握企业上市的主要背景情况和企业在初审中对主要问题的解释，增加投票的随意性。现实中，出现有些企业被否决但理由不充分，有些被证实风险较大的企业却予以通过的情况。如果引入辩论制，可以让发审委委员充分了解发行部、企业对涉及企业发行上市各问题的意见，将发审委委员仅与发行部审核人员单极交流、单向获取信息的模式，改为与发行部审核员和企业高管人员或其委托代理人三极交流、双向获取信息的模式；将发审委委员仅通过“看”企业材料和初审报告改为“看”材料与“听”辩论相结合的模式。通过辩论，审核员和发审委委员能较深入、全面掌握企业的经营状况，发现企业可能存在的问题，这在上市公司中介机构工作质量没有得到足够重视的现阶段，具有重要意义，也有利于提高审核质量。

（3）保证审核时间。目前审核程序是受理企业申请材料后20天左右安排反馈会，25天左右预审员写出反馈意见，经过组长、处长、主任复核，在40天左右交给企业，企业经过30天左右将补充修改意见交预审员，大部分企业要经过二次反馈，这样，审核时间上足可保证在《证券法》规定的3个月完成。如果引入辩论制，可以在25天反馈会后书面通知企业，告知证监会存疑的问题，请企业准备答辩的材料和证据，30天左右安排发审会，通过发行部审核员与企业高管人员或其委托人的当场辩护、举证解决问题。如果第一次发审会，辩论双方的举证不足以让发审委委员确定企业是否可以通过，可以让辩护双方准备20天至30天后进行第二次辩论，此次为终审会议。这样，企业与发行部审核人员可在辩论中较好地沟通，节省发行部在初审程序中与企业进行多次书面反馈及反馈意见签发、运转所需的时间，保证在《证券法》的规定时间内完成审核工作。

（4）增加审核数量。由于反馈次数的减少，审核时间的缩短，发行部、发审委可以审核更多的企业。

（5）缓解发审压力。目前，发行部初审的责任特别大，它担负审核和为企业陈述的双重职能。如果引入辩论制，发行部、企业成为辩、控双方，各自举证，各自承担相应责任，有利于缓解发行部的压力。

2. 辩论制的初步设想

（1）基本制度。回避制和二审终审制。回避制，即企业可以要求有利害关系的发审委委员和发行部审核人员回避；二审终审制，即企业申请最多经过两次审核，证监会作出予以核准或不予核准的决定。

（2）参与人员。发行部审核人员、拟上市企业高管人员或其委托的律师、会计师和发审委委员。

（3）辩论程序。

①由发行部发审委工作处或发审委小组长主持发审会，宣布会议纪律和回避等制度；

②由发行部审核人员对在初审过程中所了解的企业情况进行陈述，表明建议通过、不予通过的态度；

③由拟上市公司对本企业情况进行陈述；

④由发行部审核人员以合理存疑的态度对拟上市企业进行提问；

⑤拟上市企业人员对所提问题进行答辩、举证；

⑥在经过充分辩论的情况下，由发审委委员退席讨论，在法律框架下以专业知识、经验和诚信作出判断，并举手表决，各委员的意见应记录在案；

⑦由主持人当场或一周后宣布予以通过、不予通过、暂缓表决的审核结果；

⑧中国证监会发出核准或不予核准通知。

毋庸置疑，随着中国证券市场的进一步发展，证券业协会、投资者权益保护中心等民间组织机构的日益完善和辩论制的实施，发行部的审核人员、上市公司的高管人员和发审委委员在发现问题、分析问题、辩护问题等方面的素质将得到极大的提高，发审委的地位也将更加明确独立（可以设置于投资者权益保护中心等民间机构），更有意义的是我们可以通过辩论制对审核企业建立判例制度，保持审核的延续性和公平性，并与我国呼声甚高的司法审批制的方向相一致。

第四节 财政部金融国资案

一、案件介绍

（一）案情回顾

2003 年 6 月，审计署公布的 2002 年度审计报告提到：1996 年至 1999 年，中国农业发展银行（以下简称农发行）以租赁的名义，委托一公司购买电子设备和汽车等固定资产，总金额 9.2 亿元，其中 8.1 亿元曾被挪用投入股市，进行股票买卖，所获收益去向不明，涉嫌重大经济犯罪。2004 年 6 月，审计署在审计报告中重提了农发行租赁案。当月，农发行原副行长胡某、农发行原副行长于某几乎同时被“双规”，同年 9 月，两人均被检方批捕。2005 年 12 月，检方指控胡某涉嫌 5 笔共 600 余万元贿赂，分别为：胡某通过其子从北京美禾公司总经理蔡某处收取的 500 万元贿赂；农发行原副行长于某升为副行长前向其行贿 30 万元；两家深圳企业向其行贿 90 万港元；农发行大连市分行的程某向其行贿 10 万元。北京市第一中级人民法院认定了检方指控的全部事实，胡某被判处无期徒刑。

继胡某受审之后，于某也在北京市第一中级人民法院受审。检方指控，于某利用“租赁”职权，先后受贿 5 笔总共 831 万元。于某于 1999 年初至 2001 年 7 月，先后收受汽车供货商天津重音机电设备有限公司陈某的 42 万元、设备供货商深圳贝斯特机械电子有限公司谭某的 30 万元、海南瑞丰实业投资有限公司邓某的 100 万元、汽车租赁商北京电子租赁有限公司赵某的259万元；并于1999年7月，与亚捷电子（深圳）有限公司董事长黄某共谋，向北京美禾电子有限公司索要400万元“补偿费”。检方还指控于某涉嫌挪用公款罪和行贿罪。1999年4月至2000年9月，于某挪用公款410万元，用于个人炒股。1999年初，于某为了职位升迁，通过胡某之子给时任农发行副行长的胡某30万元。2006年2月10日北京市第一中级人民法院对中国农业发展银行原副行长于某受贿、挪用公款、行贿一案作出一审判决。被告人于某犯受贿罪，判处无期徒刑，剥夺政治权利终身，并处没收个人全部财产；犯挪用公款罪，判处有期徒刑四年；犯行贿罪，判处有期徒刑二年，决定执行无期徒刑，剥夺政治权利终身，并处没收个人全部财产。

北京市反贪机关在调查农发行胡某与于某案件时，发现了财政部商贸金融司原司长徐某涉嫌受贿的线索。发现线索后北京市反贪局侦查一处成立了专案组，就线索展开秘密侦查。7月1日，北京市检察院第一分院签发批捕令，并于7月4日将批捕令正式送达徐某。

大约在20世纪90年代初，徐某从综合司转至商贸金融司，担任该司核心处室的负责人。这被视为徐某仕途的最重要转折点。1994年2月25日，国务院办公厅下发“国办发〔1994〕31号”文件，公布财政部之职能配置、内设机构和人员编制方案。文件对商贸金融司的主要职能框定为：制定国家与金融、保险业等企业及所属事业单位的分配政策、财务制度和管理办法，管理有关专项资金和补助经费，加强对金融企业的财务管理和宏观监督，等等。此时，正值而立之年的徐某晋升为商贸金融司副司长。

徐某晋职不久，即赶上农发行开始组建。1994年4月19日，国务院下发“国发〔1994〕25号”文件，宣布组建农发行。文件规定，农发行最初的业务范围兼有信贷业务和财政任务，即承担固定的农业政策性金融业务，代理财政性支农资金的拨付，主要任务是“为农业和农村经济发展服务”。

同年6月30日，农业银行、工商银行正式向农发行划转农业政策性信贷业务，由农业银行代当时尚未组建的农发行接收。8月，农发行的组建工作基本完成。

作为三大政策性银行之一的农发行，其固定资产和设备购置等都要由商贸金融司来决定。可以说农发行与时任商贸金融司司长的徐某有着千丝万缕的联系。农发行成立之时，国务院某高层领导曾针对农发行提了“两不”要求：不购置豪华汽车，不购置高档写字楼，要完全以服务农业、农村经济为出发点。在徐某的精心运作下，农发行名为租赁实为购置固定资产的违规事件发生了。徐某也乘机获得好处，涉嫌受贿犯罪。

在徐某涉嫌受贿犯罪的问题上，韩某扮演了行贿者和中间人的角色。韩某原为外经贸部下属中国对外经济贸易信托投资公司金融处副处长，后下海经商。1995 年，已经下海经商两年的韩某靠着经常走动，与徐某建立了密切的关系。

1996 年刚过完春节，韩某拜访徐某，希望和金融机构合作，让徐某帮助介绍机会。于是徐某将时任农发行财务会计部主任的于某介绍给韩某认识。

1997 年 5 月，韩某获知农发行正在向财政部申请汽车租赁业务经费，意识到这是一个不可多得的商机。韩某向徐某要求由其寻找租赁公司，徐某答应了。

原来，农发行是 1994 年从农业银行分离出来的金融机构，成立后，国家对于农发行有两个政策，一是不允许新增固定资产，二是不能增加新的人员。成立后一开始运转还可以，但随着时间的推移，农发行业务量扩大，新增了许多网点，经财政部批准，不允许购买固定资产的相关政策规定变通为可以采取租赁的方式解决，由财政部来审批额度，从农发行业务管理费中自行解决。

一开始，农发行租赁了一批电脑设备，后来农发行运钞、押运、护卫都需要添置车辆，经请示财政部，批准该行添置车辆，仍然采取租赁的方式解决。汽车租赁的业务主要由农发行财会部主任于某负责。“对外讲是租赁业务，但是实际上是以租代购，因为要是单纯租车，时间越长，费用越大，核算下来，有可能比买车还贵，而且，租期一到，我们什么也落不下，所以，我们形式上是租固定资产，实际上还是购买。也不仅是我们一家银行这么搞，但规模没我们这么大。基于这个原因，我们在向财政部提出申请时，按照购买车辆的价格进行了测算，大概是在1997年初，财政部批下来16亿元的指标。”归案后的于某向检察官交代时如是说。

此后，经检察官多方取证，证实了这一说法。农发行的汽车租赁业务其实不是真正的租赁，所谓的租赁费用其实就是购车的费用。因为政策所限，财政部审批下来的资金必须通过一家租赁公司来做。租赁公司可以按照比例挣得一笔业务费。

就这笔16亿元租赁车辆单子，农发行与中国电子租赁有限公司（以下简称中电租）、韩某签订了协议，最终由中电租下属的瑞联公司操办。在这笔大宗交易中，韩某一人独得700万元，并且给徐某送上了“心意”。1998年，农发行深圳市分行计划购买办公用楼。按照有关规定，各省行、市银行办公楼的建设、购买要报总行立项，农发行深圳市分行选用了一个楼盘，但因地势不好被总行的领导拒绝，这件事就被搁置了。后来负责此项工作的于某就向徐某说明了此事，希望徐某给推荐一下深圳其他银行多余的楼房，作为深圳市分行办公楼。

此时，韩某意识到又一个赚钱的机会来了。他找到了朋友施某，物色到在福田区的一栋新楼。最终，深圳市分行花了大约3 000万元将其买下。为此，韩某从中得到了300万元中介费，施某得到了50万元。

这次韩某通过徐某向农发行施加影响又一次奏效。当然，徐某也从韩某处得到了20万元现金。接着，韩某得知徐某的儿子要出国留学，向徐某表示一定要出点力。徐某简单推辞一下就同意了，把他在香港汇丰银行的个人账号给了韩某。7 ~9月，韩某分三次把10.5万美元打入了该账户中。

除了直接行贿徐某外，韩某还作为中间人帮助徐某受贿。刘某与徐某相识，是通过徐某案的另一行贿人韩某引见的。徐某与刘某的非法交易，发生在2001年发行欧元债券运作期间。据财政部官方网站消息，2000年，法国巴黎银行正式成为中国首次发行欧元债券的三大承销银行之一。徐某案的检方卷宗显示，1999年至2001年间，身为法国巴黎银行中国定息收益部销售主管的刘某，负责联络财政部外债发行项目。由于各家银行竞争很激烈，迫于业绩压力的刘某决定买通徐某。检方查证，刘某在提供贿赂之后，要求徐某在财政部确定外债发行主承销商的过程中，“不要对法国巴黎银行持反对意见”。北京市高级人民法院终审判决书亦载明：“财政部金融司出具的情况说明、国务院批件、财政部签报及合同等书证显示：1999 年至 2001 年间，财政部与刘某所在的外资企业有业务关系，徐某分管该项业务。”财政部人事档案亦证实，1999 年时，徐某为国债金融司副司长，外债发行主承销商的选取是其重要工作。2000 年 6 月，徐某升任财政部金融司司长，全面主持金融司工作。按工作流程，外债发行工作由财政部金融司以签报的形式自下而上向财政部分管副部长申请，并报国务院批准，徐某作为直接经办人，拥有相当大的权力。据刘某的供述，1999 年 6 月 17 日、1999 年 8 月 25 日、2000 年 8 月 1 日，她三次通过香港花旗银行的账户，向韩某在香港开设的汇丰银行和高盛国际股票账户汇款共计 128 040 美元。后由韩某将这笔钱计 12.8 万美元转给徐某，40 美元为手续费。韩某亦在受审中证实，1999 年上半年，徐某对他说，刘某要借其账户汇一笔钱。为避免账户内资金混淆，韩某在自己的高盛国际股票账户下加开了一个账户，名称上以 HANBING No1 和 HANBING No2 加以区分。刘某所用账户为后者。案发后，该款已全部交给了侦查机关。

作为商贸金融司司长，徐某曾针对包括国有商业银行改革在内的一系列金融改革可能带来的金融风险向财政风险的转移，提出了把防范风险的监督关口前移等种种设想。然而，在一个权力缺少监督的制度环境中，监管者徐某却轻易成了被监管者“俘获”的对象。徐某此番失足落马，为“管理者被俘获”理论增添了注脚。徐某原本可在新一轮金融体系整体改革中大有可为，然而，奋斗 23 年，他却最终成为“多年来财政部涉案的最高级别官员”。

（二）案件的处理结果

经法院查明，1997 年至 1998 年间，被告人徐某利用其主管金融工作的职务便利，为北京诚奥达商务投资咨询有限公司经营活动提供帮助，收受该公司法定代表人韩某贿赂款4次，计人民币20万元，美元10.8万元（折合人民币89万余元），共计折合人民币109万余元。1999年至2000年间，徐某利用职务便利，应行贿人刘某要求，为刘某所在企业谋取利益，后分3次收受刘某给予的贿赂款美元12.8万元（折合人民币105万余元）。法院认定徐某在任期间利用职权为他人谋利，并受贿214万余元。法院审理后认为，被告人徐某身为国家工作人员，利用职务上的便利，非法收受他人财物，数额特别巨大，为他人谋取利益，其行为已构成受贿罪，依法应予惩处。

2006年9月15日上午，北京市第一中级人民法院对财政部商贸金融司原司长徐某案作出一审判决：徐某被判处无期徒刑，剥夺政治权利终身，并没收个人全部财产。一审宣判后，徐某不服，以“量刑过重”为由上诉至北京市高级人民法院。后者未开庭，经过书面审理，对一审法院认定的受贿事实全部予以确认；但鉴于徐某“犯罪后果没有给国家造成特别严重的损失”，而且“认罪态度较好”、“亲属积极退缴受贿款项”等情节，于2006年11月10日二审改判徐某有期徒刑13年。

2007年1月12日，因向徐某行贿109万余元，韩某被起诉至北京市第一中级人民法院，被控罪名为单位行贿。作为“行贿人”，北京诚奥达商务投资咨询有限公司被北京市第一中级人民法院判处罚金人民币30万元，该单位法定代表人、总经理韩某被以单位行贿罪，判处有期徒刑一年零三个月，缓刑一年零六个月。但同样向徐某行贿的刘某，却不在起诉之列。2006年9月中旬，即徐某案一审宣判时，刘某已离开法国巴黎银行，但由于各种原因，刘某离任后未因徐某案受到任何追究。

二、监管分析

（一）集中的权力与利益诱惑促使贪腐发生

徐某虽然只是一个司长，但是财政部金融司权力很大。在财政部，金融司地位仅逊于预算司。该司负责金融机构国有资产管理工作，负责中国政府外债发行，负责包括日本对华援助在内的所有外国政府贷款操作等，同时是货币政策与财政政策的协调纽带，负责有关的研究工作。在金融改革进入关键期以及宏观调控协调日益重要的今天，金融司的作用不言而喻。除担任财政部金融司司长一职外，徐某还是国家投资代表人——中央汇金投资有限公司的 7 个董事之一。汇金公司是中国银行、中国建设银行两大国有股改银行的最大股东。

中国农业发展银行是政策性银行，对政策性银行的补贴，财政部金融司起重要作用。由于缺乏相应的制度约束，身为金融司司长的徐某因而受贿。另外，在银行的呆账坏账核销方面，财政部金融司的权力也很大，如果缺乏相应的制度和道德约束，也会给不法分子以可乘之机。各相关监管机构在加强自身制度建设的同时，政策性银行和资产管理公司产权多元化改造也需要尽快提上日程。

（二）加强对权力的约束，实现制度反腐

徐某案件也给各监管部门敲响了警钟。中国银监会即对加强监管权力的制约和监督迅速作出反应。

案件发生后，银监会出台了清理工作人员个人贷款（不含纯个人消费性质的贷款）、经商办企业、入股金融机构和现场检查若干纪律规定及履职回避意见等三项举措。银监会有关负责人表示，这是银监会从制度建设入手，进一步加强对监管权力的制约和监督，保证依法公正廉洁监管，建立健全案件防范长效机制的重要举措。

虽然银监会和财政部不是一个部门，但作为监管机构，银监会可以以徐某的事情为鉴，强化自身的监管权力制约和监督。

银监会的专项清理通知指出，少数工作人员从银行业金融机构贷款（不含纯个人消费性质的贷款）或为他人担保、介绍贷款、个人经商办企业以及在有关银行业金融机构入股，有可能影响银行监管工作的公正性，必须进行清理。

该通知对清理工作的范围、步骤、方法和组织实施等作出了具体规定，要求各机关和各级派出机构高度重视，限期完成清理工作。该通知

还明确，银监会系统的工作人员今后不得再有清理范围中所列行为，否则要给予纪律处分。

银监会下发的《监管人员现场检查若干纪律规定》，在先前颁布的“约法三章”的基础上明确了八条禁令，细化了现场检查人员所必须遵守的纪律。为保证检查人员公正进行现场检查，该规定要求：不准由被检查单位安排食宿；不准无偿使用被检查单位的交通工具；不准参加被检查单位安排的宴请、旅游、高消费娱乐（健身）等活动；不准接受被检查单位和相关人员赠送的任何纪念品、礼品、礼金、电话充值卡、支付凭证和有价证券等。

银监会《关于进一步加强银监会工作人员履职回避工作的意见》和《银监会机关工作人员履职回避实施细则》，对系统工作人员履职回避事项作了规范。该意见要求，凡银监会工作人员有配偶、子女在银行业金融机构或本系统内部从业，影响或可能影响其依法公正履行监管职责或其他职责的，要进行履职回避。履职回避的方式分为职务回避、分工回避、重要事项回避三种方式以及“报告和告知”。实行工作人员履职回避，旨在防止人情监管现象，提高银行监管的公信力。

分析人士指出，各相关监管机构在加强自身制度建设的同时，政策性银行和资产管理公司产权多元化改造也需要尽快提上日程。

讨论与思考

1. 证券市场应该如何强化对监管者的监管？
2. 中小股东的权益如何才能得到保护？
3. 资产价格上涨与掩盖罪恶的关系是什么？
4. 政策性金融改革路在何方？
5. 政府财政与公共金融如何界定边界？
6. 政府职能转换与金融改革的内在联系是什么？

参考文献

[1] 金焱．王雪冰的大银行家之梦．三联生活周刊，2002（9）.

[2] 张继伟．刘金宝其人．财经，2004（9）.

[3] 刘钊．剥开刘金宝17次私分巨款黑幕．21世纪经济报道，2005－08－31.

[4] 中国式大佬的结局，揭秘中国十大诡秘高管．中国金融网，http：//www. zgjrw. com/.

[5] 王晨波．证监会官员王某涉案调查——“王某案”调查．新闻周刊，2004（45）.

[6] 鲁宁，林风．王某事件的台前幕后．海内与海外，2005（4）.

[7] 郭宏超，李利明．10万美元击倒徐某某．经济观察报，2005－07－04.

[8] 辛怀．不法港商击倒朱某——光大集团董事长受贿案始末．法制与新闻，2005（1）.

[9] 凌华薇．德隆神话终结．财经，2004（8）.

[10] 凌华薇．谁来重组德隆金融迷宫．财经，2004（15）.

[11] 王烁，凌华薇，田启林．德隆残局．财经，2004（12）.

[12] 王云帆．来自德隆庭审的报告．商界，2006（6）.

[13] 叶逗逗，黄运荣．高某逃亡800天．财经，2007（5）.

[14] 叶逗逗，黄运荣．高某遣返案再起波折．财经，2007（7）.

[15] 银行行长做内奸　山西金融票据诈骗1.8亿元大案告破．ht-

tp：//news. tom. com/1002/20040325 －778260. html.

［16］王梓，木已．一个支行行长的死囚困境．发展，2004（5）.

［17］建行3亿多存款不翼而飞．http：//news. sohu. com/20050320/n224767989. shtml.

［18］康伟平．蓝田神话凋零．财经，2001（49）.

［19］付娟．银广夏失败案例解析．企业研究，2005（8）.

［20］匡正．“中科系”现象透析．企业导读，2001（2）.

［21］平安保险亿元假保单调查：可能是员工集体制造．http：//finance. sina. com. cn/20041103/16261129646. shtml.

［22］王腾．接管永安事件上的再思考．上海保险，2004（8）.

［23］刘志明．罪与罚：中国人寿违规探秘．商界名家，2004（6）.

［24］范瑞星，钱金叶．中国人寿遭集体诉讼事件及其启示．中国城市金融，2004（6）.

［25］徐光东．广信公司悲剧探源：基于治理结构的分析．中国软科学，2004（2）.

［26］牛永涛．建立我国存款保险制度的辩证思考．民族经济与社会发展，2006（5）.

［27］方登发，石曙光．法眼看“金新信托事件”．中国经济周刊（香港），2004（9）.

［28］于宁，臧韬．金新信托偿债进行时．财经，2004（21）.

［29］孔文清．仰某事件的前前后后．企业家信息，2003（3）.

［30］张桂林四年“缠讼”天一烂尾楼．http：//finance. qq. com/a/20050420/ 000216. htm.

［31］东方广州办44.75亿债权处置始末．http：//biz. cn. yahoo. com/05 －07 －/12/aycd. html.

［32］涉嫌非法出具金融票证华诚老总助人骗财700万．http：//www. zjol. com. cn.

［33］程志云．中色财务摘牌金融牌照价值已现市场化定价端倪．经济观察报，2005 －09.

[34] 沙林．风光金融博士因何坠落．中国青年报，2004－02－04.

[35] 铁通网络成信德第一被告．深圳新闻，2003－07.

[36] 吴小亮．胡楚寿获罪于大路开庭．财经，2006（2）.

[37] 浅析邮政储蓄人员挪用公款犯罪及其预防．http：//www.sdzz.yfw.com.cn/shownews.

[38] 丽水“小姑娘”集资案主犯被执行死刑　曾集资7亿多元．http：//news.xinhuanet.com/legal/2009－08/05/content_11830468.htm.

[39] 王郧．327国债期货逼仓事件的反思．当代经济，2006（18）.

[40] 张锐．中航油：破灭的期货神话．东方经济，2005（1）.

[41] 孙喜福．中航油折戟的根源与反思．上海会计，2005（3）.

[42] 夏日，范佳丽．欲望森林——北京亿霖木业集团诈骗16亿内幕．商界，2007（4）.

[43] 胡润峰，郭琼．解魅吴某案．财经，2007（5）.

[44] 吴琪．吴某案的浙江民间借贷背景．三联生活周刊，2007（3）.

[45] 巴塞尔银行监管委员会关于银行内控制度建设的有关要求．中国金融，2002（10）.

[46] 一鹤，闫颖，邱伟．中国证券界首例死刑案．中国审判新闻月刊，2007（5）.

[47] 丁一鹤．“中国证券界死刑第一人”庭审揭秘．中国审判，2009（6）.

[48] 张波．浅析我国保险公司的内部控制与监管．湖南行政学院学报，2011（2）.

[49] 王珂珂．浅析我国保险公司内部控制存在的问题．决策控索，2011（5）.

[50] 王虎林．对保险公司不良分支机构退出市场的监管思考．西南金融，2011（1）.

[51] 彭虹，汤丽．保险公司治理监管法律问题初探．云南大学学报法学版，2010（5）.

[52] 郭艳，彭波．保险公司偿付能力监管：国际趋势及其对我国的启示．经济问题，2008（6）．

[53] 晋晓琴．新旧保险公司内部控制准则比较．财会月刊，2011（2）．

[54] 经京璐．我国信托投资业现存问题与发展趋势．经济论坛，2006（20）．

[55] 张炜，黄庭钧．金信信托为何停业整顿．金融博览，2006（2）．

[56] 李想．金信信托黑洞的警示．会计师，2006（3）．

[57] 朱伟一．高盛时代：资本劫持法律．法律出版社，2010．

[58] 吴清，张洪水，周小全．美国投资银行经营失败案例研究．中国财政经济出版社，2010．

[59] 臧慧萍．美国金融监管制度的历史演进．经济管理出版社，2007．

[60] [美] 劳伦斯·麦克唐纳（著）．常识之败：雷曼背后的金权角逐．宋鸿兵（译）．凤凰出版传媒集团，译林出版社，2010．

[61] 罗昌平．财政部金融司原司长徐放鸣案调查．农村·农业·农民（B版），2007（6）．

[62] [美] 比特纳（著）．贪婪、欺诈和无知：美国次贷危机真相．覃扬眉，丁颖颖（译），中信出版社，2008．